니체의 『비극의 탄생』 입문

니체의 『비극의 탄생』 입문

D. 번햄, M. 제싱호젠 지음 | 임건태 옮김

서광사

이 책은 Douglas Burnham과 Martin Jesinghausen의 *Nietzsche's 'The Birth of Tragedy'* (Bloomsbury Publishing Plc., 2010)를 완역한 것이다.

니체의 『비극의 탄생』 입문

D. 번햄, M. 제싱호젠 지음
임건태 옮김

펴낸이 | 김신혁, 이숙
펴낸곳 | 도서출판 서광사
출판등록일 | 1977. 6. 30.
출판등록번호 | 제 406-2006-000010호

(413-756) 경기도 파주시 교하읍 문발리 534-1
Tel: (031) 955-4331 | Fax: (031) 955-4336
E-mail: phil6161@chol.com
http://www.seokwangsa.co.kr | http://www.seokwangsa.kr

제1판 제1쇄 펴낸날 · 2015년 1월 20일

ISBN 978-89-306-1217-3   93160

옮긴이의 말

니체가 공식적으로 처음 출판한 처녀작 『비극의 탄생』은 그가 1872년 불과 28세의 젊은 나이에 쓴 저술이다. 1886년 이 책에 새로운 서문 격으로 다시 붙인 「자기비판의 시도」에서 니체도 스스로 인정하고 있듯이, 『비극의 탄생』은 당시로서는 불가피했던 젊음의 미숙함과 치기 등으로 인해 여러 가지 오류를 범하고 있다. 하지만 그렇다고 해서 니체의 이 처녀작이 가진 중요성이 반감되는 것은 결코 아니다. 왜냐하면 다소간의 과장을 섞어 말하자면 니체가 완숙기로 접어들면서 전개시키는 핵심적 사상들 거의 대부분을 우리는 이 책에서 충분히 발견할 수 있기 때문이다. 더 나아가 어느 정도의 변화를 감안한다면, 니체가 자신의 초기 입장을 후기까지 일관되게 유지했던 아주 드문 철학자들 가운데 한 명에 속한다는 사실 역시 『비극의 탄생』이 지닌 철학적 비중을 높이는 데 일조한다고 할 수 있을 것이다. 다시 말해 이 책을 전반적으로 어느 정도라도 제대로 이해할 수만 있다면, 니체 사상의 전모를 파악하기가 그만큼 용이해질 수 있다는 뜻이다.

하지만 『비극의 탄생』을 읽고 이해하기는 생각만큼 쉽지 않다. 아니 오히려 그것은 일반적인 철학 서적을 읽고 이해하는 것보다 정말 훨씬 더 어렵다고 할 수 있다. 이 같은 어려움은 우선 니체가 이 책을 서술하고 있는 독특한 방식 때문이다. 그런 방식은 번호가 붙어서 불연속적으로 이어지는 짧은 문단으로 구성된 아포리즘(aphorisms)이라고 불린다. 그것은 우리말로는 흔히 경구(警句)로 번역되지만, 니체의 경우에는 전통적으로 이어져 온 논리적인 글쓰기 방식에 대해 노골적으로 도전하기 위한 전략적 글쓰기라고 볼 수 있다. 이 안내서에서는 니체의 이 같은 글쓰기 태도를 바그너 식의 음악과 관련시켜 주도적 모티프(leitmotif) 등과 같은 개념을 통해 나름대로 설명하고 있다. 어찌 되었든 특정한 주제를 중심으로 긴밀하게 연결되어 있는 체계적 글들을 읽는데 익숙한 독자들은 니체의 아포리즘과 마주해서 당황할 수밖에 없을 것이다. 그렇다면 이 같은 난점을 극복할 수 있는 방법은 무엇인가? 안타깝게도 역자 역시 아직 그런 방법을 알지 못한다. 굳이 한 가지만 언급하자면 니체의 사상과 그 사상을 표현하는 방식이 불가분의 관계에 있음을 명심하고, 니체의 글쓰기 방식과 스타일에 친숙해지려는 노력을 게을리 하지 말라는 것이다.

둘째로 『비극의 탄생』을 읽고 이해하는 것을 가로막는 또 하나의 커다란 장애는 각각의 문단 혹은 절에서 등장하는 여러 가지 복잡다단한 내용들의 분명한 출처와 근거가 거의 명시적으로 제시되어 있지 않다는 점이다. 다시 말해 이 책은 수많은 역사적 사건들과 철학적이고 예술적인 흐름 등을 특별히 분명하게 언급하거나 설명하지 않은 채 그것들을 암묵적 전제로 해서 치밀하게 구성되어 있다고 할 수 있다. 따라서 이 같은 것들에 대한 배경 지식이 부족한 독자들에게는 니체의 이 책은 그야말로 크레타의 왕 미노스(Minos)가 괴물 미노타우로스(Minotaur)를 가두었던 미로처럼 여겨질 수밖에 없을 것이다. 이 같은 두 번째 난점에 대해서도 역시 뚜렷한 해법은 존재하지 않는 듯이 보인다. 그나마 유일한 최선의 해결책은 아마도 독자 스스로 미로 속에서 열심히 씨름하는 길밖에는 없을 것이다.

이처럼 불친절하기 짝이 없는 니체의 이 책을 어느 정도라도 이해하기 위해 차선책으로 고려해 볼 수 있는 것이 바로 그 책에 대한 적절한 안내서를 참고하는 방법이다. 역자가 번역해서 여기에 내놓는 이 안내서는 바로 이런 맥락에서 활용되어야 할 것이다. 그렇지만 이 안내서를 이용하는 데 있어서 한 가지 주의할 점이 있다. 그것은 이 안내서를 니체의 『비극의 탄생』이라는 책과 함께 읽는 것이 바람직할 뿐만 아니라, 반드시 그래야만 할 것으로 보인다는 사실이다. 바람직하다는 입장은 저자들이 서문에서 밝히고 있는 견해와 일맥상통하지만, 역자는 이 견해보다 더 강하게 두 책을 반드시 대조해가면서 함께 읽어야만 한다고 주장한다. 왜냐하면 니체가 쓴 『비극의 탄생』을 통해서 오히려 이 해설서의 진의가 비로소 파악되는 경우도 드물지 않기 때문이다. 그리고 경우에 한해서 역자는 역주를 통해 개입함으로써 이 안내서의 내용을 좀 더 명확하게 해보려고 시도했다. 물론 이러한 개입이 독자의 이해를 더 방해할 가능성 역시 배제할 수 없다. 그 책임은 전체적인 오역에 대한 책임과 더불어 전적으로 역자에게 있다.

이 서문에서 『비극의 탄생』이 가진 사상적 내용에 대한 소개나 언급을 전혀 하지 않은 것은 독자 스스로 직접 읽고 판단하기를 바라는 마음에서라고 너그럽게 양해해주기 바란다. 그래도 뭔가 좀 부족한 느낌이 없지 않기 때문에 마지막으로 니체 철학이 가진 핵심적 특징을 잘 보여주는 해석 한 가지를 제시함으로써 이 서문을 마치고자 한다. 그것은 밀란 쿤데라의 해석이다. 쿤데라는 자신의 소설 『참을 수 없는 존재의 가벼움』 가운데 한 부분에서 니체의 정신적 몰락에 대한 재미있는 견해를 제시하고 있다. 1889년 1월 이탈리아 토리노의 어느 호텔에 묵고 있던 니체가 정신적인 발작을 일으킨 것은 호텔 앞거리에서 마차를 몰고 지나가던 마부가 자신의 말에게 채찍질을 하는 장면을 목격하고 그 말을 부둥켜 않고 울음을 터뜨렸던 순간이었다. 이 사실은 그렇게 새로울 것이 없다. 그런데 쿤데라는 니체가 말을 안고 울면서 데카르트를 대신해서 말에게 사과했을 것이라고 소설에서 주장한다. 동물을 영혼이 없는 단순한 자동인형으로 간주하게 만듦으로써 동물에 대한 학대와 인간의 오만함을 결정적으로 정당화하고 부추겼던 장본인이었던 데카르트를 대신해 니체가 말에게 인간의 엄청난 잘못을 뉘우치고 있었으며, 그런 후 니체는 스스로 그런 죄 많은 인간의 굴레를 미련 없이 내던져 버렸다(정신적 붕괴)는 것이다. 분명 이 역시 니체에 대한 수많은 해석들 중 하나의 견해에 불과하다. 하지만 역자가 보기에 니체의 가장 핵심적 화두들 가운데 하나가 인간을 이성중심주의, 인간중심주의에서 벗어나게 함으로써 진정한 인간(위버멘쉬 Übermensch, 초인)으로 거듭나게 하는 데 있었다는 점은 쉽게 부인하기 어려울 것으로 보인다. 그런 측면에서 우리는 쿤데라의 이 같은 견해를 진지한 고려의 대상으로 삼아야 할 것이다.

이 책을 역자에게 소개해주고 번역을 권해주신 김성호 선생님께 감사드리며, 여러 번의 지연에도 참을성 있게 기다려준 서광사 편집부 여러분께도 고마움을 전한다. 끝으로 솔직히 역자가 이해하지 못하고 번역한 부분들도 많을 것이므로 독자 여러분의 따끔한 비판과 조언을 겸허히 기다린다.

2014년 겨울, 안암동에서
임건태

차례

서론   11

제1장 맥락   17

제2장 주제들의 개관   27

제3장 본문 읽기   35

제4장 수용과 영향   257

더 읽어야 할 책들   273

찾아보기   289

❖ **일러두기** ❖

본문에서 (　)는 필자의 것이며, [　]는 옮긴이가 첨가한 것이다.

서론

이 해설서는 『비극의 탄생』[1]을 요약하거나 대체하는 것이 아니라 깊이 있게 읽도록 도와주는 것을 목표로 한다. 우리는 독자들이 두 책을 펼치고 한 줄 한 줄 따라가기를 권한다. 독자는 이 해설서에 의존함으로써 미로와 같은 니체의 논의를 따라갈 수 있을 것이다. 우리는 각각의 절과 이 책의 개별적 문장들 대부분을 포괄하려고 했다. 가능한 곳이면 어디에서든 다른 절들을 서로 교차해서 검토했다. 텍스트의 논의와 형식적 측면들을 보여주는 것과 별도로 우리는 맥락에 관한 정보 역시 제공하고 있다. 이 해설서가 텍스트를 망각하도록 하지 않으면서 여전히

---

1 우리가 사용한 기본 텍스트는 다음과 같다. *The Birth of Tragedy*, trans. and ed. Raymond Geuss and Ronald Speirs, Cambridge: Cambridge University Press, 2007. 이 책은 다른 초기 핵심적인 저술들도 포함하고 있어서 도움이 된다. 표준적인 독일어 텍스트는 다음과 같다. *Kritische Studienausgabe*, ed. Giorgio Colli and Mazzino Montinari, Berlin: Walter de Gruyter, 1988. (이는 dtv 출판사에서 문고판으로 1999년에 나왔다) 입문을 위해서는 다음 책들을 참조하라. James. Porter, *The Invention of Dionysus. An Essay on the Birth of Tragedy*, Stanford, CA: Stanford University Press, 2000. also James I. Porter's essay 'Nietzsche and Tragedy', in Rebecca W. Bushnell(ed.), *A Companion to Tragedy*, Oxford: Blackwell, 2005. 조금 더 전문적인 연구로는 다음과 같은 것들이 있다. M.S. Silk and J.P. Stern, *Nietzsche on Tragedy*, Cambridge: Cambridge University Press, 1983; Chapters 4-6 of Keith Ansell-Pearson(ed.), *A Companion to Nietzsche*, Oxford: Blackwell, 2006; and David B. Allison, *Reading the New Nietzsche*, Lanham, MD: Rowan & Littlefield, 2001. Dale Wilkerson, *Nietzsche and the Greeks*, London: Continuum, 2006. 더 읽어야 할 책들도 참조하라.

독자에게 텍스트를 이해하기 위한 최선의 길이 되길 바란다.

반복과 변형은 니체의 이 책이 가진 가장 분명한 두 가지 문체적 특징이며, 우리는 이렇게 겹치는 논의의 물결 아래 놓여 있는 의도를 이해하기 위해 노력했다. 텍스트의 또 다른 핵심적 특징은 비판적이고 반(反)강단(講壇)적(anti-academic) 의도를 지닌 니체의 메타포 사용이다. 이러한 비판은 오래 전에 정립된 분과들, 가령 니체에게 원래 익숙한 주제인 문헌학에서 사용된 생명이 없고 '굳어진' 개념어에 대항한 것이다. 이 책은 또한 근대 철학의 개념어와 관련하여 딴 속셈을 갖고 있으며, 이것이 니체 비판의 두 번째 주요 경향이다. 그러한 가정이란 다음과 같다. 즉, 메타포란 외부에 있는 '사물들의 진정한 본성'(우리가 보게 되듯이 이는 니체가 자주 사용하는 쇼펜하우어의 구절이다. 특히 16절과 비교해 보라)과의 인간적 소통에 가장 가까운 언어적 형식이라는 것이다. 니체에게 개념이란 원래의 직관적 의미를 모두 상실할 만큼 메말라버린 메타포일 뿐이다. 개념은 자신이 메타포라는 사실을 망각해버렸고, 그것이 파악하고자 했던 것과 일치하는 것을 멈춰버렸다. '학습(learning)'의 죽은 언어와 반대로, 니체는 더 지각적이고, 기본적이며, 역동적이고 가끔은 시적인 언어, 간단히 말해 이 책이 다루기 위해 달려들고 있는 생명력과 그 주제와 형식에 있어서 더욱 **일치하는 언어**를 제안한다. (8절 주: '니체에서 철학과 언어'를 보라) 우리가 하게 되듯이, 언어적 실험과 관련하여 니체를 심각하게 받아들이는 것은 현재와 같은 해설서에 대해 방법론적인 딜레마를 낳는 것 같다. 왜냐하면 현재의 독자를 위해 『비극의 탄생』의 이해를 증진시키려는 임무는 아주 상당 부분 니체의 철학적 문체의 전도, 다시 말해 『비극의 탄생』의 메타포로 이루어진 언어를 개념화시키고 논리적으로 옮기는 것에 의존하기 때문이다. 그래서 해설서는 니체의 문체적 개혁이라는 의도와 반(反)하며, 개념적 글쓰기의 철학적 기준에 대한 미적인 검토라는 그의 기획을 무효화하는 것으로 여겨질 수 있다. 니체를 개념적 담론의 언어로 설명하는 것에 대한 방법론적인 반대는 코프만(Sarah Kofmann)의 훌륭한 책 『니체와 메타포』(*Nietzsche and metaphor*)에서 지적되었다(그리고 우리가 생각하기에 해결되었다). 그녀는 니체와 겨루거나 심지어 니체를 흉내 내는 문체로 니체에 관해 글을 쓰는 것은 '불가능한 임무'라고 주장한다. 더욱이 그렇게 하는 것은 니체에게 해를 입히기도 한다. 그녀가 "하나의 개념은 하나의 메타포보다 어떠한 더 큰 가치도 갖지 않으며, 그 자체로 메타포의 응축이라는 점을 알고서 개념적으로 글을 쓰는 것이 더욱 니체적이다."라고 말하는 경우, 우리는 그녀에게 동의한다. 그러므로 '개념을 모욕하고 메타포를 규범으로 제안하면서 메타포적으로 글을 쓰기보다는 우리의 글쓰기를 계보학적 해독에 열어 놓으면서 글을 쓰는 것'[2]이 더 생산적이다. 여기서 우리는 이 노선을 따를 것이다. 우리는 더욱 관습적이고 아카데믹한 산문으로 니체의 의도를 설명하기를 추구하는 한편, 그러한 산문이 놓치고 놓칠 수밖에 없는 그러한 점들에 주의를 기울일 것이다.

　니체에 대해 일반적 관심과 특수한 관심을 가진 독자들 모두가 첫 번째 출판된 니체의 이 책을 읽음으로써 어떤 방식으로 도움이 될 수 있을지 물어보자. 가능한 가장 짧은 대답은 다음과 같다. 즉, 이 책은 광범위한 19세기 사상을 반성하고, 축약된 방식으로 거기에 대응하는 핵심적(riveting) 책이다. 그리고 이 책은 니체의 첫 번째 책이기 때문에, 그의 다른 책들을 예견하고 있으며, 이후의 많은 문화적 지적 운동들의 전조가 되고 있다. 그래서 1장과 2장에서 우리는 니체에게 영향을 미쳤

2　Sarah Kofmann, *Nietzsche and Metaphor*, London : Athlone Press, 1993, pp. 2-3.

던 몇 가지를 되돌아볼 것이고, 다른 것들은 해설서의 주요 부분에 포
함시킬 것이다. 그리고 이 책의 수용사를 다루는 4장에서 우리는 『비극
의 탄생』에 대한 직접적이고 장기간에 걸친 수용 혹은 영향을 예견해
볼 것이다.

저자의 주

이 책을 위한 많은 준비와 연구는 독일과 스위스에 있는 니체 컬렉션
(소장품) 센터와 도서관에서 수행되었다. 우리는 바이마르의 안나-아
밀리아 공작부인 도서관에 있는 니체 소장품 안내인 에르트만(Erdman
von Wilamowitz-Moellendorff) 씨에게 감사한다. 또한 바이마르에
있는 고전 재단(Klassik Stiftung), 니체 고등 전문학교(Kolleg) 및 니
체 하우스(Haus)에 감사한다. 특히 북스위스(Upper) 엔가디넨(Enga-
dine) 실스 마리아(Sils Maria)에 있는 니체 하우스 재단에 고마움을
표시하며, 니체의 스위스 유품 관리자들인 친절한 블로흐(Peter André
Bloch) 교수와 빌보크(Peter Villwock) 박사에게 감사한다. '스위스의
니체'라는 구상은 하이니만(Alfred Heinimann) 박사와 바젤(Basel)의
엥겔스 부인(Ms. Kathrin Engels) 및 취리히(Zürich)의 아만(Jürg
Amann) 박사 덕분에 훨씬 더 확고한 윤곽을 갖추었다. 우리는 또한
아키브(archive) 방문을 재정적으로 관대하게 지원해준 스타포드셔
(Staffordshire) 대학 연구 재단(Research Fund)에 감사하고 싶다. 또
한 2009년 정기 학회에서 이 해설서를 자극한 몇몇 아이디어들이 공적
으로 처음 발표되었던 영국 현상학회(British Society of Phenomenol-
ogy)에도 감사한다. 끝으로 우리 동료들과 가족들이 보여준 지지, 안내

와 인내에 감사하고 싶다.

1장
맥락

『비극의 탄생』에 대한 니체의 관점

니체 자신은 『비극의 탄생』의 가장 신랄한 비판자 가운데 한 명이었다. 『비극의 탄생』이 처음 나온 후 10년 이상이 지난 뒤 저술한 「자기비판의 시도」에서 니체는 새로운 유형의 형이상학에 걸맞은 새로운 형태의 철학적 글쓰기를 성공적으로 했는지 자문하고 있다. 후에 니체는 그의 첫 번째 책이 대답보다 더 많은 물음을 열어두었다는 것을 깨닫는다. 그가 생각하기에 그 안에는 또한 잘못된 것들이 상당수 있다. 이 책은 잘못된 방식으로 수다스럽고, 반도덕적이고 반기독교적인 경향에서는 너무 소심하며, 쇼펜하우어와 바그너를 지나치게 추종한다. 우리는 이 해설서에서 상세히 이러한 쟁점들을 다룰 것이다. 그럼에도 이 책이 어떤 면에서는 그에게 소중하게 남아 있다는 점은 명확하다. 왜냐하면 이 책은 형성 중인 니체의 성숙한 철학을 포함하고 있으며, 반드시 올바른 방식으로는 아니더라도 적어도 올바른 물음들을 묻고 있고, 따라서 니체의 관점에서 그의 작품들 가운데 (시를 제외하고) 가장 '성공적'이고, 일관되게 '예술적'인 『차라투스트라는 이렇게 말했다』에서 정점에 이르는 첫 번째 저술 단계로서 가치가 있기 때문이다.

초기 작품에 대한 니체의 사후 평가는 확실히 그의 입장이 성숙했다는 증거이다. 그러나 우리는 두 가지 점을 염두에 두어야 할 것이다. 우

선, 니체의 자기비판은 전략적이다. 그는 사실상 스스로 후회하게 된
적은 양의 초기 사상으로부터 오염되는 것을 피하기 위해 의도적으로
자신의 철학적 경력의 연속성을 덜 강조한다. 더욱이 니체가 나중에 실
패라고 여기는 그러한 몇몇 영역들은 미래의 세대들에게는 흥미롭고
유효할 수도 있다.[1] 이 서론과 해설서 전체는 이 두 입장을 따른다.

『비극의 탄생』의 기원과 방향 : 몇 가지 연결 지점

그 모든 젊음의 재능과 무모함에도, 『비극의 탄생』이 하늘에서 떨어진
것은 아니었다. 니체는 거대한 양의 문화적 집적물을 흡수했는데, 그
가운데 몇몇은 지적으로 적극적이고, 야심찬 젊은 학도로서 무의식적
으로 그렇게 했으며, 또 다른 큰 부분은 (다양하고 복잡한 이유로) 그
이름을 거명하지 않은 채 매력적인 입장들을 의식적으로 선택함으로써
흡수했다. 이 책이 명확하게 인정하고 있는 세 번째 영향권은 칸트, 쇼
펜하우어, 바그너 및 바이마르 고전주의 작가들, 특히 괴테와 실러로부
터 비롯되며, 이 영역들 역시 니체는 의식적으로 선택해서 흡수했다.

---

1   그래서 가령, 예술 형이상학의 요소들은, 비판 이론 속에 있는 미적 화해와 연결된
해방의 개념들에 깃들어 있다. 가령, 다음 책의 4장과 비교하라. David R. Ellison,
Ethics and Aesthetics in Modernist Literature, Cambridge : Cambridge University
Press, 2001. Alson, Richard Wolin, Walter *Benjamin. An Aesthetic of Redemption*,
Berkeley, CA : University of California Press, 1994. 아도르노의 「미학이론」과(*Aes-
thetic Theory*, London : Routledge, 1984), 『에로스와 문명』(*Eros and Civilisation*,
Boston, MA : Beacon, 1955, 특히 7장 「미적 차원」)에서 그려진 마르쿠제의 미학이
론은 『비극의 탄생』에서 상술된 혁명적 미학의 바이마르적 입장들을 통합하고 있다.
또한 다음을 보라. Thomas Jovanovski, *Aesthetic Transformations. Taking Nietzsche
at his Word*, New York : Peter Lang Publishing, 2008.

첫 번째 영향 집단 가운데, 독일 낭만주의자들, 특히 아마도 프리드
리히 슐레겔(Friedrich Schlegel)(1772-1829)이 중요하게 등장한다.
물론 그의 형인 아우구스트 빌헬름(August Wilhelm) 슐레겔(1767-
1845)도 7절과 8절에서 비판적으로 언급되기는 한다.[2] (영국 낭만주의
자들은 더 비중 있게 다뤄진다. 셸리(Shelly)(1792-1822)가 쓴 아이스
킬로스의 잃어버린 속편에 대한 개작인 『사슬에서 풀린 프로메테우스』
(*Prometheus Unbound*)(1820)는 서론에서 인용된다. 첫 번째 판 속표
지에 있는 삽화[3], 즉 자신의 사슬에서 풀린 프로메테우스를 묘사하고
있는 에칭(etching)은 니체 자신의 주문에 의해 제작되었다. 결과적으
로 니체는 「자기비판의 시도」에서 그의 초기 자아가 낭만주의의 죄를
지었다고 비판하고 있다.) 무의식적으로 흡수한 또 다른 영향권 독일
의 선험적 관념론이다. 니체는 아마도 가장 유명한 자신의 기숙학교 동
창 피히테(1762-1814)의 작품을 알고 있었을 것이다.[4] 또한 니체가 직

---

2   Philippe Lacoue-Labarthe and Jean-Luc Nancy, *The Literary Absolute*, trans.
Philip Barnard and Cheryl Lester, Albany, NY: State University of New York
Press, 1988.

3   첫 번째 판 제목 페이지에 있는 복사본은 다음을 참조. Friedrich Nietzsche,
*Handschriften, Erstausgaben und Widmungsexemplare. Die Sammlung Rosenthal-
Levy im Nietzsche-Haus in Sils Maria*, ed. Julia Rosenthal, Peter André Bloch,
David Marc Hoffmann, Basel: Schwabe, 2009.

4   물론 이것은 니체의 원고나 남아 있는 개인 참고 문헌으로부터 확실히 증명될 수
는 없다. (독일 바이마르에 있는 안나 아밀리아 공작 부인 도서관(Herzogin Anna
Amalia Bibliothek Weimar, Germany)은 니체가 남긴 거의 1100권에 달하는 문헌을
보유하고 있다) 브로비어는 다음 문헌에서 여기에 동의하지 않는다. Thomas H.
Brobjer, 'Nietzsche as German Philosopher', in Nicholas Martin(ed.), *Nietzsche
and the German Tradition*, Bern: Peter Lang Publishing, 2003, pp. 40-82. 그의 주
장에 의하면, 니체는 라이프니츠, 볼프, 피히테, 및 셸링을 전혀 읽지 않았으며, 일차
문헌에 기반한 헤겔 작품에 대한 지식은 의심스럽다. 그는 심지어 다음과 같이 주장하
기까지 한다. 따라서 니체는 전혀 독일 철학자로 불릴 수 없다. 그러나 『비극의 탄생』
의 어떤 지점에서 사실상 니체는 피히테에 의거하여 헤겔에 반대하려고 노력하고 있

접 언급하지는 않지만 셸링(1775-1854)을 몰랐을 것 같지는 않다. 역
사에 대한 니체의 비판적 감각은 이 작품뿐만 아니라 그의 다른 작품
모든 곳에서 드러나며, 그가 독일 역사학파의 창시자이자 나움부르크
근처 엘리트 학교 슐포르타(Schulpforta)의 또 다른 유명한 학생이었던
랑케(Leopold von Ranke, 1795-1886)에게 어느 시기에 몰두했다는
사실을 짐작하게 만든다.

　(직접 인용된 쇼펜하우어, 바그너 및 실러를 제외하고) 언급되지는
않았지만 가장 중요하게 영향을 끼친 사람 중 한 명은 크로이처(Fried-
rich Creuzer, 1771-1858)이다. 크로이처는 『고대 민족들, 특히 그리
스 민족의 상징과 신화(*Symbolik und Mythologie der alten Völker, be-
sonders der Griechen*)』라는 선구적인 책을 1812년에 썼다. 크로이처는
분명 『비극의 탄생』에 나타나 있는 니체의 중심적인 상징 이론에 영향
을 미쳤다. 가령, 니체와 마찬가지로(2절과 비교), 크로이처는 상징의
유형학을 정립하며, 신비적(mystic) 상징과 조형적(plastic) 상징을 구
분한다.[5] 이러한 영향의 맥락에는 또한 바호펜(Johann Jacob Ba-
chofen, 1815-87) 역시 속한다. 그는 니체가 존경하면서 사귀었던 바
젤 시절의 동료였다(르네상스 역사가로서 우상화되고, 동료이자 친구

는 듯이 보인다. 두 충동의 상호작용과 연결되어 사용된 모델, 비동일성을 통한 동일
성이라는 니체의 모델은 피히테적인 색채를 띤다. 니체가 그 원천을 드러내지 **않는** 경
우들이 너무 많아서 우리는 니체가 어떤 특정한 영향을 참조하지 않는 것에 대해 큰
의미를 부여할 수 없다. 질레스피(Michael Allen Gillespie, *Nihilism Before Nietzsche*,
Chicago, IL: University of Chicago Press 1996, from p. 246)는 '사변적 관념론에
대한 니체의 빚'을 검토하고 있으며, 특히 의지 형이상학의 영역에서 피히테와 니체
입장의 근친성을 강조하고 있다. "니체가 『비극의 탄생』에서 디오니소스를 절대적 주
체로 묘사하는 것은 피히테에 대한 그의 빚을 전형적으로 잘 보여준다." p. 248.

5　다음 논의를 보라. Walter Benjamin, *The Origin of German Tragic Drama*,
trans. John Osborne, London: Verso, 2009.

로서 소중히 생각한 부르크하르트(Jacob Burckhardt, 1818-1897)와
마찬가지로). 『비극의 탄생』에서 결코 많이 언급되지 않았던 바호펜은
자신의 선구적 연구, 즉 『모권: 고대 세계에서 모계의 종교적 · 법적 성
격에 대한 연구』(Mother Right: An Investigation of the Religious and
Juridical Character of Matriarchy in Ancient World)(1861)[6]라는 기념
비적인 작품을 통해 문화인류학이라는 새로운 분과의 창시에 기여했
다. 니체가 고대, 선사 시기의 역사에 대해 관심을 가졌으며, 성(gen-
der)의 인류학적 측면에 중요성을 부여한 사실은 바호펜 작품의 영향
을 받았다는 것을 분명하게 보여준다.[7] 바호펜이 개척한 거의 독립적인
스위스 계통의 초기 문화에 대한 접근은 『비극의 탄생』을 매개로 삼아
(프로이트적인 정신분석의 광맥에서부터 이탈하는) 융(C. G. Jung)의
'집단 무의식' 이론에서 채택된다.

　니체가 인정하지 않는 두 번째 영향권은 다루기 더 쉽다. 왜냐하면
거기에는 더 많은 암시들이 있기 때문이다. 예를 들어, 프로메테우스의
형상은 아이스킬로스의 비극에 등장하며, 괴테의 '질풍노도' 시(둘 다
9절)의 비극적 영웅이자 셸리 희곡(서론)의 비극적 영웅으로 나타난
다. 더 나아가 니체는 프로메테우스를 숭고한 범인이자 비극적 영웅이

6　다섯 권으로 된 새 번역본으로 다음이 있다. Johann Jacob Bachofen (1861),
*Mutterrecht (Mother Right): A Study of the Religious and Juridical Aspects of Gyne-
ocracy in the Ancient World*, New York: Edwin Mellen Press, 2009.
7　나중에 나치의 열렬한 지지자로서 악명 높았던 보이뮬러는 다음 책에서 처음 이
관계를 지적한다. Alfred Bäumler, *Bachofen und Nietzsche*, Zürich: Verlag der
Neuen Schweizer Rundschau, 1929. 가장 최근에 나온 다음 책을 참조하라. Frances
Nesbitt Oppel, *Nietzsche on Gender, Beyond Man and Woman*, Charlottesville:
University of Virginia Press, 2005. 이 책 2장과 3장에는 바호펜과 니체 사이의 연관
이 나와 있다. 'The "Secret Source": Ancient Greek Woman in Nietzsche's Early
Notebooks', and '*The Birth of Tragedy* and the Feminine', pp. 36-88. 바호펜과 니
체에 관해서는 특히 다음 부분을 참조. pp. 48-49.

입은 디오니소스적 마스크로 파악한다. 그래서 『비극의 탄생』은 독일
질풍노도의 의도 및 문학적 야심들과 암묵적 유사성을 보인다. (괴테,
실러, 헤르더의 초기 작품이 속하는) 질풍노도란 1770년 이후 근대 독
일의 문학과 문화를 개척했던 분노한 젊은이들이 보여준 움직임, 전통
과 결별하는 문학적이고 철학적인 운동이었으며, 그들에게 프로메테우
스는 이 운동의 미적이고 정치적인 반역을 상징하는 것으로 나타난다.
질풍노도는 이 책의 표면 아래서 명확하게 간파할 수 있는 핵심적 영향
들 중 하나이다. 니체의 『비극의 탄생』이 지닌 열광적인 문체, 전략적
인 순간 직설어법에 의존한다는 사실, 기쁨에 넘친 과장어법과 돌연한
흥분으로 구성된 문장들, 이 모두는 또한 질풍노도 시기의 글쓰기가 보
이는 특징들이기도 하다. 인정되지 않은 다른 주요한 원천들이 있다.
철학적 임무를 가진 디티람보스적인 시인으로서 횔덜린(1770-1843)
이 아주 중요(3절의 주 '니체, 헬레니즘 그리고 횔덜린'을 보라)하다.
그리스인에 대한 니체의 관점과 횔덜린의 관점 사이의 유사성이 뚜렷
하며, 니체가 선호하는 작가들 중 한명인 미국의 '초월주의자(tran-
scendentalist)' 에머슨(Ralph Waldo Emerson, 1803-1882)의 숨겨진
존재 역시 중요하다.[8] 또 클라이스트(Heinrich von Kleist, 1777-

---

8 니체는 1858년에 출판되었으며, 독일어로 번역된 에머슨의 첫 번째 두 에세이 시
리즈를 갖고 있었다. Ralph Waldo Emerson, *Versuche(Essays)*, Hannover: Carl
Meyer, 1858. 이는 바이마르에 있는 그의 개인 참고 문헌 도서관에 아직 있다. (서가
번호 C701, 각주 4와 비교하라) 이는 니체가 그 안에 남긴 엄청나게 많은 독서의 흔적
이 증명하듯, 그가 가장 소중히 간직한 책들 가운데 하나이다(상이한 스타일의 수고
는 상이한 시기에 사용했음을 가리킨다. 니체는 1860년 대 초에 처음 사용했으며, 이
는 1862년의 '운명과 역사' 라는 초기 에세이에 영감을 주었다. 그 다음에는 다시
1880년 대 초에 분명히 사용했다). 그는 이 책을 모든 곳에 갖고 다녔으며, 이 책의 아
이디어와 문체들은 그의 전체 저술에 걸쳐 영감을 주었다. 그래서 그는 에머슨의 역
사, 시, 영웅적 인격성 등의 개념들을 개작했으며, 차라투스트라 기획을 위한 최초의
아이디어(여기에는 '초인' 의 초기 개념이 포함된다. 에머슨은 그의 에세이 중 하나를

1811)에 대한 언급도 필요하다. 그는 언급되지 않았으나 가장 중요한 니체의 사상적 원천 중 하나이다. 니체는 (이와 관련된 에세이, 즉 『꼭두각시극』(*The Puppet Theatre*)(1810[9])에서 개괄된 소량의 밑그림에 대한 이름으로 여기서 너무 거창하지 않다면) 클라이스트의 역사 철학을 몇몇 핵심적 개념으로 재현하고 있다. 그 중 하나는 다음과 같다. '순진무구한 상태로 되돌아가기 위해 우리는 지식의 나무를 다시 먹어야 한다.'(p. 416) 클라이스트는 또한 독일어로 쓰인 가장 뛰어난 비극들에 속하는 『펜테질레아』(*Penthesilea*)(1808)의 작가이기도 하다. 이것들은 두 가지 경쟁적인 충동의 균형 잡힌 행위로서 니체의 비극 이론을 비-음악적으로 가장 잘 예시해주는 근대의 작품이다. 헤겔(1770-1831)은 그다지 호의적이지는 않지만 이러한 숨겨진 참조 집단에 속한다. 헤겔은 『비극의 탄생』의 눈에 띄지 않는 혐오자(bête noire)인 것처럼 보인다. 그의 맹렬한 영향은 헤겔적인 논리와 역사적인 목적론에 대한 대안을 위해 투쟁하는 이 책 안에서 분명하게 드러난다. 그리고 마지막으로 (위에서 언급한 횔덜린을 제외하고) 니체가 선호하는 시인을 언급할 필요가 있다. 그는 하이네(Heinrich Heine, 1797-1856)이다. 그는 좀 더 해학적이고 풍자적인 순간에 존재하고 있으며, 또한 이 책이 꿈을 중심적인 주제로 다룰 때 드러난다. 하이네의 첫 번째 주요 모음집 『노래의 책』(*Buch der Lieder*)(1827)은 꿈과 깨어 있음의 대조적인 세계를 다루고 있다. 꿈의 시적인 흥분은 후기 낭만주의의 환멸스럽

'더 고상한 영혼(원래는 The Over soul)'이라고 부른다)는 이 책에 의해 영감을 받았음이 분명하다. 351쪽에서 니체는 차라투스트라, 즉 고대 성인에 대한 에머슨의 문장에 대해서 여백에 다음과 같이 코멘트하고 있다. "바로 이것이다!(that's it!, Das ist es!)"

9 Walter Benjamin, *The Origin of German Tragic Drama*, trans. John Osborne, London: Verso, 2009.

고 생기 없는 현실과 대조된다. 『비극의 탄생』이 꿈과 꿈의 매개하는 역할에 관해 말하고자 한 많은 것은 하이네에게서 미리 윤곽이 잡혀있다.

우리는 여기서 이러한 간접적인 참조점들을 더 상세히 다룰 수는 없다. 본격적인 해설 부분에서 더 자세한 것을 제공할 것이다. 그러나 위의 목록에서 귀결되는 한 가지 언급이 유용할 것이다. 즉, 독자는 니체의 이 책이 언급되지 않은 거대한 영향들을 담아내고 있음을 의식할 필요가 있다. 그러한 영향들 가운데 저자의 태만에 의해 배경에 머물러 있는 한 가지 유형이 있으며, 또한 다양한 이유로 저자가 인정하지 않는 두 번째 유형이 있다. 다윈(1809-1882)은 이런 두 가지 범주 사이에서 특별한 지위를 차지한다. 니체는 그가 헤겔이나 예수를 그랬듯이, 다윈을 의식적으로 빈칸으로 남겨 두고 있는가 아니면 너무 다윈의 진화론에 푹 빠져서 자기 사상의 고정된 구성요소로서 그 이론의 존재를 너무 당연한 것으로 여기고 있는 것인가? (우리는 1장 주 '니체와 다윈'에서 이 점을 좀 더 자세히 다룰 것이다.) 그러나 우리가 앞에 가지고 있는 이 책에서 거명된 영향의 원천들은 이 책의 형성에 기여한 거대한 재료 가운데 빙산의 일각일 뿐이라는 것이 분명하다. 저자가 자신을 감동시켰거나 분노하게 했던 것을 공공연하게 논의할 수 있을만한 힘이 아직 완전하지 못했다는 사실은 아마도 그가 아직 어렸다는 또 다른 표시일 수 있을 것이다.

『비극의 탄생』은 니체 시대의 역사, 미학, 정치에 관한 유럽의 논쟁과 어떻게 들어맞는가? 이 책은 정치적이고 사회적인 것의 영역에 대항하여 미적인 것의 영역을 옹호한다. 그래서 이 책은 또한 전(全) 문화적 생산 영역으로 천박한 상품 기준이 침입한 것뿐만 아니라 산업화, 기계화 및 민주화에 기반해서 출현하는 대중문화에 대항한 방벽으로서 미적인 것을 설립하려는 흐름, 즉 당시 유럽의 문화적이고 문학적인 논쟁에서 점증하고 있던 경향과 잘 부합한다. 달리 말해『비극의 탄생』은 유럽적인 상징주의와 탐미주의 운동에 대한 독일적인 기여로서 읽힐 수 있다. 이러한 운동들은 예술과 문학에서 당시 지배적이던 이론, 즉 19세기 초 리얼리즘의 극단적 형태인 자연주의에 대해 반발하고 있다. 그래서 미적 형이상학을 창조하려는 시도라는 점에서, 『비극의 탄생』은 확실히 독일의 철학적 문화의 진정한 산물일 뿐만 아니라, 또한 프랑스와 영국의 시도, 가령 보들레르(1821-1867)의『현대적 삶의 화가』(*The Painter of Modern Life*)(1863)에서 개괄되고,『악의 꽃』(1857)[10]의 시적 순환(poetic cycle) 혹은 월터 페이터(Walter Pater, 1839-1894)의『르네상스』(1873)[11] 결론에서 응용된 시도 즉, 근대성의 위기를 미적으로 파악하고 뛰어넘음으로써 극복하려는 시도와 잘 일치한다. 니체가 에우리피데스에 대하여 논박할 때(11절에서 13절까지), 그의 비판은 자기 소설『테레즈 라캉』(*Thérèse Raquin*) 서문에서 자연주의의 기본적 원리를 개괄했던 에밀 졸라(Émile Zola, 1840-1902)를 암시하고 있다. 니체가 자연주의에 대해 공격하는 또 다른 곳은 그리스 합창단에 대한 자연주의적 관점이 반박되는 7절과 8절이다.

---

10 Charles Baudelaire, *The Painter of Modern Life and other Essays*, London: Phaidon, 1970; *Les fleurs du mal* (The Flowers of Evil), Oxford: World's Classics, 1993.

11 Walter Pater, *Studies in the History of The Renaissance*, Oxford: World's Classics, 1998.

2 장

주제들의 개관

반시대적 고찰로서 『비극의 탄생』: 위험한 연결들

바그너와 함께 기성의 '범용한' 문화 및 자기 시대의 강단적 편협함에 대항하면서, 이 책의 전체 기획은 커다란 모험을 하는데 이른다. 이는 니체/바그너 연합이 오직 그것이 지속되는 동안에만 (바그너[1]보다는 니체에게 훨씬 더 많이) 위안과 지지를 제공해주었기 때문이다. 그러 한 연합은 니체를 무모하게끔 부추겼고, 그 후의 고립은 훨씬 더 충격 적이고 절대적일 것이었다. 1870년대 무렵부터 바그너가 동시대 '속물 주의'라는 현상(status quo)에 대항한 싸움에서 그를 더 이상 도울 수 없다는 사실을 깨달았을 때, 니체는 고립되기 시작한다. 니체가 생각하 기에 이제 바그너는 결코 문화적 개선의 선구자가 아니었다. 단순히 『비극의 탄생』에서 우상화된 아이스킬로스와 일치하는 '디티람보스적 극작가'를 바그너에게서 잘못 보았을 뿐이었다. 니체는 바그너가 전혀 현대적 작곡가가 아니라, 낭만적 전통에 빠진 작곡가임을 이제 깨달았 다. 니체가 「자기비판의 시도」 7절에서 환멸스런 발견을 제시하고 있듯

---

1 물론 홀린드레크(Roger Hollindrake)(*Nietzsche, Wagner and the Philosophy of Pessimism*, London: Allen and Unwin, 1982, p. 78)는 다음과 같이 주장하고 있다. 즉, 『비극의 탄생』 역시 1872년 1월 3일 처음으로 복사본을 받았을 때, 『신들의 황혼』 3악장 첫 장면(*Götterdämmerung*, Act III scene 1)을 시작함으로써 『반지』 작곡을 위 한 새로운 창조적 국면에 들어섰던 바그너에게도 영감을 주었다는 것이다.

이, "모든 낭만주의자는 기독교도로 끝이 난다." 니체는 공개적으로는 얼마 동안 그의 도전적 태도를 제법 잘 그럭저럭 감추고 있었다. 오직 바그너만이 니체가 『반시대적 고찰』의 마지막 글인 1876년의 「바이로이트의 바그너」라는 에세이에서 미약한 칭찬으로 그를 비난하고 있는 것을 알아차리고 있었다.

  생각의 급진성과 문체의 혁신적이고 실험적인 본성은 니체를 그 자신의 시대로부터 벗어나게 하는 결과를 가져왔다. 이미 언급되었듯이, 『반시대적 고찰』은 1873-1876년 사이 니체가 쓴 두 번째 저작물 시리즈의 제목이다. 이 책은 오해된 동시대 역할 모델들(쇼펜하우어, 레오 슈트라우스, 그리고 바그너)을 평가하거나 비판하고, 당대의 역사주의라는 패러다임에서 사유의 결함들을 탐색하는 네 개의 에세이를 포함하고 있다. 어떤 방식으로 보면 『비극의 탄생』은 니체의 첫 번째 반시대적 고찰이라고 불릴 수 있을 것이다. 왜냐하면 이 책은 니체가 고전학, 역사, 철학, 미학, 그리고 심지어 과학에 관한 기존의 정설들을 익혔을 때 관계를 맺은 그의 많은 친구들이 그를 멀리하게 만들었기 때문이다. 이 책은 사물들을 흔들어놓기를 원한다. 니체가 이 책을 썼을 때, 그는 당시의 대중들을 여전히 염두에 두고 있었지만, 출판된 모든 저술에서 그는 오직 그런 대중을 변화시켜서 그 대중이 상이한 미래를 낳는 것을 도울 수 있는 만큼만 고려하고 있다.

『비극의 탄생』의 의도, 형식 및 구조

이 책의 중요성 가운데 하나는 그것이 쓰인 아주 특이한 방식이다. 사실상 이 책을 특별하게 만드는 것은 이 책이 철학적 아이디어를 구성하는 새로운 방식들을 실험하는 필생의 작업을 향한 니체의 시도(trial run)라는 점이다. 『비극의 탄생』은 실험에 참여하는 것이 이러한 실험이 성공하기 위해 필수적인 독자들에게 그러한 실험을 제시한다. 니체의 텍스트는 의도적으로 철학과 고전 문헌학의 '기존' 설명 방식과 결별하며, 이 책이 하는 첫 번째 위반이란 전통적으로 두 학문 분과를 나누는 경계를 무시한다는 점이다. 이 책은 두 분과(이와 더불어 최소한 심리학과 인류학)의 혼합물이며, 주제에 특유한 방법론적 순수성을 지닌 규칙들에는 거의 무관심하다. 더 나아가 명료함과 논리적 전개를 목표로 하기보다는 오히려 (아마도 F. W. 슐레겔의 이해 불가능성(incomprehensibility)[2]에 대한 옹호를 따르면서) 이 책은 아이러니와 수사적 트릭을 사용하고 독자와 유희하며, 완숙한 유혹자처럼 핵심적 주제들에 접근했다가 다시 물러선다. 니체에게는 계획된 교육적인 혹은 '발견법적인' (독자 스스로 발견하게 하는) 차원이 있다. 이해한다는 것은 극복되기 위해 우리에게 주어져 있는 애매함에서 벗어나려고 싸우는 것을 의미한다. 이런 식으로 경험에는 미로와 같은 특성이 있다. 이러한 평범하지 않은 유형의 독자가 하는 활동은 독해를 하는 가운데 일어나는 흥분의 일부를 설명해준다. 니체가 요구한 임무에서부터 독자를 면제시켜 줄 수는 없으나, 최소한 어느 정도의 도움을 제공하기를 원하는 것이 이 해설서가 정당한 이유 중 하나이다.

'미디어는 메시지이다.' 현대 매스 미디어에서 내용에 대한 형식의

---

2   슐레겔의 1800년도 유명한 에세이 『이해 불가능성에 대하여』(*On Incomprehensibility*)는 이해 불가능한 것 자체로 정의된 아이러니의 어려움과 위험들을 다루고 있다. 이 에세이의 문체는 이러한 소견을 지지해주고 있으며, 슐레겔이 그의 사례에 의지하도록 허용한다. 이에 대해서는 다음을 참조할 것. Kathleen Wheeler, *German Aesthetic and Literary Criticism*, Cambridge: Cambridge University Press, 1984, pp. 32–39.

우위를 강조하는 마샬 맥루한의 악명 높은 격언[3]이 일 세기 전 니체의
의도를 예증하는데 도움이 될 수도 있을 것이다. 철학사에서 다른 어떤
주요 저자(아마도 자신의 생각을 대화라는 독특한 형식으로 제시하는
것을 선택한 플라톤을 예외로 한다면 말이다. 니체는 14절에서 이에 대
해 말하고 있다.) 이상으로 니체는 그의 글쓰기 형식을 그의 '메시지'
안에다 끼워 넣는데 관심을 가졌고, 결과적으로 글쓰기 자체가 그 구
조, 은유, 암시, 반복 등등 속에서 독자를 바람직한 방향으로 이끄는데
주도적 역할을 맡게 된다. 이 책의 형식은 니체가 말하기 원하는 것을
상징하게끔 의도되었으며 이 책은 상징적 형식으로 된 상징적 형식들
에 관한 이론이다.

　『비극의 탄생』은 근본적인 인간적 인간학 이론을 유럽 문화사 전개
이론과 맞추고자 한다. 니체는 인간이 보여주는 문화적 생산력의 영속
적인 총체(ensemble)를 설정한다. 이러한 힘 혹은 충동은 넓게 보아
쇼펜하우어적인 형이상학의 관점에서 보면 바탕에 놓인 의지의 객관화
혹은 표현의 특수한 양태로서 이해된다. 충동은 형이상학적 의미를 가
지며, 문화적 형태로 실현되는 가운데 그 의미를 상징한다. 광범위하게
말해서 문화란 현실화된 형이상학이다. 이러한 충동들의 투쟁과 조합
이 역사적 변화 배후에 있다. 좀 더 특수하게는 인간이 하는 문화적 표
현의 이원적 기초는 디오니소스적인 것과 아폴론적인 것이라는 두 가
지 예술충동이며, 그 둘은 각각 자비롭고 폭력적인(그러나 항상 생산
적인) 투쟁에 개입한다. (이것이 12절까지의 주제이다.) 아주 초창기
문화사에서 이미 목격할 수 있는 이러한 활동은 역사적으로 나중에 등
장한 유해한 세 번째 힘, 즉 의식에 의해 주도되는 반성성이라는 '소크

3　Marshall McLuhan, *Understanding Media: The Extensions of Man*, New York:
McGraw-Hill, 1964, p. 7.

라테스적 경향'에 의해 방해받는다. (13절부터) 니체는 이러한 변화를 자연적이고 본능적인 예술적 생산력에 의해 추동된 그리스의 전(前)의식적 혹은 무의식적(sub) 문화 시기와 본능적 충동이 제거된 채 의식과 추상적 논리가 주도하는 근대적 문화 시기의 차이로 정의한다.

『비극의 탄생』은 두 조각으로 된 그림처럼 두 개의 주요 부분으로 나뉜다.[4] 첫 번째 부분은 그리스에서 아폴론적인 것과 디오니소스적인 것이라는 두 가지 예술충동이 서로 상호작용하는 것을 탐구한다. 이는 디오니소스적인 것과 대결 같은(agon-like) 상호작용을 하는 아폴론적인 것을 묘사하는 신화의 시대이며, 비극 속에서 그 둘이 독특하게 결합하는데서 절정에 이르고, 에우리피데스와 함께 몰락에 이른다. 두 번째 부분은 비극 시대와, 증가하는 의식과 이론적 이성에 의해 지배되며 비극 및 비극이 대변하는 세계관의 죽음에 이르는 근대 간의 시대적 대립을 설정한다. 이 시대는 이성과 논리의 시기이며, 니체는 두 가지 신화적 충동 사이의 '동요'(4절, p. 28과 비교하라)가 강력하고 새로운 문화적 행위자로서 로고스의 팽창에 의해 억압될 때 발생하는 질병을 탐구하고 있다. 에우리피데스 및 소크라테스와 더불어 자신의 이름을 아는 의식과 이론적 인간이 무대에 등장한다. 신화적인 스파링 파트너인 아폴론적인 것과 디오니소스적인 것의 대결은 방해받는다. 그러한 충동들은 니체가 '병적'이라고 간주하고 있으며, 통제를 벗어난 논리적 충동에 의해 지하로 축출된다. (1절과 13절을 비교하라) 첫 번째 부분은 형이상학적으로 지지할 수 있는 세계관을 상징하는 문학 형식으로

---

4 이 책이 세 부분으로 서술되어 있다는 것 역시 일반적 견해이다. (1) 비극에 대한 설명 (2) 비극의 죽음 (3) 근대성과 비극 재생의 조건들. 이는 오직 우리가 두 부분으로 된 서술이 이 책의 의미와 구성 전략에 관한 본질적인 어떤 것을 포착하고 있다고 믿는 한해서만 중요하다.

비극의 부흥과 몰락을 그려 보이고 있다. 두 번째 부분은 이러한 상징적 형식의 쇠락과 죽음을 그 형이상학적 의미가 기만된 근본적 인간학 탓으로 돌리고 있다. 그래서 두 번째 부분은 또한 비극의 재생을 위한 조건을 정립하고자 한다.

그렇지만 이러한 재생은 그리스적 삶의 선(先)의식적 조건으로 단순히 되돌아가는 형태가 될 수는 없다. 대신 니체는 재정립, 즉 **근대적 조건하에서** 비극이 지닌 선의식적 세계관의 '재생'을 염두에 두고 있다. 역사의 시계는 되돌릴 수 없기 때문에, 우리는 앞으로 밀고 나가야 한다. 근본적으로 근대적이며, 아주 종합적인 형태의 예술, 즉 바그너의 음악 드라마가 현존의 비극적 깊이를 성취하는 수단으로 전파되지만, 이는 의식 내부로부터 생겨난다. 근대에서 최고 형태의 의식, 즉 추상적이고 과학적인 논리 및 '체계적' 철학은 성취되었고, 이미 파열하기 시작해서 이러한 재생을 위한 풍부한 조건을 창출하고 있다. 소위 '맞춰진' 역사적 사건이라는 이런 생각은 앞에서 언급된 1810년 클라이스트의 에세이에 이미 나타나 있다. 이 에세이는 인간의 본능이 추상들에 의해 저지되고, 이성에 의해 압도되는 시대에 그런 본능이 예술적 변형의 무구함을 어떻게 다시 획득하는가 하는 문제를 제기하고 있다.

두 부분 각각은 비교적 독립적이다. 몇몇 비판가들은 단지 첫 번째 부분만 비판적으로 주목할 가치가 있다고 주장했다. 왜냐하면 니체가 자신의 비극 이론을 발전시키는 것은 바로 여기이기 때문이다.[5] 이런 경우 우리의 관점으로는 이 책의 의도를 이해하는 것 이상의 그 어떤

5 Cf. Barbara von Reibnitz, *Ein Kommentar zu Friedrich Nietzsche, "Die Geburt der Tragödie aus dem Geist der Musik", Kap. 1-12*, Stuttgart: Matzler, 1992. 저자는 이런 방식으로 논의하고 있으며, 따라서 그의 포괄적이고 철저한 해설은 단지 1절에서 12절까지만 다루고 있다.

것도 더 진전시킬 수 없을 것이다. 심지어 이 책은 전적으로 근대적 관점에서 쓰였다고 주장될 수도 있을 것이다. 즉, 그리스인들은 근대적 사유 모델에 기반을 둔 예술과 문화 이론을 지지해주는 하나의 예 혹은 사례 연구일 뿐이라는 것이다. (니체는 「자기비판의 시도」 6절에서 어느 정도 동일하게 말하고 있다. (p. 10과 비교)) 이들 두 가지 극단적인 논의는 이 책을 정당하게 취급하는데 실패한다. 왜냐하면 이 책의 언명이 완전한 타당성을 얻는 것은 오직 두 가지 주요 부분으로 이뤄진 구성의 대칭 속에서 뿐이기 때문이다. 오직 함께 함으로써만 두 부분은 니체의 웅대한 역사적인 문화 인간학 이론을 포함한다. 그리스적 모델로부터 도출된 니체의 '비극 이론' 은 불완전하며, 따라서 바그너의 음악 미학 이론에서 발견할 수 있는 근대적 대응물 없이는 이해되지 못한다. 게다가 소아시아로부터 아테네와 로마를 거쳐 바이로이트로 문화가 움직이는 방식이 니체가 가진 주요 관심이다. 문화에 대한 이러한 '계보학적' 관점은 또한 이 책을 두 부분 모두에서 전체로서 고찰하는 것을 필수적으로 만든다.

12절로 된 두 번째 부분, 즉 14절에서 25절까지는 두 쪽으로 된 그림의 오른쪽 부분을 구성한다. 이 부분은 앞의 그림 한 부분에서 횡단된 역사적 전개, 즉 소크라테스 이래 병든 문화의 부화(浮華)부터 2천 년 넘게 이어져 완전히 만개한 위기, 즉 그 문화의 종언에 대한 전망이 바그너의 오페라에서 비극의 재생을 통해 일어나는 지점까지 이르는 전개를, 뒤에서부터 앞으로(back-to-front) 비춰주는 거울 이미지(경상)이다. 우리 근대인이 직면한 문제는 그리스인들이 마주쳤던 것과 정반대의 것이다. 그리스인들이 문화의 영역 속에서 생산적으로 만들기 위해 디오니소스적인 것을 길들여야 했다면, 우리는 우리 자신을 디오니소스적인 감수성의 원초적 생명력과 다시 접촉하게 만듦으로써 근대 문화의 구속복을 분쇄하는 길을 발견해야 한다. 우리는 그리스인들로부터 자연을 통제하려는 욕망을 물려받았지만, 그럼으로써 우리가 통제에 착수해야 하는 것을 절대적으로 상실해버렸다. 이것은 21세기에도 여전히 유효하며 매우 시사적인 메시지이다.

3장
본문 읽기

「자기비판의 시도」

「자기비판의 시도」는 1886년 『비극의 탄생』 두 번째 판을 위해 원래 텍스트가 나오고 나서 오랜 시간이 흐른 뒤에 씌었다. 『비극의 탄생』이 초기에 속하는 작품이었다면 「자기비판의 시도」는 후기에 속하는 글이었다. 가장 좋은 효과를 위해서는 우선 주 텍스트를 읽고, 이러한 회고적 재평가를 나중에 읽기를 강하게 권한다.

　니체는 여기서 확신에 찬 이론가와 스타일리스트의 성숙한 탁월함이란 견지에서 『비극의 탄생』의 결함에 대해 고백하고 있으며, 그것이 실제로 성취하기를 원했던 바가 무엇이었고, 어디에서 그것이 왜 부분적으로 실패했는지를 알려주고 있다. 그는 이 책의 유치한 결함, 형식, 논리, 조직, 문체 및 논증의 불충분성에 대해 그리고 그것이 '조숙하고, 미숙한 개인적 경험'(p.5) 때문이라는 사실에 대해 사과하고 있다. 이 같은 인정은 저자가 이 책의 몇 가지 기본적인 진리들을 구할 수 있게 하는 전략이다. 이 책은 결국 니체의 모든 이후 작업들이 주제나 문체와 관련하여 생겨나는 태아 세포이다. 그는 쇼펜하우어의 문화적 염세주의에 대한 이 잠정적 거부 및 디오니소스적인 삶의 긍정에 관한 문화적이고 심리학적 이론을 모색하는 이 초기 작품의 시도를 받아들인다. 그러나 그는 위안을 목표로 하는 예술의 형이상학(이 초기 텍스트의 철학적 핵심)을 바그너적인 독소의 영향을 받은 오도된 후기 낭만주의 로서 거부한다.

우리는 니체가 자신의 모든 성숙한 이론적 입장들이 완전히 전개된 유리한 지점에서 이 초기 텍스트를 돌이켜보고 있음을 잊지 말아야 한 다. 그처럼 잊어버리는 것은 그의 관점에 대한 어떤 편견을 일으킨다. 그는 또한 어느 정도 이 책에 대한 초기 비판가들이 그에게 가한 곤혹 스러움을 상쇄하고, (4장 수용과 영향과 비교하라) 이 책의 영웅인 바 그너로부터 자신을 분리시킴으로써 야기된 수치심, 즉 스스로 겪은 수 치심을 보상하고자 원한다. 니체가 마지막 (자기) 비판적 작품인 『이 사람을 보라』에서 또한 그랬듯이, 여기서 계보학이라는 후기 방법론을 자전적으로 전개시키고 있는 것은 분명하다. 니체는 다음과 같이 묻는 다. 무엇이 이 책을 가능하고 필연적으로 만들었는가? 『비극의 탄생』 의 이론적 입장과 정식들을 바로 이와 같은 모양으로 만든 좀 더 넓으 며 문화적이고, 특수한 개인적인 조건과 동기는 무엇이었는가? 니체는 이 책의 산만한 논증을 비판적 관심을 갖고 일곱 가지의 짧고 서로 연 관된 일련의 핵심적 물음 혹은 언명들로 결정화시킨다. 압축적 간결함 은 니체의 초기 문체와 후기 문체를 분리시키는 틈을 보여준다.[1] 수사 학적 쉐도우 복싱(shadowboxing)과 이 텍스트 표면의 과장된 어리석 음이 남아 있지만, 여기에는 아주 분명한 목소리가 있다. 더 비판적으 로 야심적인, 즉 시적으로 덜 야심적인 1880년대 모든 작품에서처럼 이 목소리는 더욱 침착하고, 단호하며, 신중하고, (이 말이 허용된다 면) 현실주의적이다.

---

1 니체의 문체에 관해서는 다음을 참조. Heinz Schlaffer, *Das entfesselte Wort. Nietzsche's Stil und seine Folgen*, Munich: Hanser, 2007.

'강함의 염세주의가 존재하는가?'

1절은 이 책이 구상되고 쓰인 격렬한 정치적 조건과, 겉보기에 비의적이고 아카데믹한 책의 관심 및 저자의 한가한 개인적 조건 사이의 불일치를 보여주고 있다. 독일 민족은 전쟁 중에 있었으며, 저자는 대부분의 시간을 스위스에서 움츠리고 있었고, '알프스의 어느 구석에 앉아 있었다.' (p.3) 그는 짧은 기간 전쟁에 참전했고, 병이 났으며, 회복을 거쳐 불가해한 지적 프로젝트에 관해 숙고된 관점을 개진한다. 삼인칭의 사용이 눈에 띈다. 니체의 초기 자아는 거리를 두고 지칭되고 있으며, 이 책의 '기초를 이루는' '물음'의 계시를 기다리고 있고, 따라서 이 젊은 저자가 1886년의 철학자와 일인칭 대명사를 공유할만하다는 증거를 기다리고 있는 셈이다. 유사한 거리두기 전략은 「자기비판의 시도」 마지막 절에서 사용된다. 주 텍스트의 서론(Foreword)이 우리에게 알려주듯이, 니체는 그의 책이 학문적 탐구와 정치적 참여 사이의 갈등에 기여하는 것으로 파악하고 있다. 그러므로 '속물적이며' 전쟁을 도발한 민족주의적인 독일 정치와 니체의 불화는 이미 『비극의 탄생』에서 예비되었다고 할 수 있으며, 우리가 여기 6절에서 보게 되듯이, 「자기비판의 시도」에서 분명하게 의식되고 있다.

1절은 『비극의 탄생』의 원래 관심들을 일련의 물음과 추측들로 제시하고 있으며, 위에 나온 물음, 즉 '강함의 염세주의가 존재하는가?'를 재평가하는데서 절정에 이른다. 염세주의와 낙관주의는 진리와 거짓, 선과 악처럼 더 이상 부정적이고 긍정적인 이원적 대립물로서 상반되지 않는다. 개념적 대립물들은 원래의 것이 아니라 파생적인 것이다. 그러한 대립물들은 가치들에 대한 중립적인 서술이 아니라 이미 본질적으로 가치 평가되어 있다. 니체는 다음을 암시하고 있다. 즉, 좀 더 근본적인 대조는 약하거나 병적인 염세주의('니힐리즘'으로도 불릴 수 있는 염세주의)와 '강함의 염세주의' 사이의 대조이다. 니체는 이러한 회고 속에서 아주 상이한 형이상학적 의미들을 가진 문화적 반응들의 기반으로서 아픔과 고통의 역할을 특히 긴박하게 강조한다. 강함의 염세주의는 쇼펜하우어가 주장하는 체념의 염세주의에 대한 해독제이다. 그러한 염세주의는 아픔과 고통을 제거하려 하지 않는다. 염세주의 개념에 대한 이러한 새로운 강조는 니체가 두 번째 판을 위해 이 책에 붙인 새로운 부제와 일치한다. 이 책에는 이제 『비극의 탄생, 혹은 헬레니즘과 염세주의』라는 타이틀이 붙는다. 원래의 책은 확실히 두 가지 방식의 낙관주의, 혹은 좀 더 일반적으로 말해 두 가지 방식의 명랑성을 구분하고 있다. 첫 번째 것은 소크라테스의 학문적 낙관주의 영향하에 있는 후기 그리스인들의 천박한 고요함(serenity)이고, 다른 것(좀 더 미학적이고 형이상학적으로 흥미 있는 것)은 소크라테스 이전 아폴론적인 것(3절을 보라)의 특징이다. 그렇지만 그 동일한 절에서 이미 두 가지 방식의 염세주의가 있음이 지적되고 있다. 왜냐하면 니체는 '금욕주의, 영성 및 의무'를 특징으로 하며, 후기에 스스로 약함의 염세주의(「자기비판의 시도」 5절에서 '무(nothingness)'에 대한 욕구를 보라)라고 부르고 있는 어떤 것을 우리가 거기서 간파해야 하는 '또 다른 종교'(물론 기독교)를 따르는 자는 이해하지 못하게끔 아폴론적인 것의 승리에 찬 자신감을 교묘하게 도입하고 있기 때문이다. 마찬가지로 주 텍스트의 3절에서도 아폴론적인 '마의 산(magic mountain)'은 '현존의 공포와 두려움'에 의존하는 것으로 드러나며, 이는 분명 기독교적 관점에서는 똑같이 이해할 수 없는 어떤 것이다. 그렇지만 니체가 스스로에게 동의하지 않는 곳이 바로 여기이다. 왜냐하면 후기의 니체가 강함의 염세주의를 이러한 공포에 대해 유일하게 건강하고 형이상학적으로 적절한 대응으로서 부르고 있는 곳에서, 그의 초기 책인 이

책은 예술의 위안으로 돌아가기 때문이다. 이것이 「자기비판의 시도」 7
절의 요체이다.[2]

　「자기비판의 시도」를 개시하는 이런 논의와 새로운 부제를 통해 니
체는 자신의 첫 번째 책이 항상 염세주의의 본성에 관한 것이었음을 주
장하고 있다. 따라서 이런 식으로 읽으면, 니체는 초기 이 책에서 도입
된 범주들의 타당성을 확신하고 있으며, 그러한 범주들이 문화적 가치
들을 갱신하는 성숙한 방법론의 초석이 되었음을 인정하고 있는 것이
다. 그는 『비극의 탄생』의 많은 철학적 관점들과 거기에 이른 많은 방
법론적 혁신들을 수용할 수 있었지만, 자신의 젊은 자아가 도달했던 낭
만주의적이고, 기독교적이며, 허무주의적인 결론들을 받아들일 수는
없었다.

'"학문을 예술가의 관점으로 보고, 예술을 삶의 관점에서 보는 것"이 필연적이다.'

어떤 문화적 형태가 이러한 '약한' 염세주의를 퍼뜨리는가? 2절은 니
체가 스스로 『비극의 탄생』에서 설정했던 실질적 문제를 확인한다. 우
리는 놀랍게도 다음을 알게 된다. 즉 그리스인들, 심지어 고대 비극과
근대 비극 자체가 탐구의 주요 대상들이 아니라 '학문의 문제'가 탐구
의 주요 대상이라는 것이다. 그는 이 책을 '불가능한' 책이라고 부른
다. 왜냐하면 이 책은 '나이든 사람의 문제'를 젊은 무모함을 갖고 다
루기 때문이다. 이 책은 너무 길고(니체의 대부분의 저작보다 더 짧지
만), '질풍노도(Sturm und Drang)'(18세기 말 독일의 극히(proto) —

2　초기 비극에 관한 저술을 떠올리면서 후기 니체가 이러한 대조들을 사용하는 특히
명백한 사례에 대해서는 다음을 참조할 것. *Beyond Good and Evil*, trans. R.J. Hol-
lingdale, London : Penguin, 1990, section 59.

낭만적인 예술 운동의 명칭)(1장 기원과 방향을 보라)로 가득 차 있다. 그러나 이 책은 (도전적으로 서 있는) 독립적인 책이며, 특히 그 독자인 바그너의 경우에 적지 않게 성공을 누렸다.

니체는 그가 학문의 문제에 예술적 관점(광학)[3]을 통해 접근했으며, 그렇게 할 수밖에 없었다고 설명하고 있다. 왜냐하면 이 문제는 '학문의 영역' 내에서는 제기될 수 없기 때문이다. 이 책의 주요 텍스트에서 소크라테스적인 학문은 '낙관주의적'인 것으로 묘사된다. 이것이 의미하는 한 가지는 그런 학문이 스스로를 보편화시키고 있으며, 어떤 것이 적절한 자기 영역의 일부가 아닐 수도 있다는 사실을 이해할 수 없다는 점이다. 학문의 문제 — 학문은 그 토대에 있어서 학문적이지 않다는 계보학적 주장 — 는 학문적 문제가 아니다. 그래서 예술가는 삶의 관점을 통해 예술을 고찰하게 되는 철학자와 겹친다. '삶의 관점을 통해'라는 구절은 이 「자기비판의 시도」 4절을 마무리하는 물음 속에서 반복된다. 삶의 본성 — 그 건강함, 다양한 문화적 형태의 생산 등 — 이란 사실상 초기 니체(가령 주 텍스트 7절을 보라)와 후기 니체 둘 다 모두가 절대적으로 근본적이라고 여긴 개념이다. 그런데도 다음 장에서 제시되고 있듯이, 니체가 사실과는 반대로(counterfactual) 문헌학으로 돌아간다는 것[4]과 니체의 서재에 있는 물리학과 생물학에 관한 많은 텍스트는 니체가 다음과 같이 계속**할 수도 있었을** 것이라는 점을 보여준다. 즉, "우리는 결국 학문의 관점을 통해서가 아니라면" 적어도 학문

---

3   광학(optik)이란 말은 광학에 관한 학문과 그 학문에 전형적일 수 있는 광학적 요소들의 집합(인간의 눈, 현미경 등)을 모두 의미한다. 그것은 또한 영어의 '관점'이라는 구절과 유사한 메타포적인 의미를 전달한다.

4   역자 주: 이는 「자기비판의 시도」 5절에서 니체가 문헌학을 비판했던 당시와는 반대로 자신이 문헌학자로서 디오니소스적인 것이라는 명칭을 고안해냈다고 주장하고 있는 부분을 가리킨다고 볼 수 있다.

의 관점을 **이용해서** 삶을 고찰해야 한다.[5] 니체는 자신의 프로젝트를
— 그리고 지금처럼 — 예술적이고 철학적인 관점들의 겹침으로 생각
하고 있으며, 서로서로 의존하고 상호적으로 활기를 돋우는 것이라고
파악하고 있다. 그리고 그가 여기 7절에서 형이상학적 위안을 위한 수
단으로서 예술을 초기에 신비화한 것을 거부했지만, — 벤야민과 다른
비판가들은 이 책의 이런 측면을 니체의 탐미주의라고 거부했다[6] — 그
는 여전히 (역사적이고, 학문적인 것 등등은 말할 것도 없고) 예술적이
고 철학적인 관점들이 융합할 필요가 있음을, 차후 프로젝트의 인식론
적이고 방법론적인 필연성으로 주장한다. 여기서 광학적 메타포의 사
용은 흥미롭다. 그러한 메타포를 통해 우리는 니체가 성숙한 시기에 하
는 비판의 중심 요소로서 관점의 이동이라는 혁신적 방법에 주의를 기
울일 수 있다.

'나는 이 "새로운 영혼"을 말하지 않고, 노래했어야 했다.'
이 절은 『비극의 탄생』이 잘못 씌었으며, '논리적 명확성에의 의지를
결여하고 있고, 지나치게 확신에 차서 그 주장들을 증명하는데 너무 거
만하다' 는 점을 지적하고 있다. 이 책은 개종한 자들에게 설교하고 있
으며, 음악적 황홀함의 내적 밀실 안으로 들어오게끔 허용되지 않은 사
람들과 의사소통하려는 시도를 하지 않고 있다. 여기에 이와 관련된 두

5　가령 다음을 참조하라. Thomas H. Bobjer, 'Nietzsche's Reading and Knowl-
edge of Natural Science : An Overview', in Gregory Moore et al. (eds), *Nietzsche
and Science*, Aldershot : Ashgate, 2004, pp. 21-50.
6　다음과 비교할 것. Walter Benjamin, *The Origin of German Tragic Drama*,
trans. John Osborne, London : Verso, 2009. 벤야민은 '탐미주의의 심연'(p. 103.)
이라는 구절을 사용하고 있다. 벤야민은 초기 니체에게만 초점을 맞춤으로써 니체 자
신이 이미 문제들을 이런 식으로 보았음을 알지(아는 것을 인정하지) 못하고 있다.

가지 사항이 있다. 우선 니체는 그의 초기 자아가 철학적 혹은 심지어 '논리적' 엄격함이 결여되어 있다고 비난하고 있다.[7] 둘째, 첫 번째 사항은 이 책이 초심자를 위한 것이었다는 사실에 의해 야기되거나 악화되었다. 니체는 이 두 가지 점을 분명 문체에 관한 다른 문제들과 함께 섞는다. 「자기비판의 시도」의 이 절은 흥미로운 긴장을 포함하고 있다. 즉, 그는 (단지 그가 문헌학자로서만 글을 썼다고 치면 드러나게 될 불충분한 엄격함 때문에) 자신을 너무 미흡한 학자라고 비난하고 있을 뿐만 아니라 또한 동시에 ('학자의 두건' 아래 '숨겨진' 어떤 것을, 노래하지 않고 말했기에) 너무 엄격한 학자임을 비난하고 있다.

『비극의 탄생』이 보여주는 문체의 적합성에 관한 물음은 실질적이지만 그 스스로 아직 완전히 이해하지 못했으며, 부분적으로 숨겨진 과제로서 니체가 뒤늦게 확인한 것과 관련하여 특히 적절하다. 니체는 우리가 다음과 같이 믿기를 원한다. 즉, 『비극의 탄생』은 디오니소스에 대한 은밀한 찬가라는 것이다. 배경에서 들을 수 있는 그 신을 칭송하는 목소리, 격렬하고, 현실에서 유리되었으며, 디티람보스적인 목소리가 존재한다. 학식을 가진 수도사의 두건 아래, '이상한 언어로 더듬거리며, 신비적이고 거의 마이나데스적인(광란하는)[8] 영혼'이 존재한다. 독자는 가령 20절의 마지막 문단에서처럼, 우연찮게 니체가 의미하는 바를 명확하게 볼 수 있다. 니체는 전반적으로 이 책이 '이러한 "새로운 영혼"'에 충분히 들어맞지 않다고 주장하며 스스로 '당시 시인으로서'

---

7 이 문단에서 사용된 *Beweisen*이란 철학적 의미의 '증명'이라기보다는 경험적이거나 법적 의미에서 '입증'을 의미한다. 니체는 자신이 단순한 입증의 수준 너머로 거만하게 올라갔다고 스스로를 비난하고 있다. 이는 이 절 끝에 등장하는 문헌학에 관한 주장과 연결된다.
8 이것은 디오니소스를 따르는 여성 추종자들을 가리킨다. 그리스어 어원의 의미는 '미친' 혹은 '광란 상태에 빠진'이다.

그가 말해야 했던 것을 더 잘 말할 수 없었을 것인지 묻고 있다. 그렇지 못할 것이었다면 그는 텍스트적인 증거를 발굴하는 훈련된 문헌학자로서 좀 더 겸손한 입장을 고수했어야 했을 것이다. 그래서 니체는 뮐렌도르프(Wilamowitz-Mollendorff)의 지적 사항들 중 하나를 받아들이면서, 그에 대한 초기 비판가들(4장, 「수용과 영향」을 보라)에게 전략적으로 동의한다. 그는 이 책이 문헌학자의 책상과, 누구에 의해서도 이해받지 못하는 새로운 어떤 것(그는 그것을 시라고 부른다) 사이에서 유동하고 있으며, 양쪽 영역 모두에서 평가할 때 불충분하게 쓰였음을 비판하고 있다.

이러한 이중적 실패를 이해하는 한 가지 방식은 주 텍스트의 1절을 논의하는 가운데 우리가 사용하는 '잘못된 외양(wrong semblance)'이라는 개념의 측면에서 그것을 이해하는 것이다. 그 상징적 형식 속에서 글쓰기는 그것이 드러내기보다 더 많이 숨기면 바탕에 깔려 있는 지하의(chthonic) 실존적 경험의 깊이를 따라가지 못한다. 디오니소스적인 경험의 아폴론적인 상징화는 결함이 있는 것으로 여겨진다.[9] 또 다른 방식은 방금 위에서 논의된 관점의 층들(시인과 문헌학자의 관점-역자 첨가)이라는 아이디어를 사용하는 것이다. 『비극의 탄생』의 어중간한(in-between) 문체는 이 책의 전반적인 계보학적 운동을 구성하는 관점들을 진지하게 고려하는 데 실패한다. 이 책은 마음 내키지 않는 학식과 결합된 마음 내키지 않는 시이다. 그러나 이 초기 책의 결과들 중 하나는 진정으로 혼합적인 예술에 대한 요청이다. 즉, 그러한 예술이란

---

9 「자기비판의 시도」 어느 곳에서도 니체는 아폴론적인 것에 관해 길게 논하지 않지만, 새롭고 독창적인 시적 스타일의 글쓰기에 대한 그의 회고적 열망은 적어도, 상징화의 범주 아래 초기에 이 책에서 제시된 것들과 광범위하게 연관된 아이디어들을 여전히 암시하고 있다. 니체는 아직 시적 변형의 형식들을 찾고 있다.

아폴론적인 것과 디오니소스적인 것을 더 높은 변증법적 통일성으로
강요함으로써 어느 한쪽과 타협하지 않고, 그 둘을 함께 결합시키는 것
이다. ('변증법적이고 음침한(Unlustigkeit, disinclined)'[10] 독일인들에
대한 코멘트를 보라) 니체는 나중에 자신의 첫 번째 책이 발견한 것들
에 속하는 문체적 명령을 따르는 데 실패했다고 말할 수 있을 것이다.

'광기는 반드시 퇴폐의 징후일 것인가?'
이러한 자기 비판적인 회고의 의도 가운데 하나는 이 초기 작품을 '그
렇다면, 디오니소스적인 것은 무엇인가?' 라는 물음의 측면에서 다시
구성하는 것이다. 니체의 주장에 의하면, 『비극의 탄생』은 이미 하나의
답을 발견하기 시작했으나, 결함 있는 방법과 문체를 사용하고 있다.
인간 (그리고 전체 문화들)에 속하는 충동으로서 디오니소스적인 것은
심리학적 물음과 연결되어 있다. 우리가 '미에 대한 요구'로부터 '추함
에 대한 요구'로 움직이고, 거기서부터 강함, 욕구 및 건강 속에 있는
추함의 원천으로 움직여감에 따라, 이 책 안에 있는 층들을 세밀하게
벗겨내기를 반복하는 일련의 물음들이 따라나온다.

　개인적인 수준과 역사적이고 문화적인 수준 둘 모두에서 정신적 건
강이 문제가 된다. 이 전 절의 주석에서 '열광적이고' 디오니소스적인
것이 이 저자의 '새로운 영혼'으로 언급되었듯이, 이 절에는 그 현상이
문화적 정체성의 영역으로 확대되고 투사된다. 디오니소스적인 것의
물음은 이제 좀 더 분명히 광기의 문제, 즉 개별적이지만 특별히 집단
적인 광기의 문제로 여겨진다. 광기는 '반드시 퇴폐, 몰락의 징후, 즉,

---

10 독일어 단어 Lust가 바탕에 깔린 디오니소스적 상태를 서술하기 위해 다음 절에서
사용되고 있음에 주의하라. '기분이 내키지 않음'이란 *Unlustigkeit*의 친절한 번역이
지만, '음침함' 혹은 '유머가 없음'이라는 함축을 놓치고 있다.

이미 오래전에 지나가 버린 문화의 징후일 것인가?' 니체는 — 그는 이 물음을 '정신의학자'에게 넘긴다. — 다음과 같이 묻는다. "아마도 건강함의 노이로제, 민족적 젊음과 생기의 노이로제에 관해 말하는 것이 가능하지 않을까?"[11] 이것이 『비극의 탄생』이 공개적으로 던졌던 논쟁의 핵심이다. 이 책은 광기와 문명 간의 관계를 다음과 같이 동요시키는 미래적인 통찰을 제안함으로써 그 관계를 재평가하려는 시도를 하고 있다. 높이 발전된 문명의 관점에서 광기로 보이는 것 — 즉, 원시적 인간의 집단적이고 디오니소스적인 광란 — 역시, 우리가 똑같이 반대로 그처럼 높이 발전된 동일한 문명을 위축되고, 병들었으며, 유아론적으로 자신에게 경도된 것으로 평가하는 경우, 인간성과 자연의 건강한 관련성을 나타내는 기호로 간주될 수 있을 것이다. 이것은 니체의 동시대인들에게는 불쾌하며, 그들을 크게 동요시키는 통찰이다. 우리 역시 이러한 반시대적 깨달음의 중요성을, 파괴적 광기는 문명과 반대되는 것이 아니라 문명의 자연적 결과라는 진단을 초래한 20세기 문화와 문명의 위기의 발흥에서 알아차릴 수 있다. 그래서 『비극의 탄생』은 프로이트의 『문명 속의 불만』 및 『토템과 타부』, 들뢰즈와 가타리의 『안티 오이디푸스』, 호르크하이머/아도르노의 『계몽의 변증법』, 푸코의 『광기와 문명』처럼 서구 문명을 비판하는 20세기의 다양한 이론적 정식화를 예견하고 있다.

---

[11] 프로이트는 『토템과 타부』 결론에서 유사한 물음을 제기하고 있다. *Totem and Taboo*. Standard Edition of the Psychological Works, vol. 13, London : Routledge, 1950, pp. 3–200.

"삶의 관점에서 보았을 때, 도덕의 의미는 무엇인가?" 더 나은 말이 결여되었기에, "반기독교도의 진정한 이름"은 디오니소스이다.'

우리가 위에서 인용한 물음이 이전의 절을 마무리한다. 여기서 니체는 『비극의 탄생』을 통해 추구한 비판의 또 다른 중심 요소를 분명히 한다. 삶을 옹호하는 이 책은 일차적이고 우선적으로 도덕에 대항하고 있으며, 여기서 특히 삶을 부정하는 기독교 도덕의 죄에 대항하고 있다. 니체의 전제는 예나 지금이나 도덕이란 도덕이 직접 표현하는 것으로서 '삶'에 속하지 않는다는 것이다. 삶은 정의상 무도덕적(amoral)이며, 도덕은 학문과 마찬가지로 삶의 잔인하고 비인간적인 깊이로부터 인간을 방어해주는 메커니즘이다. 이런 식으로 도덕은 삶을 개선하고자 한다. 도덕은 본질상 삶에 대한 거부이며, '도덕의 법정' 앞에서… 삶은 항상 불가피하게 '잘못되고 무가치한 것'으로 증명될 수밖에 없다. 니체는 지금(아마도 부정직하게) 기독교에 대한 어떠한 명시적 논의도 실제로 『비극의 탄생』에서는 빠져 있다는 사실이 '이 책 안에 있는 반-도덕적 경향의 깊이를 가장 잘 보여주는 것'이라고 주장한다. 우리의 해설은 기독교 비판이 함축되어 있는 많은 문장들(가령, 13절)을 지적함으로써 이러한 뒤늦은 통찰을 부분적으로 확인할 것이다.

　그러나 이 책의 암묵적인 반도덕적 경향은 이 책 안에서 예술의 형이상학에 주어진 비중과 직접 관련되어 있다. 도덕 대(對) 예술은 사실상 소크라테스적이고 기독교적인 도덕의 출현에 이어졌던 투쟁을 표현하는 한 가지 훌륭한 방식이다. 이제 니체는 이러한 예술의 형이상학에 대한 세밀하고 정력적인 묘사를 제공한 뒤 아주 주의 깊고 장난스럽게 '누군가는 이 예술가의 형이상학 전체가 변덕스럽고, 쓸모없으며, 환상적이라고 말할 수도 있을 것이다.'라고 적고 있다. 그는 이 형이상학을 부인하고 있는가, 그렇지 않은가? 상황은 보기보다 더 복잡하다. 이 책의 탐미주의는 기독교 도덕에 대항하여 본능적으로 구성된 방벽이며, 이 책을 지탱하는 수단이다. 그는 이 탐미주의를 디오니소스적인 것의 이름으로 (아이러니하게도) '세례를 주었다.' 이런 측면에서『비극의 탄생』은 기독교 도덕에 대한 비판가로서 이 저자의 성숙한 의도에도 절대적으로 들어맞는 것으로 밝혀진다. 더욱이 이 형이상학은 그러한 도덕에 대응하는 건강한 본능의 '발명품'이다. 니체는 그의 초기 자아가 가진 본능들을 그 자체로 찬미한다. 니체는『비극의 탄생』과 동일한 시기에 쓰인『그리스 비극 시대의 철학』이라는 결코 완성되지 못한 책의 두 번째 서문에서 '반박된 체계에서 유일한 관심사는 개인적 요소이다.' 라고 적고 있다. 달리 말해, 이러한 '예술가의 형이상학'은 비록 거기서 제기된 특정한 철학적 주장들 — 그리고 특히 그것을 기반으로 현존에 부여된 **보편적**이거나 **내재적** 가치 — 이 '하나의 커다란 오류' 일지라도, (현재의 문화적 개선을 위한 도구로서) 영원히 반박할 수 없고 가치 있는 인간 현존의 한 가지 양식을 가능한 것으로 드러낸다.[12] 그럼에도 이 형이상학은 스스로 대항하여 싸운 삶에 반하는 충동들의 손아귀에 떨어지게 운명지어진 약점을 갖고 있다. 이러한 약점이 다음 두 절의 주제이다.

'독일 음악처럼 근원에 있어 더 이상 낭만적이지 않고, 디오니소스적일 경우, 음악은 무엇과 같은가?'

6절과 7절은『비극의 탄생』의 핵심적 실패에 대한 니체의 인정을 포함한다. 이 절들은 니체가 좀 더 분명하고 지속적으로 근본적 입장들로 움직여가는 영역들이다. 한 세기 혹은 반세기 떨어진 독자들로서 우리

---

12 *Philosophy in the Tragic Age of the Greeks*, trans. Marianne Cowan, Washington. D.C.: Regnery Publishing, 1962, pp. 23-25.

에게 니체의 자기비판은 정당하지만, 아마도 가혹하고 또한 결국은 부당한 것으로 보일지도 모른다. 이는 이 초기 작품을 남김없이 전부 있는 그대로 남겨두기 위한 것일 수 있다. 이 텍스트를 고유한 저자에 대한 비판에서부터 보호하려는 필요가 생겨날 수도 있었을 것이다. 가령 지금 우리에게는 경쟁적인 상호작용 속에 있는 두 힘의 이원성(주 텍스트 1절 해설 참조)이라는 니체의 독창적 생각에 의해 이 책이 가질 수밖에 없었던 특별한 복합성이 특히 흥미롭게 보일지 모른다. 본질적으로 비(非)목적론적이고, 다윈의 영향을 받은 니체의 사유는 — 우리가 이 해설을 통해 줄 곧 주장하듯이 — 소크라테스적인 문화의 버려진 목적을 예증했던 헤겔적인 변증법에 대항하려는 니체의 초기 입장을 대변한다.[13] 「자기비판의 시도」에서 아폴론적인 것은 디오니소스의 제단 위에서 희생된다. 1886년의 니체가 보기에 아폴론적인 것을 기본적인 예술충동으로 본 초기 주장은 (우리가 보게 되듯이) 낭만주의와 니힐리즘의 손아귀에서 놀아난 것이며, 또한 문화적 형태들에 개방되어 있으며, 형이상학적으로 정당화된 가능성들의 범위를 차단한다. 후기 니체에게 아폴론적인 것은 사라지지는 않지만, 축소되고 확대된다. 아폴론적인 것의 역할은 디오니소스적인 것의 '형제'로서 그 온전한 지위가 사라진다는 점에서 축소된다. 그러나 아폴론적인 것이 형태를 **창조하는** 디오니소스적인 것의 그러한 측면을 포함하게 된다는 점에서는 그 역할은 확대된다.[14]

전기 니체와 '성숙기' 니체의 핵심적 차이는 전자는 '나 자신의 언

---

13 이것은 또한 들뢰즈가 이 책을 읽는 방식이다. 이에 대해서는 *Nietzsche and Philosophy*, New York: Columbia University Press, 1983.

14 『차라투스트라는 이렇게 말했다』 2부 「숭고한 자들에 관하여」에는 이러한 개정된 아폴론적인 것이 나타나는 예증적 순간이 있다.

어'를 결여하고 있다는 점이다. 우리가 보았듯이, 여기서 '언어'란 단지 문체적인 고려 사항들만을 가리키는 것이 아니라 또한 좀 더 특별하게 니체가 다른 사람들로부터 채택한 철학적 언어를 지칭한다. 그래서 이 초기 저술은 '쇼펜하우어적이고 칸트적인 정식들로 낯설고 새로운 평가들을 표현'할 수밖에 없었다. 이것이 사실상 『비극의 탄생』의 주되고 유치한 딜레마이다. 즉, 『비극의 탄생』은 쇼펜하우어의 정식들을 빌림으로써 쇼펜하우어를 따르지만, 쇼펜하우어에 대한 근본적 비판을 야기하는 입장들을 표현하고 있는 것이다. 니체는 동일한 사항을 바그너에 대해서도 말하고 있으며, 실러에 관해서도 똑같은 논의를 할 수 있을 것이다. 『비극의 탄생』은 실질적으로 실러의 미학을 되풀이하고 있다. 물론 『비극의 탄생』은 고전주의적이며 이상주의적인 실러의 미학과 역사 개념들의 실체 대부분에 대해서는 동의하지 않는다. 니체는 쇼펜하우어의 염세주의, 특히 비극과 관련된 염세주의의 주된 요소로서 체념을 언급한다. 니체는 '디오니소스적인 것이 나에게 얼마나 다르게 말했는가!'라고 외치지만, 그러한 언어의 차이를 『비극의 탄생』은 완전히 전달할 수 없었다. 이것은 디오니소스적인 새로운 언어를 실현하기 위해 가졌던 기회들을 『비극의 탄생』이 놓쳤다고 말하는 것과 같다. 그래서 결국 『비극의 탄생』은 쇼펜하우어도 디오니소스도 정당하게 대우하지 못한다.

　니체가 훨씬 더 많이 후회하고 있는 두 번째 오류는 '그리스인의 커다란 문제'를 '가장 근대적인 것들과' 뒤섞어버렸다는 것이다. 당시 이것은 — 우리가 이 해설서에서 주장하듯이 — 원래 이 책의 폭발적인 철저함의 바탕인 대담한 방법론적인 전략이었다. 그리스인의 해결은 내적 동기가 되는 충동으로서 역사 자체에 새겨져 있다. 그래서 그리스인들은 과거의 세부사항 속에서나 목적론적 실현이라는 위에서 부과된

선험적 이념으로서가 아니라 동시대와 근대성의 조건하에서 되풀이 될
수 있는 심리학적 구성요소들이 포함된 구조라는 측면에서 근대 문화
안에 통합되어 있다. 더구나 이것은 현재에다가 대안을 제공하기 위해
차라투스트라라는 인물을 허구화함으로써 종교적이고 도덕적인 체계
들의 시작으로 되돌아가려는 시도와 크게 다르지 않다.

  물론 이 쟁점은 근대성 일반(이에 대한 니체의 관심은 결코 사라지
지 않는다)에 대한 것이 아니라 니체가 연루되어 있는 특정한 '근대적
인 것들'에 관한 것이다. 무엇보다 니체는 바그너를 언급하고 있다. 니
체의 자기비판 속에서 이는 『비극의 탄생』의 미학 이론이 세워진 기반
인 바그너적인 미학이 지닌 낭만적인 것 — 이제 이는 니체에게 비난의
용어이다 — 에 대한 거부를 야기한다. 바그너적인 낭만주의로부터 거
리두기는 바그너적인 것과 한 묶음으로서 『비극의 탄생』이 가끔씩이기
는 하지만 대개는 어쩔 수 없이 몰두한 (특히 23절에 대한 해설을 보
라) 독일의 민족주의적인 정서에 대한 반박을 포함한다. 독일 정신은
'결국 그리고 단호하게' '버려졌다.' 독일 민족은 범용성에 빠져 있다.
독일 문화는 유럽을 이끌 정당성을 상실했다.[15] 흥미롭게도 개방성
(openendedness)이 뒤따른다. 『비극의 탄생』은 근대적 조건하에서 재
생되는 과정에 있는 그리스 비극이 영감을 준 미래 문화의 전망을 바그
너의 음악 드라마로 투사한다. 이제 니체는 이 전망을 다시 언급하지
만, 이 전망으로부터 그것을 구성하던 예전의 예술적 패러다임으로서
바그너의 오페라를 배제한다. 문제는 다시 '기원에 있어서 더 이상 낭
만적이지 않은' 디오니소스적인 음악에 대한 것이다. 말러의 6번 교향

---

15   니체와 독일에 대한 논쟁들은 다음 문헌에 요약되어 있다. Stephen E. Aschheim
The Nietzsche Legacy in Germany 1890-1990, Berkeley, CA: University of Califor-
nia Press, 1994.

곡, 쇤베르크의 교향시(tone poem) 『정화된 밤』(*Veklärte Nacht*), 베베른의 음악 소품[16] 그리고 베르크의 오페라 『룰루』(*Lulu*)가 니체의 이같은 물음에 대해 답할 수 있을지도 모르겠다.

새로운 형태의 예술, 형이상학적 위안의 예술, 사실상 비극을 욕구하는 것이 '필연적이지 않은가?'

니체의 자기비판은 이러한 물음, 그 자신의 수사적 물음에 대한 부정적 답변에서 절정에 이른다. 그는 괴테의 『파우스트』 2부를 인용하면서 비극을 통한 '형이상학적 위안'을 주창한 『비극의 탄생』 18절을 예로 든다. 이 형이상학적 위안과 비극은 전자가 이 책의 탐미주의라는 가면 속에 있고 후자가 거기서 옹호된 바그너 오페라의 형태 속에 있다 해도 둘 모두 이제 필요조건에 대한 잉여물이다. 차라투스트라, 즉 디오니소스적인 괴물을 언급하면서 니체는 비극 속에서 나타나는 예술적 힘들의 마술적 화해를 통해 세계의 비애를 치유하려는 이 초기 저술의 열망을 웃어넘긴다. 강함의 염세주의자는 염세주의자로 남아 있기로 결정했다면, 현존의 부담에 대해 건강하고, 철저하게 반(反)형이상적인[17] 방

---

16 C. Curt Paul Janz, *Zugänge zu Nietzsche. Ein persönlicher Bericht*('Approaches to Nietzsche. A Personal Report'), Basel: Schriftenreihe der Stiftung Basler Orchester-Gesellschaft (Proceedings of the Foundation Orchestra Society, Basel), 2007; 크고, 혼합적인 음악 드라마로부터 심포니적 형태(브람스로 대체된 바그너)로, 그리고 이어서 음악 소품들로 이어지는 니체의 음악적 전개에 관하여 얀츠(Janz)는 1872년 11월 소품 형태들의 중요성에 관하여 장거(Hugo V. Senger)에게 보내는 니체의 편지를 인용한다. 니체가 한 최후의 작곡은 『우정 찬가』(*Hymn to Friendship*)라고 불리는 심포니적 시이며, 이를 얀츠는 니체의 '브람스적인' 색채를 암시하는 것으로 파악한다.

17 '형이상학'은 여기서 두 가지를 의미한다. 우선, 그것은 이 세계를 넘어서서 혹은 그 배후에 상위의 세계를 설정함으로써 '이 세계'를 부정적으로 평가하려는 아주 많고 다양한 시도들을 뜻한다. 평생 니체는 철학을 플라톤의 전통 속에서 생각하고 있

식으로 대응하면서 웃고 춤추기를 배워야 한다. '형이상학적 위안'은 낭만주의를 의미하며, 낭만주의는 니체에게 항상 기독교로 끝이 난다. 이것은 바그너의 마지막 오페라 「파르시팔」(*Parsifal*)(1882)[18]의 대단원에 대한 언급이다. 니체가 믿기에 이 오페라는 삶을 부정하는 기독교적 정신에 충실하게 '구세주의 구원'이라는 스콜라적인(형식적인) 해결책을 전파하고 있다. 노래하고 춤추는 차라투스트라라는 불경스러운 인물, 즉, 신성하고 인간적이며 지혜로운 반형이상학적 어릿광대는 『비극의 탄생』을 영향력 있게 만들었던 이러한 복잡한 상황으로부터 단절한다. 니체가 한 후기 작업의 관점에서 이 초기 텍스트의 타당성이라는 물음이 남아 있다. 이 책이 온통 복잡하게 얽혀 있다는 사실은 이 책을 옹호하는 데 큰 목소리를 낼 수도 있을 것이다.

다. 그러나 니체 철학은 확실히 거기에 대해서 적어도 어떤 전략적이고, 관점적이거나 발견법적인 타당성을 주장하며, 그런 점에서 형이상학적 주장들과 닮아 있는 (가령 힘에의 의지와 같은) 아이디어들을 포함하고 있다. 이러한 제한되고 문제적인 두 번째 의미에서 우리는 여전히 니체의 형이상학에 관해 말할 수 있다. 이는 플라톤을 어느 정도 자유롭게 비틀었으나 그럼으로써 철학이기를 그치지는 않은 유형의 그런 철학이다. 많은 다른 곳들 가운데 이러한 자유로운 비틀기는 다음 문헌에서 하이데거에 의해 아주 분명하게 논의되고 있다. Martin Heidegger, *Nietzsche*, 2 volumes, trans. David Farrell Krell, London: HarperCollins, 1991. 또 다음 문헌도 보라. John Sallis, *Crossings: Nietzsche and the Space of Tragedy*, Chicago, IL: University of Chicago Press, 1991.

18 이것은 특이하게도 니체의 비판을 확증해주는 최근의 출판물, 즉 이 오페라에 대한 불교식의 독해에 의해 지지된다. 여기서는 다음과 같이 주장된다. 즉, 『반지』의 네 개 오페라에 나오는 천상의 신화적 인물은 바그너의 이 마지막 오페라에서 기독교적인 환생(reincarnation) 속에서 다시 태어난다는 것이다. 이에 대해서는 다음을 참조할 것. Paul Schofield, *The Redeemer Reborn-Parsifal as the Fifth Opera of Wagner's Ring*, New York: Amadeus Press, 2007.

서론: 예술, 바그너 그리고 전쟁

이 서론은 (니체가 첫 문장에서 말하고 있듯이) 서론이자 (마지막에서 문장에서) 헌사로 이용된다. 우리는 이미 2장에서 니체와 바그너의 관계를 짧게 논의했다. 당연히 이 헌사는 바그너를 위한 것이며, 그래서 이 서론은 분명히 아첨과의 경계에 놓여 있는 감탄의 정신 속에서 씌었다. 이것은 하나의 서론으로서 짧기는 하지만 말할만한 흥미로운 몇 가지 것들이 있다.

우선 니체는 전투에서 바그너와 같은 편에 있다고 스스로 상상한다. 이 전투는 군사적인 전투가 아니라 오히려 훨씬 더 중요한 문화적 전투이다. 흔히 시야에서 숨겨져 있기는 하지만, 이 전투가 이 책의 초점이다. 이 전투는 독일 내에서(혹은 좀 더 일반적으로 유럽 문화 내에서) 문화적 혁명을 위한 싸움이다. '문화'란 무엇을 의미하는가? 독일어와 영어로 문화의 넓은 의미는 지역적, 민족적 집단 및 그 집단에 정체성을 부여하는 특징들(가령, 정치적 혹은 교육적 제도들, 전통들, 공유된 언어와 종교)을 가리킨다. 그래서 니체의 책은 독일적인 것이 무엇을 의미하며, 무엇을 의미해야 하는가라는 물음을 묻고 있다. 독일이 새로운 나라의 표식이기 때문에(니체가 저술을 하고 있었을 때 소규모 독일의 주들은 처음으로 프로이센과 합쳐졌다) 이것은 제법 화제가 된다. 니체는 이 새로운 나라가 문화적으로 무엇이 되어야 하는지 하는 논쟁에 명백히 개입하고자 하고 있으며, 특히 그는 자신이 비스마르크로 대변되는 어리석은 군국주의와 민족주의라고 간주한 것으로부터 독일이란 나라를 분리시키려고 시도하고 있다.

문화의 더 좁은 의미는 특정한 집단이 가진 '가장 고도의' 혹은 '가장 명확한' 산물들 혹은 그 집단의 정체성을 말한다. 이러한 것들은 철

학과 과학을 포함할 수도 있지만, 특히 음악, 문학 및 다른 예술들을 가
리킨다. 니체는 스스로 비극 드라마에 관심을 갖고 있으며, (나중에 이
책 속에서) 바그너적인 음악 드라마에 관심을 갖는다. 니체에게 바그
너는 문화적 성취를 위해 중요하고도 새로운 투쟁을 나타내며 니체는
좁은 의미의 문화에 대한 새로운 이해와 방향 제시를 통해 독일 문화
(이 말의 넓은 의미에서 문화)의 혁명을 위해 싸우기를 의도한다. 이
싸움의 적은 당대의 '미적 대중들', 즉 예술, 문학 및 음악의 전형적인
소비자들과 예술, 문학 및 음악을 심각한 쟁점으로 받아들일 능력이 없
는 사람들이다. (물론 이 두 집단은 서로 겹친다.) 그래서 전투는 일차
적으로 독일 **내부의** 싸움이며, 유럽의 적들에 **대항한** 싸움은 아니다.

둘째로 이 책이 단순히 고대 그리스에서 2000년 전에 발생했던 사건
들에 대한 역사일 뿐인 듯이 보이지만, 니체는 이러한 역사적 차원이
실제로는 동시대의 쟁점을 선포하기 위한 장치라고 주장한다. 몇 년 뒤
『인간적인 너무나 인간적인』 2권에서 니체는 다음과 같이 적고 있다.

> 해석자로서 그리스인들 — 우리가 그리스인들에 관해 말할 때, 우리는 어
> 쩔 수 없이 오늘과 어제에 관해 말한다. 그들의 친숙한 역사는 윤이 나는
> 거울이며, 그 거울 자체에는 없는 어떤 것을 항상 비춰준다.…그래서 그리
> 스인들은 섬세하고 이해하기에 어려운 많은 것들을 현대인들이 이해하는
> 것을 더욱 용이하게 한다.[19]

중심 주제는 동시대 독일(혹은 유럽) 내의 문화(넓은 의미와 좁은 의
미의 문화 모두) 환경이며, 그리스 문화와 비극에 대한 역사적 연구는

19 Friedrich Nietzsche, *Human, All Too Human*, trans. R.J. Hollingdale, Cambridge: Cambridge University Press, 1996, p. 264.

이러한 환경을 이해하고, 그 환경을 변화시킬 문화적 혁명을 일으키는 한 가지 방식이다. 우리가 보게 되듯이, 적어도 100여 년 전 유럽, 특히 독일의 지식인들은 고대 그리스인들과 동시대 및 그들의 관계를 이해하는 방식에 관해 투쟁해 왔다. 그래서 어떤 의미에서 그리스인들을 거울로 보는 이 같은 생각은 새로운 것이 아니다. 그러나 훨씬 더 독창적인 점은 그리스인들이 결정적인 해석적 **우회로**를 나타내며, 그렇지 않으면 불가능했을 것, 현대에 관한 어떤 것을 이해하게 해준다는 생각이다. 여기 서론에서 매우 명확하게 제기된 이 같은 생각에서 관건은 전체 철학사이다. 우리는 나중에 좀 더 상세히 이 같은 생각을 다룰 것이다.

셋째로, 여기 서론에서 우리는 일상적인 관심에 사로잡힌 존재와 그러한 관심에 대한 명민한 숙고 사이의 대조와 마주친다. 1872년 여름 니체는 다음과 같이 적었다.

철학자는 자연이라는 작업장의 자기 계시이다. 철학자와 예술가는 자연의 거래(trade) 비밀을 말해준다. 철학자와 예술가의 영역은 동시대 역사의 소란을 넘어, 필요를 초월해서 존재한다. 철학자는 **브레이크로서 시간의 수레바퀴에 신발을 신긴다.** 철학자들은 수레바퀴가 더 빨리 돌아갈 때 즉, 커다란 위험의 시기에 등장하며, 철학자들과 예술은 사라져가는 신화를 대신한다. 그러나 그들은 그들의 시대보다 너무 앞서 있다. 왜냐하면 그들은 아주 천천히 그 동시대인들의 주의를 끌 뿐이기 때문이다.[20]

이 '너머'와 '초월'은 단순히 무차별적인 것이 아니며, 소란과 관련

20　*Unpublished Writings from the Period of 'Unfashionable Observations'*, trans. Richard T. Gray, San Francisco, CA: Stanford University Press, 1999, p. 7.

하여 볼 때 순수함의 일종도 아니다. (15절 끝을 보라) 반대로 계시된 거래 비밀이 사실상 이러한 '소란'의 내적 의미 내지 구조이다. 단지 철학자나 예술가의 기능들이 현재에 모두 다 소진되지 않을 뿐이다. 그래서 명민한 숙고는 철학자나 예술가가 자기 시대의 중요한 문제들에 개입하는 수단이다. 따라서 니체는 우리가 애국주의와 '미적 자기 탐닉', 혹은 심각함과 유희를 반대의 것으로 간주하지 말아야 한다고 주장할 수 있다. 각각의 경우, 후자는 간접적인 방식이지만 결국은 좀 더 성공적으로 전자가 이루어지는 방식이다. 유사하게 고대 그리스 비극에 대한 역사적 연구는 현대의 문화적 필요를 이해하기 위한 가장 좋은 방법으로 드러난다.

마지막 네 번째로 니체는 여기서 이 책의 중심 관심, 즉 '예술이란 이 삶의 최고의 임무이며, 진정한 형이상학적 활동이라는 확신'에 주의를 돌린다. 그러한 확신은 더 좁고, 높은 의미의 문화 자체가 예술 속에서 가장 온전하게 실현되는 이유를 설명한다. 이러한 확신은 여기 『비극의 탄생』 5절에 있는 핵심적 문장들 가운데 하나이자, 24절에서 변형된 형태로 반복되는 문장을 앞서 시사한다. 그것은 '현존과 세계는 오직 미적인 현상으로서만 영원히 정당화되어 있다.'는 것이다. 그래서 예술을 오락적 여흥이라는 주변적 지위로부터 문화에 관한 반(反)프랑스적인 동시대 논쟁의 중심무대로 옮겨 놓음으로써 니체는 호전적인 선전선동을 일삼는 당시의 민족주의적 세력보다 훨씬 더 실질적으로 민족적 개선에 기여하기를 바란 셈이다.

이러한 네 가지 생각은 이 책에 나타난 니체의 의도와 방법을 이해하는 데 중요하다.

|절

예술충동 및 '생생한 개념들'로서 아폴론적인 것과 디오니소스적인 것 ; 미학에 관한 새로운 학문 구상하기. 주 : 니체와 다윈

이 첫 장은 성격상 인간학적 혹은 심리학적으로 보이는 몇 가지 핵심적이고 일반적인 생각들을 제시하고 있다. 이 생각들은 니체가 2장에서 시작하는 역사적 분석의 토대를 형성한다. 특히 첫 문단은 아폴론적인 것과 디오니소스적인 것이라는 중심 개념들을 도입한다. 또한 첫 번째 문장을 통해 니체의 문체적인 야심이 완전히 드러나며, 이는 니체가 이제껏 썼던 가운데 아주 특별히 풍부한 문장이다. 처음부터 곧장 니체가 그의 생각을 표현하는 언어를 '구성하는데' 많은 노력을 기울이고 있다는 사실이 분명해진다. 이것이 정확히 어떻게 그런지는 우리가 텍스트를 따라 움직여 가면서 훨씬 더 명백하게 될 것이다. 여기서는 다음과 같이 말하는 것으로 충분하다. 즉, 니체의 문체와 그의 논증이 구성된 방식에서 바그너의 작곡 기술들과 유비를 추적하는 것이 가능하다는 것이다. 바그너는 니체의 근대적 우상일 뿐만 아니라 우리가 보게 되겠지만 또한 니체의 예술가적 역할 모델이기도 하다.

표면적으로 니체는 아폴론적인 것과 디오니소스적인 것이 예술을 이해하기 위해 필수적이라고 주장하고 있다. 직접적으로 우리는 다음과 같은 물음을 물어야 할 것이다. 즉, 이것들은 어떤 종류의 것들인가? 몇 줄 뒤에 니체는 그것들을 '충동들'로 부르고 있지만 이는 정확히 무엇을 의미하는가? 점차 명백하게 될 것이지만, 당분간은 아폴론적인 것과 디오니소스적인 것을 인간의 근본 본성에 관한 주장들로 생각하면 혼란스럽지 않을 것이다. 이 주장들은 인간 삶의 활동과 형태들에 관한 설명으로 제시된다. 다른 여타의 동물과 마찬가지로 인간은 일련의 충동 혹은 본능에 의해 활동하게 된다. 이들이 예술적 활동 혹은 문화적 산물들을 결과하는 한, 니체가 아폴론적인 것과 디오니소스적인 것이라고 부르는 이러한 두 가지 충동이 존재한다.[21] 이러한 최초의 개념을 세련되게 만들 기회는 많이 있을 것이다. 어쨌든 신화적 신들[22]을 따라 이름 붙인 이 두 가지 충동의 짝지음이 갖는 함축들이 예술의 한계를 넘어 확대되거나 오히려 예술의 의미가 인간 삶 전체를 포괄할 만큼 확장된다는 것이 밝혀진다. 그러므로 두 가지 예술충동은 또한 가장 근본적인 두 가지 **삶의 충동**으로 간주될 수 있다.

첫 번째 문장에는 해명을 필요로 하는 다섯 개의 추가적인 미묘함이 존재한다.

1. '학문'으로서 미학

니체는 단순히 '미학'(가령, 18세기 이래 예술미 혹은 자연미를 다루는 철학 분과의 이름)이라고 서술하고 있지 않다. 그는 미학에 관한 '학문'이라고 쓰고 있다. 독일어로 '학문(Wissenschaft)'이라는 단어는 그 일차적 의미가 '실험' 과학(science)인 영어보다 더 넓은 의미를 가진다. 그럼에도 이러한 더 넓은 의미를 인정하더라도 미학과 학문을 짝짓는 것은 어떤 놀라움(frisson)을 일으킨다. 그렇다면 부분적으로 이러한 조합은 서론에서 지적되었듯이 우리가 진지함(이 경우에는 학문적 탐구)과 (예술과 관련된 것이면 무엇이든) 유희를 대립된 것으로

---

21 니체가 신화적인 신의 쌍을 선택한 것은 실러가 말하는 인간학적 충동들의 체계와 연결되어 있다. 실러의 입장은 영향력 있는 다음 에세이에 개괄되어 있다. *On the Aesthetic Education of Man in a Series of Letters* (1795), Bristol : Thoemmes Press, 1994.

22 Cf. Weaver Santaniellol (ed.), *Nietzsche and the Gods*, Albany, NY : State University of New York Press, 2001.

파악하지 말아야 한다는 점을 반복하고 있다. 그 조합은 또한 그렇지 않았더라면 주의하지 않았을지도 모르는 사항을 강조한다. 아폴론적인 충동과 디오니소스적인 충동은 분명 그리스 신화로부터 그 명칭을 얻었다. 즉, 그 충동들은 역사적으로 특수한 것처럼 보인다. 그러나 이러한 충동들이 무엇으로 드러나건 간에, 그러한 충동들은 고대 그리스에 제한되지 않는다. 오히려 학문적 접근에 걸맞게 니체는 근본적인 (혹은 철학적인) 인간학의 원리들로서 이러한 충동들에 대해 확장된 보편성을 주장한다. 인간의 근본적인 충동으로서 아폴론적인 것과 디오니소스적인 것의 이러한 보편성은 니체가 그 충동들을 고대 그리스 예술을 분석하기 위해 사용할 수 있을 뿐만 아니라, 또한 나중에 그것들을 근대 및 현대 독일과 유럽의 문화 세계를 진단하기 위해 사용할 수 있게 해준다.

　미학과 학문을 연결시키는 또 다른 측면은 『비극의 탄생』의 전체 기획이 의존하고 있는 니체의 결정적인 가정, 즉 문화사의 실제 산물들 속에 두 가지 인간학적 충동이 현존한다는 것에 대해 구체적이고 기록적인 증거가 있다는 가정이다. 우리는 지나간 역사적 배경과 가장 최근의 문화적이고 예술적인 산물들 속에서 모두 이러한 힘들이 작용하고 있음을 볼 수 있다. 심지어 가장 정신적인 문화적 형식들 — 가령 비극 드라마 — 조차 근본적인 인간학적 힘들의 현현이다. 근본적인 인간의 본능으로서 두 충동은 상호작용하며, 역사의 어떤 순간에서든 그들의 특수한 상호작용은 우리가 각각의 문화적 형식과 시기를 구분할 수 있게 해준다. 그래서 가령 디오니소스적인 것은 음악의 영역에서, 특히 하모니 및 멜로디와 결합된 음악의 영역에서 작용하는 반면, 아폴론적인 것은 조각, 건축, 비극 및 연극 기법의 영역에서 작동한다. 예를 들어 문화적 시기 구분의 측면에서 니체는 아폴론적인 것이 호머의 시기 및 (크게 개정된 방식을 통해서이기는 하지만) 낭만주의와 바로크 예술 문화의 시대에도 작용하고 있다고 분명하게 파악한다. 대조적으로 그는 소크라테스 이전 그리스와 (역시 개정된 방식으로) 중세 음악 및 드라마(16절과 19절을 보라)를 디오니소스적인 것의 지배하에 있다고 간주한다.

그러나 이러한 표면적인 실증주의에는 곤란한 사정이 있다. (오늘날 우리가 말하곤 하듯이) 이러한 예술충동을 텍스트 속에서 발견하는 것은 니체의 주장에 의하면 문헌학이라는 오래된 '학문적' 분과의 새로운 임무이어야 할 것이다. 문헌학은 언어학(언어에 관한 연구)과 문학 연구를 결합시키는 강단 분과이며, 이때 특히 이들 학문은 비교적인 차원이나 역사적인 차원을 갖는다. 이 시기 니체는 바젤 대학의 젊은 문헌학 교수였다. 여기서 그가 문헌학을 한편으로 미학과 결합시키고, 다른 한편으로 인간학 혹은 심리학과 같은 것과 결합시키는 방식은 이미 논란거리였다. 니체의 주장, 즉 비평 그리고 사실상 문헌학 일반 역시 그 자체로 충동들의 그러한 현현이라는 것, 다시 말해 모든 문화적 산물은 근본적인 예술충동의 작용에 대한 분명한 증거를 제공한다는 주장은 훨씬 더 결정적이다. 모든 문화적 산물은 근본적 예술충동들의 작용에 대한 명백한 증거를 제공하지만, 이는 여전히 개입하고 있는 다른 충동들에 의해 보는 것이 불가능하지 않은 사람들에게만 그렇다. (5절을 보라) 당연하게도 그러한 주장들은 니체가 학자답지 않게 길을 잘못 들어섰다고 비난했던 니체의 문헌학 동료들을 분노하게 했다. (4장 수용과 영향을 보라) 니체는 위에서 비평에 대해 우리가 한 코멘트와 유사하게 이 책에서 나중에 학문의 본성에 관한 주제를 다룰 것이다. 우리가 보게 될 바와 같이, 니체가 여기서 염두에 두고 있는 미학, 즉, 형이상학 및 문화사와 교차함으로써 실질적으로 확장된 포트폴리오를 가진 미학은 근대 '실증' 학문의 단편적인 탐구에 대한 대안적 기획으로 구상되었으며, 첫 문장이 암시하듯이 사실상 아마도 학문 안에 새로운 생명을 불어넣는다고 여겨졌다.

2. 직관('Anschauung')

이 첫 번째 문장과 관련된 우리의 두 번째 견해는 개념적 통찰이 직접적 이해 혹은 더 잘 표현하면 직관과 대조된다는 점이다. '직관'이란 칸트 이래 독일 철학에서 개념들에 의해 매개된 것과 반대되는 관계, 사물들과의 직접적인 관계를 가리키기 위해 사용되었다. 니체에게 이 구분의 중요성은 다음 문장에서 그가 이 구분을 다시 사용한다는 사실('그들의 신들에 관한 아주 생생한 형상')에 의해 강조된다. 우리는 이미 다음과 같은 생각을 논의했다. 즉, 충동들의 효과는 문화적 대상들의 직관에 현재하며, 가장 최고 형태의 예술조차 근본적 본능을 만족시키기 위해 산출되고, (개념에 의해 추동된 분석적 기술을 지닌) 비평과 문헌학은 다른 지배적인 충동으로 인해 이러한 직접적 증거에 대해 흔히 눈이 멀어 있다는 것이다. 비록 훨씬 더 나중까지는(12절) 명백하게 되지는 않지만, 이 모든 것은 추상과 추상적 사유의 가치에 대한 기본적인 비판을 가리킨다. 니체는 또한 몸과 마음의 구분에 대한 재평가를 추구하고 있다. 마음은 정신으로 된 몸이며, 따라서 동일한 충동이 생리학적, 심리학적 혹은 심지어 개념적 효과들 속에서 나타날 수 있다. 그래서 우리는 또한 충동을 단지 파생적으로만 혹은 아마도 은유적으로만 통상적인 철학적 의미의 '원리' 혹은 '개념'이라고 말할 수 있다.

니체는 문화의 역사와 문화 발전의 역동적 메커니즘을 두 개의 대립적인 원리라는 측면에서 서술하는 것이 많은 독자들의 머릿속에 헤겔을 떠올리게 할 것이라는 점을 의식했을 것이다. 니체는 이 텍스트에서

헤겔을 정면으로 공격하기를 거부하지만, 『비극의 탄생』은 독일 관념
론이 보이는 추상적 형태의 개념화(칸트의 영향 후에 그리고 그러한
영향 아래서 1800년 무렵에 등장하였던 일련의 그러한 작품들)와 의도
적으로 결별하였음을 보여준다. 헤겔, 칸트, 그리고 우리가 보게 될 바
와 같이, 특히 실러는 여기서 여전히 상당한 존경을 받으면서 다루어지
지만, 다른 모든 점에서는 독일의 사유가 쇼펜하우어에 이르기까지 길
을 잘못 들어섰다고 간주된다. 아폴론적인 것과 디오니소스적인 것은
서로 갈등하지만, 헤겔적인 정립과 반정립이라는 의미에서 **대립하는 것
들** 혹은 **부정들**은 아니다. 우연적이고 순환적으로 회귀하는 그것들의
화해는 헤겔의 경우 역사적 사건들처럼 실제적인 역사적 사건들이지
만, 새로운 충동이나 원리를 산출하는 논리적 **종합**에 이르지는 않는다.
사실 13절부터 다루어진 소크라테스주의의 등장은 문화사의 장면 안에
서 분출하는 그러한 새로운 충동 혹은 원리를 나타낸다. 그러나 이 새
로운 사건은 헤겔적인 의미에서 종합하는 논리적인 작용의 결과가 아
니다. 왜냐하면 우리가 보게 되겠지만, 소크라테스에게서 디오니소스
적인 것과 아폴론적인 것은 헤겔의 변증법적 **지양** 개념에 따라 보존되
지 않기 때문이다. 반대로 소크라테스주의 안에서 아폴론적인 것과 디
오니소스적인 것은 오해되고, 억압되며, 단지 제한된 형태로만 활동으
로서 허용된다. 그러므로 '소크라테스적 경향'의 등장은 헤겔이 자신
에 대한 더 높은 개념으로 진행하는 세계정신으로 생각한 것과는 반대
의 것을 나타낸다. (우리는 4절의 맥락에서 니체와 헤겔의 관계를 다룰
것이다.)

3. 진화('evolution(Fortentwicklung)')
이 용어는 바로 시간을 거친 변화 혹은 전개라는 일반적 생각을 가리

킬 수 있다. 이 말은 18세기 후반부터 독일 사유에서 가치 있게 통용되고 있었으며, 특히 질풍노도에서부터 독일 역사학파에 이르기까지 전체 학파들의 문학적이고 문화적인 역사 비평 이론을 구성하는 핵심으로 기능했다. 니체가 이 용어를 사용하고 있는 것은 바로 이러한 전통 속에서이다. ('충동'에 대한 해설을 위해서는 이 절 아래 68쪽 이하를 보라.) 그러나 이어지는 생식에 관한 생물학적 유비는 니체가 좀 더 최근의 진화론, 즉 아마도 다윈주의를 지칭하고 있음을 암시한다. 이것은 흥미롭다. 왜냐하면 현대 생물학과 니체의 관계는 그의 사유에 또 다른 차원을 보탤 것이기 때문이다. 우리는 니체가 인간학적이고 심리학적으로 말하고 있는 듯이 보이며, 아마도 우리 역시 충동을 훨씬 더 기본적이고 생물학적인 차원으로 생각해야 할 것이라고 제안했다. 이는 우리가 앞서 도입한 생각인데, 우리가 '문화'와 '생물학'을 한꺼번에 말하는 것에 전혀 익숙하지 않다는 것이다. 우리는 문화를 의도적이고, 정신적인 인간 활동과 사유의 차원으로, 무엇보다 생물학적 과정과 별개의 차원으로 간주하는 경향이 있다. 니체가 이러한 경향이 깊은 오해라고 공격하게 되는 것은 바로 이 첫 번째 문장에서부터이다.

주: 니체와 다윈

『비극의 탄생』은 진화론을 둘러싼 논쟁이 일어나는 와중에 구상되었다. 이 책은 생물학과 문화 사이의 교차점에 위치한 힘들이 실현되기 위해 서로 투쟁하는 것을 그리고 있다. 그래서 이 책은 1859년『종의 기원』에 나타난 다윈의 원래 이론이 남겨둔 문제, 즉 생물학적 진화의 법칙들이 인간 역사와 문화 영역에도 적용될 수 있는지 하는 문제를 푸는데 기여한다. 인간 종에서 의식의 현존과 사회적인 인간의 능력 및 문화를 형성하는 인간의 능력은 더 넓은 의미의 자연과 유사하면서도 또한 자연과 어느 정도 독립적인 이 영역에 대한 특별한 탐구를 필연적인 것으로 만든다. 다윈 자신은 1871년에 『인간의 후예』(*The Descent of Man*)와 『성과 관련된 선택』(*Selection in Relation to Sex*)에서 문화적 진화의 문제를 언급했다. 이 책들은 관련된 많은 쟁점들 가운데 사회적 영역에서 진화의 적용 가능성을 논하고 있다. 이는 1880–90년대 유럽의 새로운 사회 이론의 전반적 동향으로 이어졌다. 그것은 바로 '사회 진화론'이었다.[23] 『비극의 탄생』을 읽는다는 것은 이 책을 이러한 영역의 동시대적 논쟁에 대한 하나의 기여로서 간주하는 것 외에 다른 어떤 결론도 허용하지 않는다. 이러한 관심들의 더욱 불미스러운 파생물은 인종과 우생학이 이론적으로 '심각하게' 고려할 쟁점들로서 이후 현저하게 나타났다는 점이다.[24] 니체가 다윈의 작품을 읽었는지는 불명확하다. (첫 번째 독일어 번역은 1860년에 나왔다) 그래서 가령 문제는 단지 표면 아래 깔린 영향으로서만 그들의 생각들이 드러나는 헤겔이나 피히테의 경우와 유사하다. 물론 다윈의 경우에 우리는 적어도 니체가 진화론을 접한 원천이 1866년에 출간된 랑에(Friedrich Albert

---

23 John Richardson, *Nietzsche's New Darwinism*, Oxford: Oxford University Press, 2004. 여기서 저자는 다음과 같이 주장한다(그리고 결정적 증거를 제시한다). 즉, 다윈에 대한 노골적인 적대감과 다윈 생존 이론의 핵심들 가운데 하나에 대한 비판에도, 니체는 다윈주의를 그 근본적인 원리들에서 완전히 채택했으며, 문화를 탐구하고 비판하기 위한 방법론의 토대로서 다윈주의에 의존하고 있다는 것이다. 주요한 차이점은 니체가 문화 이론과 실천에 대해 결과들을 가진 중요한 교정제인 '힘에의 의지'로 생존 본능을 대체했다는 것이다.
24 가령 다음을 참조할 것. Max Nordau, *Entartung* (Degeneracy), Berlin: Duncker, 1892. 가령 이는 또한 다음 문헌에서처럼 스티븐슨의 소설에서도 발견된다. *The Strange Case of Dr. Jekyll and Mr. Hyde* (1886). 진화적 사유 가지의 이러한 전개를 훌륭히 개괄하고 있는 것으로는 다음을 참조할 것. Elof Axel Carlson, *The Unfit. A History of a Bad Idea*, New York: Cold Spring Harbor Laboratory Press, 2001. 또한 다음을 보라. *The Cambridge Companion to Darwin*, Jonathan Hodge, Gregory Radick (eds), Cambridge: Cambridge University Press, 2003.

Lange)의 『유물론의 역사와 현재 그 의미에 대한 비판』(*Geschichte des Materialismus und Kritik seiner Bedeutung in der Gegenwart*)이었음을 알고 있지만 말이다. 이 책에서는 다윈의 생물학적 투쟁 개념을 사회적 영역으로 옮겨놓으려는 시도가 이미 이루어지고 있다. 니체는 자신의 서재에 이 책 복사본을 갖고 있었다.

또한 여기 니체 사유의 배경에는 반세기 이상 영미권의 시도를 앞서며, 특이한 독일적 다양함을 가진 진화적 사유가 있다. 독일적 흐름의 진화론은 위에서 언급된 1770년대 질풍노도의 일부분으로서 생겨난다. (1장 기원과 방향을 보라) 이러한 독일적 흐름의 진화적 사유는 지구과학과 지리환경에 대한 생리학적 연구뿐만 아니라 예술비평, 인류학과 문화인류학을 포괄했으며, 이 모든 분야에 독자적으로 새로운 기반을 마련했다.[25] 니체가 진화와 충동이라는 개념을 사용하고 있는 것은 바로 이러한 맥락 내에서이다.[26] 우리는 이러한 관계들을 잠시 뒤에 논의할 것이다.

* * *

[25] 독일 관념론적인 진화적 사유 분과와 나중에 나타난 영국의 다양한 진화론 사이에는 많은 접점이 있다. Sarah Eigen et al. (eds), *The German Invention of Race*, Albany, NY: State University of New York Press, 2006. 이 문헌은 칸트 이후에 전개된 민족지학에서 나타난 진화적 사유(developmental thought)의 개념들을 탐구하고 있다. 또한 다음을 보라. Stephen Jay Gould, *The Structure of Evolutionary Theory*, Harvard: Harvard University Press: 2002. 다윈은 『종의 기원』(1856)에서 위대한 탐험가, 지리학자, 동물학자, 식물학자, 화산학자이고 괴테의 친한 친구이자 실러 저널(Schiller journal) 기고가인 남아메리카의 자유 투사 알렉산더 폰 훔볼트의 작품을 자주 참조한다.

[26] 다음 문헌을 참조하라. Gregory Moore, *Nietzsche, Biology and Metaphor*, Cambridge: Cambridge University Press, 2002.

4. 이중성

'이중성'은 두 충동이 그리스에서 함께 발생한 것이 단순한 우연이 아님을 암시한다. 두 충동은 분리될 수 없으며, 원래 함께 묶여 있고 서로서로에게 속한다. 이러한 본래적인 결합은 조금 뒤에 분명해지는데, 그럼에도 많은 독자들은 이 결합을 놓치고, 특히 아폴론적인 것의 본성을 오해해왔다. 니체가 바로 여기 시작부터 매우 분명하게 하고 있는 것처럼, 충동들이 서로를 부정한다고 해도, 그것들이 한 쌍 이외의 다른 것으로 여겨질 수 없다는 점은 중요하다. 역사적으로 특수한 문화(그리고 그것을 지배하는 근본적인 충동)란 항상 그 문화가 자신과 반대되는 것으로 간주한 것에 대항하여 투쟁할 필요가 있다. 그래서 대립하는 충동들은 상호 의존적이다. 더욱이 이 충동들은 서로를 완성시키며, 둘을 가장 최고로 실현시킨다. (비극 속에서) 아폴론적인 것과 디오니소스적인 것은 전체를 완성시키는 두 개의 반쪽이며, 이 전체란 더 이상 고전적으로 완전하게 둥근 것이 아니라 가늘고 길며 불완전한 원, 즉 두 개의 초점을 가진 타원처럼 생각될 필요가 있다. 이러한 '이중 초점(bi-focality)' 때문에, 우리는 『비극의 탄생』을 '반(反)고전주의적' 저술이라고 부를 수 있다. (3절 주: 니체, 독일 '헬레니즘'과 횔덜린을 보라) 혹은 충동들의 관계 양상은 또한 음악의 대위법과 유사하다. 즉, 우리가 보게 되듯이, 니체는 적극적으로 음악 작곡과의 유비를 부추긴다.

니체의 설명에 의하면, 충동들은 개인으로서 우리 외부와 내부 모두에서 활동한다. 그러한 충동들의 관계는 우리의 심리학적 구조, 우리의 믿음과 가치, 우리의 참살이를 결정하는 부분이다. 그러나 니체는 또한 그러한 충동들이 인간 집단들, 아마도 전 종족에 속하는 것처럼 비인격적인 것이라고 말한다. (우리가 앞으로 보게 되듯이, 사실 이것이 정확히 니체가 주장하는 바이다.) 끝으로 이러한 예술충동들은 구체적으로

우리 자신 밖에서, 다시 말해 인간의 문화사에 있는 연속되는 산물 속에서 드러난다. 이 책은 근본적으로 충동 혹은 본능들이 자신을 실현시키려는 투쟁으로부터 생겨나는 역사적 전개라는 개념을 다루고 있으며, 이는 계몽주의 혹은 독일 관념론적인 전통에서 좀 더 전형적인 진보 혹은 통합적인 목적론의 역사적 기획들과는 아주 동떨어진 견해이다. 그러나 니체의 지평에서도 대립적인 것들의 화해라는 비전이 존재한다. 우리가 이미 알고 있듯이, 이 첫 번째 책에서 니체는 이러한 비전의 정식화를 위한 버팀목을 바그너의 새로운 음악 드라마에서 찾는다. 그러나 니체가 말하는 화해란 종합 혹은 대립된 것의 통일을 의미하지 않는다. 오히려 이와는 아주 반대이다. 니체에 의하면 이 화해는 최고의 문화적 성취들 및 인간적인 것의 본성을 구성하는 대립의 수용을 의미한다. "인간적 형태를 띤 불협화음을 상상해보라. 그리고 인간이 그 외의 무엇일 것인가?"라고 니체는 이 책의 끝에서 적고 있다. (25절) 이것은 니체의 혁명적인 생각이다. 이것이 (자신의 이 시기 저술에서) 니체가 보기에 바그너가 가르치고, 나중에 '힘에의 의지'와 '위버멘쉬(초인)'이라는 개념들로 전개된 것이다. 즉, 차이와 갈등의 화해 및 그것들에 대한 긍정적 찬양을 통한 새로운 양식의 인간 형성이 그것이다. 『비극의 탄생』의 중심 메시지는 대립적인 것의 부정이 인류의 몰락을 유발한다는 점이다. 이에 대해 니체가 들고 있는 일차적인 사례는 현재까지 이어지는 바 그가 '소크라테스주의'라고 부르는 것의 역사이다. 우리가 보게 되듯이, 이것은 문화적 실패와 절박한 지적·도덕적 위기로 둘러싸인 채 좁은 영역에서 승리한 역사이다. 이 책의 첫 번째 절반은 이러한 깨달음이 짧게나마 꽃핀 다음 유럽 문화의 역사가 극적으로 잘못된 방향으로 가게 된 고대 그리스라는 역사적 순간을 탐구한다. 이러한 역사적 전환을 탐구하는 이유(rationale)는 현재의 문화적 부흥을 위한

가능성을 발견하는 것이다.[27]

5. 성과 생식

성적 생식과의 유비 속에는 두 충동의 성 구분(gendering)이 가능하
다는 점이 함축되어 있다. 우리는 생식 행위에서 충동들 중 어떤 것이
여성적 원리를 나타내고, 어떤 것이 남성적 원리를 나타내는가를 숙고
하고 싶어진다. 이 책 전체에 걸쳐서 성행위, 성들 및 성들의 '투쟁'에
관한 장난스러운 언급들이 있다. 가령 나중에 『차라투스트라는 이렇게
말했다』에서 니체는 이러한 것들을 훨씬 더 분명하게 주제로 삼고 있
으며, 성과 젠더에 관한 정교하고 상징적인 어휘를 전개한다. 니체의
작품에는 철학적 요점을 지적하기 위해 젠더의 역할들이 할당되는 많
은 문장들이 존재한다. 이는 의심의 여지가 없다. 이러한 영역이 니체
가 보여주는 독특하게 뒤틀린 의미의 유머를 위해 유용한 곳이라는 점
역시 분명하다.[28] 문제는 역할들이 의미 있게 할당되는지 여부와 그럼
으로써 철학적 탐구가 무엇을 얻는지 하는 것이다. 많은 비판가들은 남
성 지배와 관련된 불쾌한 상투어들을 발견해냈으며, 니체가 보여주는
은유적 스타일의 이러한 영역이 19세기 후반 독일에서 나타난 성적
(Sexual politics) 정치학의 상투어들로 오염되어 있다고 생각했다.[29] 다

---

27   10년 후 니체는 현재를 위한 대안들을 극적으로 만들기 위해 유사하게 조로아스
터라는 역사적 인물로 돌아갈 것이다.

28   유명한 채찍 속담은 악의 없는 방식으로 해석되어 왔다. (*Thus Spoke Zarathus-
tra* part 1/18, 「늙은 여자들과 젊고 어린 여자들에 관하여 On Old and Young Little
Women」) (다음을 보라. Janz, *Zugänge*, p. 15). 또 다음을 참조할 것. Frances Nebitt
Oppel, *Nietzsche on Gender*, Charlottesville, VA : University of Virginia Press,
2005 ; Kelly Oliver and Marilyn Pearsall (eds), *Feminist Interpretations of Friedrich
Nietzsche*, Philadelphia, PA : Pennsylvania State University Press, 1998.

29   Philipp Blom, *The vertigo Years, Change and Culture in the West, 1900~1914*,

른 사람들은 니체가 구성한 상징체계는 처음 보기보다 더 미묘하고 가치 평가에 덜 물들어 있다고 주장한다. 이 문장에서[30] 아마도 우리는 '놀림조'의 숨겨진 감정을, 혹은 적어도 (스트린드베리(August Strindberg)[31]를 떠올리게 하는) 스타일상 후기 낭만주의적인 환멸을 간파할 수 있을 것이다. 다시 말해 우리는 니체가 여기서 성들의 관계를 대개는 난폭한 것이라고, 즉 어쩌다 가끔씩 의사소통을 위한 휴식 다시 말해 생식을 위한 휴식의 시기들을 갖는 난폭한 것이라고 특징지은 무미건조한 방식 속에서 그러한 감정을 간파할 수 있을 것이다. 어쨌든 두 충동의 관계를 생물학적 파트너들의 관계와 연결시키는 주요 목적은 그 충동들의 상호 의존성이 가진 근본적 본성을 보여주는 것이다. 그래서 이 유비는 위에서 나온 세 번째와 네 번째 언급을 강화시킨다. (진화론과의 연관성 및 두 충동 간의 본래적 유대)[32]

New York: Basic Books, 2008, 여기서 저자는 다음과 같이 주장한다. 즉, 1914년 이전의 문화적이고 정치적인 전개 과정은 성 역할의 불안정성들에 의해 실질적으로 영향을 받았다는 것이다. 이 논의는 19세기 후반까지 거슬러서 확대될 수 있다.

30   역자 주: 여기서 이 문장이란 「자기비판의 시도」 다음에 나오는 주 텍스트 첫 문장을 말한다. 니체는 여기서 사랑과 동일시되던 두 성 사이의 관계를 생식이라는 사건이 이루어지기 위해 아주 가끔씩만 행해지는 화해라고 사실적이면서 동시에 경멸적으로 표현하고 있다.

31   역자 주: 아우구스트 스트린드베리(1849. 1. 22-1912. 5. 14)는 스웨덴의 극작가이자 소설가이며, 심리학과 자연주의를 결합시킨 새로운 종류의 극을 만들어냈고, 이것은 후에 표현주의 극으로 발전했다.

32   중요한 차이들이 있기는 하지만, 우리는 플라톤의 『향연』(Symposium, trans. Alexander Nehemas and Paul Woodruff, Indianapolis, IN: Hackett, 1989.)에서 아리스토파네스가 하고 있는 사랑에 대한 설명과의 관계를 놓쳐서는 안 될 것이다. 대화에서 아리스토파네스의 제안은 나중에 소크라테스에 의해서 명백히 거부된다. 그러나 이는 오직 소크라테스가 이 경우와 마찬가지로 하나의 이상적 목표(지혜의 탄생)를 갖지만, 영원히 통일되지 않은 채 존재하는 두 개의 구분되는 원리들(거기에는 빈곤과 풍요가 있다)에 의존하는 사랑에 대한 논의로 그 제안을 대체하기 위해서 일뿐이다.

우리는 많은 사람들에게 분명하게 도움이 된다고 해도 니체의 이 책에 있는 모든 문장의 안과 밖에서 이처럼 오랜 시간을 보낼 수는 없다. 한 문장을 위에서처럼 설명한 것은 단순히 한 가지 일반적 원리에 대한 예시일 뿐이다. 그 원리란 다음과 같다. 즉, 정력적이고 자유로운 문체에도, 니체는 모든 구절이 이중 혹은 삼중의 의무를 수행하게 할만큼 극히 주도면밀한 저술가라는 것이다. 그래서 첫 번째 문장이 이미 강한 문체적 야망의 인상을 준다. 이러한 글쓰기는 그것이 철저하게 작곡된 것처럼(through-composed) 의도적으로 번득인다.[33]

아폴론적인 것과 디오니소스적인 것은 니체가 '충동'이라고 부르는 것의 이름이다. (충동(Triebe)은 가끔 '본능'으로 번역되기도 한다) 이 용어는 19세기 생물학에서 많이 사용되었으며, 거기서 충동이란 기본적인 생물학적 기능들과 관련하여 이러저러한 식으로 행위를 하려는 경향, 즉, 전면적이면서 대개는 강력한 유기체 내의 자극을 가리킨다. 인간이라는 '동물'의 충동은 의식적 결정보다 더 낮거나 기초적인 수준에 위치할 수 있다. 영어로 우리는 '생식 충동' 혹은 '생존 충동'에 관해 듣곤 한다. 우리가 이미 지적했듯이, 충동에 대한 니체의 개념화에는 영국과 독일의 과학적 진화론이 함축되어 있다. 마틴(Nicholas Martin)[34]이 증명했듯이, 니체의 충동 개념은 또한 『인간의 미적 교육에 관한 편지』에서 개괄된 실러의 인간학적 미학의 핵심적 원리를 응용한 것이다. 반대로 실러는 (가령 『이 또한 인간 형성을 위한 한 가지

---

33   철저하게 작곡되었다(through-composed)라는 이 용어는 음악 분석에서 사용된다. 그것은 가령 예를 들어, 번갈아 교체되는 서창/아리아 패턴을 따르지 않는 오페라를 가리킨다. 니체는 이를 19절에서 논의한다. 바그너의 오페라들에는 음악적인 요소와 드라마적인 요소들 양자 모두가 얽혀 있는 연속적인 현재(presence)가 있다.

34   Nicholas Martin, *Nietzsche and Schiller. Untimely Aesthetics*, Oxford: Clarendon, 1996.

역사 철학』(*This Too a philosophy of History for the Formation of Humanity*)(1774)이라는 실험적 에세이에서 제시된 것과 같은) 헤르더 (Johann Gottfried Herder)의 선구적인 문화적 인간학에 의존한다. 헤르더의 모든 초기 작품은 예술 창조과정에서 의식적 합리성에 대해 주도적인 역할을 하는 본능적 충동의 우위를 강조한다. 이러한 공리는 질풍노도라는 독일의 새로운 예술 운동이 지닌 본래적인 강령에서 중심적인 항목들 가운데 하나이며, 이 운동으로부터 1800년 이후 40년간의 독일 근대 문학이 비롯되었다. 그러한 공리는 바이마르 고전주의라는 배경 속에서 핵심적 영감으로서 — 괴테와 실러의 생각들은 이를 중심으로 형성되어 있다 — 존재할 뿐만 아니라, 또한 전 세계의 낭만주의, 특히 영국 낭만주의에 큰 영향을 준 것으로 파악될 수 있다. 콜리지 (Coleridge)와 셸리(Shelley)는 거기에 익숙했으며, 이 공리는 바이런주의(Byronism)를 향해 출발하는 플랫폼이다.

헤르더와 실러의 영향하에 니체는 우선 이러한 충동들이 여러 유형의 예술을 산출하기 위한 충동임을 가정한다. 니체는 이 충동들을 '예술충동'이라고 부른다. (실러는 '유희충동'이라는 용어를 사용했다.[35]) 이런 관점에서 예술은 기본적인 생물학적 기능으로 이해될 수 있다. 이것은 예술에 대한 실러의 반성들이 가진 핵심, 즉, 예술적 아름다움을 산출하고 즐기는 차원을 인간적인 인간학의 토대들 안에 고정시키는 것이다. 여기서 인간은 유희하는 인간(*homo ludens*)(게임과 연극의 의미에서 유희하는 인간)이자 미적적(예술적) 인간(*homo aestheticus*)으로서 인간으로 나타난다. 인간은 근본적으로 인간적인 것을 예술을 통해 표현하도록 자연적인 기질을 미리 갖추고 있다. 위의 언급을 통해

---

35 *On the Aesthetic Education of Man in a Series of Letters*(1795), trans. Reginald Snell, Bristol: Thoemmes press, 1994, letter 15, p. 76.

우리는 니체가 문화와 생물학을 아주 독립적인 분야로 생각하는 경향
을 없애자고 주장할 것이라는 점을 상기할 수 있다. 우리는 또한 니체
가 서론(Foreword)에서 예술이 이 **삶**의 '최고 임무'라고 썼다는 점을
상기한다. 둘째로 그리고 훨씬 더 놀랍게도 여기서 그 어떤 것도 '충동
들'이 개별적 유기체에 있어야 한다는 점을 암시하지 않는다. 사실 2절
시작 부분에서 니체는 '예술적 힘들로서' 충동들이란 **'어떠한 인간 예
술가의 매개 없이도** 자연 자체로부터 분출한다.'고 언급함으로써 이 논
의를 요약하고 있다. 그러나 이것은 이 충동들이 또한 개별적으로 역시
자신을 나타내지 않는다는 것을 의미하지는 않는다. 그리고 확실히 니
체는 또한 호메로스, 아이스킬로스, 바그너 등과 같은 개별 예술가들에
관해서도 말할 것이다. 그러나 '충동들'의 활동 범위는 개별적 혹은 심
지어 집단적 유기체들의 범위를 넘어선다. 그 범위는 사실상 보편적이
며, 결국에 가서는 전체 개체군(populations), 생리학적 유형들, 구전
및 문자로 된 전통의 문화들, 역사적 시기, 정치, 예술, 철학 그리고 아
마도 기후, 식이요법, 지리학 등등도 포괄한다. 고대 그리스의 총체적
삶은 상호작용하는 힘들이 복합적으로 겹치는 모습으로 나타나지만,
단일한 유기체인 것처럼 이해된다.[36] 이처럼 구성된 '유기체'는 가장
명백하게 드러난 인격체들, 즉 당시 작용하는 힘들의 특정한 혼합을 **대
표하는 자들**이 하는 작업에서 자신의 내적인 충동들을 표현한다. 그들
중 호메로스, 아이스킬로스 그리고 소포클레스와 같은 몇몇은 18세기
의 의미에서 천재처럼 묘사되며, 그들을 통해서 작용하는 개인 내부의

---

36   1860년대 말 니체는 그 주요 관심들 중 하나가 유기체의 본성인 칸트의 목적론에
관한 테제를 스케치한다. 이에 대해서는 다음을 참조할 것. Elaine P. Miller,
'Nietzsche on Individuation and Purposiveness in Nature' in Keith Ansell-Pear-
son (ed.), *A Companion to Nietzsche*, Oxford: Blackwell, 2006.

창조적 힘들이 고무시킨 개별적 수단(그릇)들을 가리킨다. (우리가 12절부터 보게 되겠지만) 에우리피데스, 소크라테스, 플라톤과 같은 다른 사람들은 부정적으로 인용된다. 니체에 의하면 그들은 자신들이 보여준 에너지, 확고함 그리고 성취로 인해 감탄을 자아내지만, 결국에는 부정직함과 어떤 의미의 '병듦'으로 인해 부정적인 평가를 받는다. 그러나 도덕적 성격에 대한 판단은 18세기 **천재 미학**의 입장들에서 비롯한 니체의 논의에서는 중요하지 않다. 니체의 사유는 이미 이분법적인 도덕적 명령을 넘어선 입장으로 향하고 있다. 니체가 중요하게 생각한 것은 문화사를 전개시킨 역학에 대해서 상이한 힘들의 활동이 미친 영향이다. (아폴론과 디오니소스를 포함한) 역사적 유형을 모아놓은 니체의 갤러리에 등장하는 상이한 인격체들은 단순히 이러한 활동의 담지자일 뿐이다. 문화는 문화적이고 예술적인 '경향들'의 명찰로 존재하는 이러한 대표자들의 작업을 통해 이해되고 정의된다. 위에 나온 인용문을 상기해보자. '철학자 [그리고 예술가]는 자연이라는 작업장의 자기 현시이다.'[37] 드러내고 거기서 드러나는 '자기'란 철학자나 예술가가 아니라 자연이다. 동일한 점이 2절 시작 부분에서 지적되고 있다.

이 절 나머지 부분은 첫 문장에서 도입된 주요 주장, 즉 예술충동들이 신체의 수준에서 생겨난다는 점을 뒷받침해준다. 아폴론적인 것과 디오니소스적인 것 사이의 대립은 우리가 두 개의 분리된 '예술 세계'로서 생각하도록 요구받는 꿈과 도취라는 두 가지 '생리학적 현상'과도 대응한다. 니체에 의하면, 꿈을 꾸고 있을 때, '모든 인간은 완전히 예술가이다.' 꿈은 아폴론적인 것의 한 가지 표현이고, 가장 직접적이고 보편적인 표현이며 아폴론적인 것의 본질을 특징짓는 가장 중요한 방

---

[37] *Unpublished Writings*, 1999, p. 7.

식이기도 하다. 이러한 아폴론적인 꿈의 예술 세계는 우리가 좀 뒤에 더 상세하게 보게 되겠지만, 분명한 이미지와 강한 선 혹은 표면이 두드러진 조각이나 건축과 같이 매우 형식적인 예술들을 포함한다. 아폴론적인 음악은 아주 운율적이고 리드미컬하다. 아폴론적인 시는 서사적 유형이다. (호메로스) 이러한 '사랑스러운 외관'은 '우리가 살고 있고 존재하는' 것 못지않은 실재이며, 사실상 그보다 더 큰 가치를 지닌다. (4절을 보라) 그래서 여기서 니체는 예술충동으로서 충동들에 초점을 맞추고 있으나, 그는 이 충동들이 갖는 더 넓은 인간적 의미를 잊지 않고 있다. 그래서 가령 21절에서 아폴론은 '국가를 세우는' 신이며(개인, 공간 및 제도들의 조직 속에 있는 명확성과 질서) 다른 정치적 본능들과 가장 친숙하다. 아폴론적인 것은 단지 꿈과 가상에만 관계하는 것이 아니라, 실재 사물들이 **꿈처럼 만들어질 수 있는 한**, 우리를 둘러싼 실재 사물들과도 관계한다.

그러나 니체가 '사랑스러운 외관'을 일상적인 실재와 비교하는 또 다른 이유가 있다. 쇼펜하우어를 따라 니체는 다음과 같이 묻는다. 우리가 살고 있는 실재 자체가 우리가 경험하는 실재 배후에 놓여 있는 '아주 다른 두 번째 실재'에 대한 꿈의 외관이라면 어쩔 것인가? '예술적 감수성을 지닌 사람은 철학자가 현존의 실재와 관계하는 것과 똑같은 방식으로 꿈의 실재와 관계를 맺는다.' 그래서 상이한 분야에서 그들은 둘 모두 아폴론적인 이미지 만들기의 세계에 속하며, 이는 철학자로서 니체의 자기 평가에 관한 중요한 통찰이다. 철학자처럼 예술가는 본질적으로 일상적 실재 아래서 진정 존재하는 바를 감지하도록 요구받는다. 그래서 니체는 다음과 같이 중요한 주장을 한다. 즉, 꿈으로서 꿈은 현상이 그 외의 다른 어떤 것과 관련해서 그렇듯, 그 꿈 자체에 대한 의식을 일깨운다. 현상을 현상으로서 지속적으로 의식한다는 이러한 생각을 통해 니체가 아폴론적인 것에 대해 하는 최초의 설명은 끝나며, 디오니소스적인 것에 대한 설명이 시작된다.

디오니소스적이고 도취된 예술 세계는 무엇보다 음악, 춤 그리고 가장 드물게 어떤 유형의 시를 포함한다. (디티람보스적 시 혹은 서정시. 시인 아르킬로코스(Archilochus)는 5절에서 논의된다) 여기서 목표는 이미지를 지우는 것이고, 명확한 선을 잃는 것이며(이는 음악적 측면에서 멜로디 및 특히 모든 화음에 대한 강조를 의미한다), 자기 동일성과 의식적 통제의 황홀한 망각이다. 니체는 문화적 유형의 생산을 위한 충동들에 관해 말하고 있지만, 똑같이 중요하게 이들 충동이 각각 형이상학적 의미를 갖고 있음을, 즉 실재를 이해하는 어떤 방식과 본래적으로 관여하고 있음을 주장하고 있다. 이 충동들의 형이상학적 관여란 무엇인가? 첫 번째 암시는 니체가 꿈꾸기에 대한 어떤 자기의식을 언급하는 가운데 나온다. 그에 의하면, 꿈을 꿀 때 나는 내가 꿈을 꾸고 있다는 점을 흔히 알고 있으며, 그것이 단지 '가상'일 뿐이라는 점을 알고 있다. 아폴론적인 예술을 아름답게 만들고, 우리에게 쾌락을 주는 것은 단순히 형식적 성질들 자체(가령, 균형이나 비례와 같은 미적 성질들)일 뿐만 아니라, 오히려 이러한 형식이 단지 가상일뿐이라는 지속적인 느낌이기도 하다. 꿈은 가상에 대한 이러한 감지를 상실하고, '병적'으로 되어서는 안 된다. 그래서 아폴론의 예술은 '절도가 있어야' 하며, 더 과격한 충동에서 자유롭고 고요해야만 한다. 우리는 아래에서 아폴론적인 것과 디오니소스적인 것이 실제로 표현하는 형이상학적 개념들을 더 상세하게 다룰 것이다.

니체는 실재에 대한 쇼펜하우어적인 철학적 독해를 지지하기 위해 14세기 단테의 위대한 시『신곡』을 언급한다. 근대 문화의 문턱에 있는 이 위대한 문학작품은 니체의 예술적 역할 모델들 가운데 하나로 나타난다. 니체는 단테처럼 여행자이다. 단테는 버질(Virgil)에 의해 그 여행 중 얼마 동안 고통스런 장면으로 인도되며, 그들이 지나가는 모습들의 의미를 설명하기를 배운다. 니체에게 시는 버질의 역할을 떠맡는다. 시는 삶의 이미지 퍼레이드의 독자로서 철학자를 위한 안내자이다. 그런 시는 또한 니체가 플라톤주를 다시 쓰는 것을 강화하는 것을 돕기에도 효과적이다. '우리가 살고 있고, 우리 존재를 갖고 있는 실재'는 우리가 초연해 있어야 하는 '어떤 단순한 그림자놀이'(『국가』에서 동굴의 비유에 대한 언급)의 실재가 아니다. 니체에 의하면 철학자 역시 물리적으로 속하는 것은 바로 이러한 꿈과 같은 삶의 실재이다. 철학자는 스스로 그 '장면들'에 연루되어 있다. (니체는 의도적으로 여기서 단테의 『신곡』 프로젝트에 일치하여 연극 식 언어를 사용한다.) 단테처럼 이 철학자는 지옥과 연옥을 거쳐 천국에 이르는 여행 장면들 속에 자신을 포함시키며, '고통을 공유한다.'[38] 알레고리 형성의 수준에서 볼 때 역사적 대표자들에 대한 니체의 갤러리는 단테가 『신곡』에서 작동시키는 동일한 규칙들을 따른다. 즉, 소크라테스, 차라투스트라, 그리고 버질은 역사적 인물들로서 실재적인 동시에, 충동들 및 그 충동들을 표현하는 유형들의 살아 있는 대표자로서 실재적인 것 이상이다.[39]

세 번째 문단에서 니체는 '아폴론'이라는 이름의 의미를 고찰한다. 니체는 여기서 독일어로는 작동하지만 번역에서는 상실되는 동음이의어의 말장난을 한다. 독일어로 아폴론이라는 말의 어원적 뿌리인 (Scheinen)이란 '빛을 내는 것(der Scheinende)'[40]을 함축하며, 따라서

---

38   우리는 이런 견해에서 장차 30년도 안되어서(1899/1900) 등장하게 될 프로이트의 『꿈의 해석』이 암시되고 있음을 알 수 있다. 더 상세한 것을 위해서는 4장 수용과 영향을 참고할 것.

39   다음에서 알레고리에 대한 논의를 참조하라. Robert Hollande's 'Introduction' to Dante *The Inferno*, trans. Robert and Jean Hollander, New York: Anchor, 2002.

태양신은 빛, 명료성, 선과 표면의 날카로운 정의와 연결(definition)된
다. 그러나 가상(Schein) 혹은 현상(Erscheinung)의 또 다른 의미는
'우리 앞에 나타난 것'이라는 직접적 의미로 겉모습(appearance) 혹은
현상(phenomenon)이다. 실러는 예술에 대해서 '아름다운 가상'이라
는 구절을 사용한다. (이는 '존재의 아름다운 외관'을 의미한다.) 실러
는 예술을 존재의 이미지가 비치거나 나타나는 반쯤 투명한 베일로서
생각한다. '가상'을 사용하는 사람은 항상 그 반대 짝으로서 '존재'를
함축하고 있다. 니체가 생각하기에 둘은 아폴론적인 것이 디오니소스
적인 것과 함께 속하는 것과 유사한 방식으로 함께 융합되어 있다. 아
폴론을 언급하는 사람은 항상 또한 디오니소스를 함축한다. 그러나 또
한 가상이라는 말에 함축되어 있으며, 『비극의 탄생』의 의도들을 이해
하기 위해 중요한 세 번째 의미 층이 있다. '밝기' 및 '겉모습'과는 별
개로 '가상'은 또한 '외관(semblance)', '환상(illusion)' 혹은 '기만'도
의미할 수 있다. 마르크스는 이데올로기를 '거짓된 가상'(존재의 잘못
된 겉모습)이라고 말한다.[41]

이 세 가지 의미는 이 책을 통해 쭉 사용된다. 니체는 근대 독일 철
학, 특히 칸트를 포함한 독일 관념론에서 주도적인 위치를 차지하고 있

---

40 다음과 비교하라. John Sallis, 'Shining Apollo', in *Nietzsche and the Gods*, pp.
57–73.

41 실러는 '잘못된 가상'을 의미하기 위해 '논리적 가상'(26번째 편지와 비교할 것)
이라는 말을 사용했다. 이는 소크라테스적 경향과 이후의 학문을 겨냥한 니체의 비난
과 일치한다. (13절 이후와 비교할 것) 니체가 빛과 빛의 성질을 단순한 가상 혹은 환
상(세 번째 의미)과 연결시키는 것처럼 보이는 경우, 그의 메타포들이 혼란스러운가?
이렇게 생각하는 것은 플라톤적으로 생각하는 것이다. 디오니소스적인 것은 '어둠'이
다. (9절을 보라) 그러나 빛과 어둠은 대립된 가치들이 아니며, 건강한 유기체에서 보
충적인 기능들이다. 또한 데리다가 아리스토텔레스에게서 관련된 문장을 논하고 있는
것에 대해서는 다음을 보라. Jacques Derrida's, 'White Mythology' in *Margins of
Philosophy*, trans. Alan Bass, New York: Harvester, 1982.

는 논쟁, 즉, '존재와 가상', '존재와 현상'에 관한 철학적 논쟁에 개입
하고 있는 셈이다.[42] 현상이라는 긍정적인 의미에서 가상은 그것이 나
타나게 되거나 '빛나는' 한해서 **존재하고 있다**. 그래서 현상은 일상적
인 의미로 실재적이다. 그러한 가상이란 존재와 대립되기보다는 존재
와 관련되어 있으며, 존재하는 것이 스스로 드러나는 방식이다. 그러나
세 번째이자 부정적인 의미로 가상이란 참된 존재나 존재에 관한 진리
와는 반대되는 것으로서 단순한 환상 혹은 기만이다. 이것이 니체가 대
항하여 싸우는 플라톤적인 관점이다. 니체의 형이상학은 이들 사이를
항해하고자 하며, 가상의 긍정적인 의미와 부정적인 의미 둘 다를 보존
한다.[43] 어쨌든 현상은 그것이 '병적으로 되'지 않으려면, 자신이 현상
임을 알아야 한다. 현상이 깊이가 없고 더 이상의 의미를 지니지 않은
채 그 자체로 존재하는 것으로 간주되는 '잘못된 의식', 즉 이데올로기
에 대한 니체의 입장이 바로 이것이다. 잘못되고, 병적인 외관으로서
이러한 세 번째 의미에서 『비극의 탄생』은 '소크라테스화 경향'을 도
입한다. (13절 이후와 비교하라) 우리가 보게 되듯, 니체는 병적 현상
의 기만적 특성들을 빈번하게 이용한다. (여기서 프로이트적인 '노이
로제' 개념이 만들어진다) '병적'이라는 용어는 이 책에서 특별한 의미
를 지닌다. 니체는 이 용어를 가장 넓게는 예술충동과 관련된 질병, 어
떤 형태의 형이상학적 맹목성을 결과하는 질병을 의미하기 위해 사용

---

42 칸트가 말하는 '현상'에 대한 짧은 설명을 위해서는 다음을 참조할 것. Douglas
Burnham and Harvey Young, *Kant's Critique of Pure Reason*, Edinburgh: Edin-
burgh University Press, 2007, pp. 36ff.
43 후기 니체는 이러한 세 번째 의미를 포기한다. 이는 정확히 그가 진정한 존재라는
개념을 버렸기 때문이다. 니체의 가상 용법에 대한 특히 현상학적인 설명은 다음 두
문헌에서 발견될 수 있다. Martin Heidegger, *Nietzsche* 및 John Sallis, *Crossings:
Nietzsche and the Space of Tragedy*.

한다. 그러나 좀 더 특수하게 이는 잘못된 장소에, 즉 아폴론적인 것의 특징으로서 여과[44]나 조용함 혹은 디오니소스적인 것의 탈개별화된 황홀경과 대립되는 것으로서 그 충동들 자체를 개체에 위치시키는 정염 혹은 감정(그래서 이 말 안에 '파토스(pathos)'가 포함되어 있다)의 질병이다. (이것은 12절에서 분명하게 된다.)

아폴론적인 것의 '현상' 쪽이 가진 가장 중요한 측면은 '개별화'와 연결되어 있다는 점에 있다. 어떤 방식으로 존재하는 것은 그 자체로 개별화되고 존재의 다른 현상들과는 분리된 것으로 나타난다. 니체는 아폴론적 예술의 형이상학적 개입을 쇼펜하우어가 논의한 **개별화 원리**와 동일시한다. 이러한 원리에 의하면 개별적 실체들 사이의 결합이나 관계에 앞서 개별적 실체들이 현존의 기본적 형태이다. 실체 'A'는 'B'로부터 분리될 수 있고 'B'와는 독립해서 존재할 수 있으며, B와는 별개로 이해될 수 있다. A와 B는 **우선적으로** 사물들이며, **두 번째로** 관계(가령, 인과관계)에 돌입할 수 있다. 그래서 분리되기도 하고 함께 이기도 함으로써 모든 것은 질서정연해지고 이해될 수 있다. 가령 인과관계(충족 이유율의 '양식들' 가운데 하나)란 통제된 조건하에서 과학으로서 연구될 수 있다. 여기서 '통제된 조건'이란 정확히 개체들의 개별화와 그 개체들의 다양한 물리적 가치를 의미한다. 어떠한 사건도 원인 없이 존재하지 않는다는 식으로 사건들의 필연성을 통제하는 일반 법칙들이 정식화된다. 마찬가지로 그 자신과 다른 것들에서 개별적 한계와 정도에 대한 존중은 기본적인 윤리 법칙이다. 분리에 대한 강조는 아폴론적 예술에서 분명한 이미지와 형태들, 강한 선과 표면 그리고 밝

---

44 역자 주: 프로이트 심리학에서 여과 혹은 전치란 정신이 원래 형태로는 위험하거나 받아들일 수 없다고 느낀 목표들을 새로운 대상이나 목표로 대체하는 무의식적 방어기제를 말한다.

은 빛에 대한 강조와 일치한다. 니체가 인용하고 있는 쇼펜하우어에서 나온 유비에서, A는 사람이며, 작은 배는 그의 '고립성'이고, B는 주변의 대양이다. 이 사람은 대양에서부터 본래적이고 침범할 수 없는 자신의 고립성을 믿는 한해서만 안전하다고 느낄 수 있다. '마야의 베일'이란 이러한 원리가 환상이지만, 그것이 환상**이라는** 사실이 우리에게 감추어져 있다는 쇼펜하우어의 주장을 가리킨다. 그러나 아폴론적인 예술과 이러한 예술을 향한 충동의 형이상학적 의미는 단순히 이러한 베일 뒤에 가려진 환상의 예술은 아니다. 오히려 니체가 반복해서 강조하는 바에 의하면, 이 예술은 이러한 사실을 알고 있으며(그녀가 꿈꾸고 있다는 것을 알고 있는 꿈꾸는 자), 질서, 이해 가능성 및 환상의 아름다움이 이 예술을 정당화한다(꿈꾸는 자는 계속 꿈꾸기를 원한다). 그래서 적절하게 이해하는 경우, 아폴론적인 것의 형이상학적 관여란 단순히 실재의 **본성**에 관한 것일 뿐만 아니라 실재의 **가치**에 관한 것이기도 하다. 현상으로서 실재는 오직 환상의 아름다움을 통해서만 정당화되어 있다. (이 점은 5절 끝에서 가장 분명하게 드러난다)[45]

예술을 이미지와 환상의 측면에서 논의하는 것은 플라톤을 떠올리게 할 것이라는 점을 놓쳐서는 안 된다.[46] 플라톤에 의하면, 모든 예술은

45　21절에서 논의될 것처럼, 작은 배(boat)의 이미지와 그것이 쇼펜하우어에게 갖는 상징은 바그너에게도 아주 중요하다. 바그너는 「트리스탄과 이졸데」에서 작은 배가 등장하는 장면을 이 오페라 플롯의 핵심적 요소로 수용한다. 니체는 스스로 이 이미지를 주도적 동기로서 사용한다. (14절과 21절을 보라)

46　이 텍스트는 플라톤적 사유와의 작은 논쟁이며, 그래서 우리는 이러한 문장들에 관해 계속 언급할 것이다. 단순한 가상적 모사로서 예술에 관해서는 다음을 참조할 것. *The Republic*, trans. Robin Waterfield, Oxford: Oxford University Press, 2008, 595Aff. 동굴의 비유(빛, 그림자 및 어두움에 관한 플라톤적 메타포들), 514a–521b, 『국가』 일반에 관해서는 다음을 보라.　Darren Sheppard, *Plato's Republic*, Edinburgh: Edinburgh University Press, 2009.

환상에 기초하고 있다. 왜냐하면 예술은 이데아라는 진정한 실재와 관련하여 볼 때 이미 단순한 이미지들인 사물들의 이미지를 산출하기 때문이다. 이러한 환상적 이미지들은, 우리를 진리와 가까워지게 하지 않고 진리에서부터 더 멀리 떨어지게 유혹하는 한해서 위험스럽다. 니체는 확실히 플라톤과는 다른 형이상학적 진리를 주장할 것이지만, 적어도 좁은 면에 있어서는, 즉 이미지를 근본적인 존재라거나 참된 존재라고 간주하면 잘못이라는 점에 대해서는 플라톤에게 동의할 것이다. 그래서 니체는 플라톤의 평가를 섬세하게 다시 쓰고 있는 것이다. 니체는 다음과 같이 묻는다. '이러한 유혹의 가치 혹은 목적은 무엇인가?' 플라톤은 유혹 안에서 어떤 가치도 볼 수 없었다. 왜냐하면 현상은 우리가 진정 거주할 곳이 아니기 때문이다. 그리고 니체가 이 책에서 나중에 소크라테스(플라톤의 스승)에 관해서 언급할 때, 그는 현상을 **가치평가하는** 방식의 이러한 차이를 잘 보여줄 것이다. 좀 더 일반적으로 니체는 여기서 진리 혹은 달리 말해 개념들의 진리가 아니라 그 개념들이 역사적 문화 내에서 갖는 기능과 가치에 대한 필생의 관심을 보여준다.

아폴론적인 것이 **개별화 원리**(비록 그것을 환상으로 **아는** 것이 중요하지만)와 관련되어 있다면, 디오니소스적인 것은 [개별화 원리에 대한] 형이상학적인 대응물을 표현하거나 성취하는 데 자신을 바친다. 이러한 점은 1절 네 번째 문단에서 개괄된다. 자연은 원래 하나(근원적 일자, *Das Ureine*)이며, 거기에는 시간, 공간 혹은 개념의 실재적인 차별화가 없다. 모든 '사물들'은 원래 이러한 단일성(oneness)에 관계되어 있으며, 사물들의 차이나 구분들은 부차적이고 환상적이다. 모든 것들은 단지 근저에 놓여 있고, 요동치는 이러한 '의지'의 순간적인 구체화들일 뿐이다. 수의 적용 가능성은 공간과 시간에 기초하기 때문에 —

한 사물이 상이한 장소나 시간에 따로 분리되어 발견되지 않는 경우 하나라고 말할 수 있다 — 본래의 이러한 자연은 이 같은 의미의 '하나' 는 아니다. 의지는 우리가 거기에는 단지 하나의 개체만 존재한다고 말했다고 해도 하나의 개체가 아니다. 오히려 의지는 '연속적인' 전체라는 의미에서 '하나' 이다.[47] 근저에 놓인 자연 혹은 의지라는 이 개념은 쇼펜하우어에게서 나온 것이다. (비록 스토아학파, 신플라톤주의자들, 스피노자 및 니체와 동시대 미국인 에머슨과 같은 다양한 철학자들의 영향 역시 존재하기는 하지만 말이다) 디오니소스적인 문화는 개별자를 이러한 단일성(oneness) 안에 잠기게 하기를 추구한다. 이는 아폴론적인 것의 관점에서 보면, 개별화에 대한 위협이며, 위험스러운 것이다. 왜냐하면 그러한 디오니소스적인 문화는 은유적으로 말해 도취 속에서 우리가 동일성과 통제를 잃거나 '황홀경' 속에서 문자 그대로 '자신 밖에' 있게 되는 것과 마찬가지로 차별화와 가치 평가 능력들의 붕괴를 함축하기 때문이다. 역으로 아폴론적인 것은 존재가 개별자로 '해체' 되는 것을 포함하기 때문에 위험스럽다. 그래서 디오니소스적인 것은 인간들 사이의 자연적인 '유대' 를 갱신하며, 인간들은 더 이상 자신들이 고립되어 있고, 인위적인 법이나 관습에 의해 구속되고 나누어져 있다고 생각하지 않는다. 디오니소스적인 것은 또 이전에는 스스로 별개라고 여겨졌으나 이제 인간 세계와 화해된 자연(식물 및 인간이 아닌 동물들이라는 의미의 자연)의 찬양과 연결되어 있다. 디오니소스적인 상태에 처한 개인은 신성한 것에 대한 꿈의 이미지들을 산출하는 예술가일 수 없다. 왜냐하면 이러한 충동에 사로 잡혀 있을 때 개인은

---

47 이 개념이 '외면성(exteriority)' 의 측면에서 칸트적 기초를 갖는다는 데 대한 논의는 다음을 참조할 것. Douglas Burnham, *Kant's Philosophies of Judgement*, Edinburgh: Edinburgh University Press, 2002, pp. 65-78.

어떤 형이상학적 진리의 (그래서 그 진리와 분리된) 표현들로서 분리된 이미지들을 산출하는 개별자가 아니기 때문이다. 오히려 그러한 개인은 그 **진리를 살아내는 표현이며**, 그래서 **근원적 일자**에 의해 정교하게 만들어진 예술작품이다. 그러나 순수하게 디오니소스적인 예술적 표현의 상태는 『비극의 탄생』에서 이상으로 선호되지 않는다. 우리가 보게 되듯이(16절), '절대 음악'은 '근원적 일자'의 직접적인 예술적 표현이며, 그 중요성은 분명 비극과 바그너적인 음악 드라마라는 '혼합' 양식에 비해 부차적이다. 이 책의 목표는 인간 현존의 최고 상태이자 인간 문화의 최고 산물로서 두 충동 간의 지속적인 상호작용으로 성취되어 고양된 상태를 제안하는 것이다.

니체가 비록 쇼펜하우어에게서 의지 혹은 **근원적 일자**의 형이상학을 받아들이고 있기는 하지만, 그는 이로부터 나오는 쇼펜하우어의 염세주의가 잘못임을 보여주려고 한다. 쇼펜하우어에 의하면, 니체가 디오니소스적인 통찰이라고 부르는 것은 개인에게는 지속적인 고통과 공허함의 세계이다. 그러한 세계란 개인이 결코 만족을 얻지 못하고 만족의 부재에 의해 지속적으로 고통을 받는 경우에만 존재할 것이다. 고통의 조건은 우리가 의지를 **진정시키는** 경우에 한해서만 경감된다. (쇼펜하우어는 이를 '세계로부터의 구원'이라고 말한다.[48]) 니체는 두 가지 방식으로 대응한다. 우선 아폴론적인 아름다움의 세계는 **단순히** 환상이 아니며, '신정론'(그것은 현존을 정당화한다)이고, 의지를 (무화시키거나 취소시킨다는 의미에서) 단순히 진정시키는 것이 아니라, '고요

---

48 Arthur Schopenhauer, *The World as Will and Representation*, trans. E.F.J. Payne, New York: Dover, 1969, vol. 1, p. 152. 또한 다음에 주의하라. 즉, 니체와 쇼펜하우어는 '충동'이라는 용어를 아주 다르게 사용하며, 충동은 쇼펜하우어에게 맹목적이고 비창조적인 것으로서 의지의 가장 낮은 단계의 객관화이다.(다음을 보라. Vol. 1, p. 149.)

하고', '잔잔하지'만 기쁨과 삶으로 흘러넘치는 현존이다. 둘째로, 디오니소스적인 상태에 돌입한다는 것은 사실상 개별자의 파괴를 포함하지만, 자연과의 재결합이 주는 황홀한 기쁨을 통해 그 이상을 보상한다. 더욱이 만족의 지속적인 부재로 인한 고통과 형상들의 지속적인 창조가 주는 기쁨이 대조를 이룬다. 쇼펜하우어의 형이상학을 변형시키는 것은 이 책의 핵심적인 철학적 기획들 가운데 하나이다.[49]

1절은 모든 시대에 걸쳐 등장하는 이교도적 언급들[50], 유대 기독교적 언어(유대, 계약(Bund, covenant), 찬송), 베토벤 및 실러에 대한 언급들(더 많은 참조를 위해서는 다음 사항에 주목하라. 즉 베토벤의 9번 교향곡이 특별히 언급되고 있다. 왜냐하면 이 작품은 '순수한' 교향곡이 아니기 때문이다. 이 작품은 오히려 혼합된 형태의 음악 드라마이다. 교향곡 가운데에서는 이례적으로 이 작품은 실러가 쓴 환희의 송가에 관한 곡을 4악장에서 포함하고 있다)의 기묘한 결합으로 끝이 난다. 이러한 결합은 물론 의도적이다. 왜냐하면 니체는 우리에게 디오니소스적인 충동이 상이한 모든 문화의 기초에서 발견되고, 예술에서 아주 노골적인 방식으로 찬양될 만큼 보편적이라는 사실을 말하고 있기 때문이다. 디오니소스적인 것에 대해 쓰려는 니체의 열정은 전염성이 있다. 주지하다시피 디오니소스라는 형상은 그의 후기 작품에서 뚜렷하

---

49 그래서 니체는 1886년 그가 쇼펜하우어가 말하고 있는 약함의 페시미즘으로 부를 수 있는 것을 1871년에 거부하고 있으며, 디오니소스적인 것을 긍정적으로 표현하는 것 속에는 강함의 페시미즘에 관한 암시가 있다. 이 모든 점에서 볼 때 후기 니체의 관심은 전혀 페시미즘이 아니거나(왜냐하면 이 위안은 현존에 본질적 가치를 부여하기 때문이다), 혹은 너무 쉽게 낭만적인 약함의 페시미즘으로 떨어지지 않는 '위안'의 역할이다.
50 역자 주: 구체적으로 적시해서 말하기는 어렵지만 여기서 이교도적 언급들이란 "대지는 자신의 선물들을 보내고 암벽과 사막의 맹수들은 온순하게 다가온다."와 같은 구절 등을 가리킬 것이다.

게 나타나는 반면, 아폴론의 형상은 사라지는 것처럼 보인다. 그래서
이러한 두 충동이 인간의 문화 내에서 똑같이 힘이 있고 중요한 것이
아닌 것처럼 『비극의 탄생』을 읽으려는 유혹이 있다. (그러나 이는 잘
못이다) 니체는 두 충동의 생산성과 의미를 각각 논의하고 있지만, 이
책 삼분의 일 지점에서 나타난 바 있는 다음과 같은 중심 테제는 결코
사라지지 않는다. 이 충동들은 깊이 연결되어 있으며, 그리스(그리고
어떤 나라든 그 나라) 문화의 최고 성취, 즉 비극에 대해 책임이 있는
것은 그런 충동들의 '화해' 혹은 협동이다.

2절

소크라테스 이전 그리스에서 작용하는 충동들; 세 가지 유형의 상징화; 아시아와 그리스 문화에서 디오니소스적인 것의 기원과 전개 (Psychogenesis)

2절은 『비극의 탄생』이 지닌 역사적 차원을 개시한다. 우리가 헤겔과
관련시켜 지적했듯이, 이 책은 근대 독일 철학을 비판하는 기본적인 임
무를 갖는다. 우리는 전통적인 관념론적 형이상학의 개념들과, 신체에
뿌리를 두고 있으며 역사적 문화들 속에서 다양하게 드러나기 때문에
'살아 있는 개념들'로 불릴 수 있는 '충동들'을 구상함으로써 형이상
학의 이러한 접근을 니체가 다시 정의하고자 하는 시도 간의 차이를 잠
정적으로 서술하려고 시도했다. 조금 뒤에(5절) 아주 상세하게 살펴보
게 되겠지만, 니체 역시 세계를 형이상학적으로 정당화하기를 추구하
고 있다. 피상적으로 보면, 두 개의 신 개념은 현상들(쇼펜하우어에게
있어서 표상)과 물자체(쇼펜하우어에게 있어서 의지) 사이의 칸트적

구분과 일치한다. 그러나 니체가 형이상학에 접근하는 것은 역설적이 거나 적어도 아이러니하다. 아마도 우리는 니체를 '형이상학적 경험주 의자'라고 부를 수 있을 것이다. 왜냐하면 독일 진화 이론의 계열에 속 하는 (칸트와 관념론적 형이상학에 대해 비판적인) 헤르더와 다른 사 상가들을 따라 니체가 『비극의 탄생』에서부터 쭉 답하려고 한 중요한 물음이란 바로 다음과 같기 때문이다. 즉, 형이상학적 원리들이 어떻게 경험 세계의 현상들 속에서 물리적으로 나타날 수 있는가? 여기서 니 체의 대답은 오직 예술 속에서만 진정한 형이상학이 드러나게 된다는 것이다. 니체는 예술의 발전을 통해 대개 결정되는 문화의 발전이 형이 상학적 경향들의 지표들이라고 간주한다. 전통적인 문헌학의 영역을 근본적으로 확장하는 가운데 『비극의 탄생』은 형이상학을 텍스트로서 읽는다는 것이 가능하다는 점과 그 방식을 예증하고자 한다. 혹은 달리 표현하면, 문화사에서 작용할 때, 아폴론적인 것과 디오니소스적인 것 이(각각 혹은 함께, 아니면 다른 비예술적 충동들과 더불어) 어떤 구체 적 모습과 형태를 띠는가? 이 책의 나머지 부분은 바로 이 물음을 탐구 한다. 이 책은 12절까지 비극에 대한 사례 연구이며, 음악, 신화 및 드 라마로 구성된 복합적 문학 형식들과, 특수한 문화적 현상으로서 그 역 사적 전개라는 면에서, 그리고 끝으로 소크라테스 이전 문명 상태의 형 이상학적 의미를 가리키는 지표로서 비극을 다루고 있다.

　이 절은 개인이나 예술가들의 의도적이거나 의식적인 결정에 대해서 가 아니라 일반적 충동들에 대해 말하고 있다는 점을 분명히 함으로써 시작한다. 니체는 그 충동들을 '자연 자체로부터 분출하는' '자연의 예 술적 상태들'이라고 부른다. 아폴론적인 것이 예술가에게서 실현되고, 일반적으로 문화에 영향을 미침으로써 개별화를 산출하지만 그 자체가 개별적인 원천에서부터 탄생한 것은 아니다. 동일한 사항이 디오니소스적인 것에도 해당하며, 이 디오니소스적인 것이란 '도취된 현실'을 산출하는 충동으로서 단지 그 근원에 있어서 독립적일 뿐만 아니라 — 그것은 아폴론적인 것과는 반대로 '개별자를 거의 존중하지' 않는다 — 더욱 중요하게도 개별자와 확연히 대립된다. 디오니소스적인 것은 심지어 '단일성(oneness)의 신비한 의미를 알려줌으로써 개별자를 절멸시키고, 회복시키며, 해방' 시키고자 한다. (니체가 철학자들을 거기 포함시키고 싶어하는) 의식적이고 개별적인 예술가들로서 인간들은 단순히 충동들의 '직접적' 실현을 모방('모방'의 개념은 『국가』의 플라톤과 아리스토텔레스의 『시학』을 떠올리게 한다)하는 것뿐이다. 자연의 예술적 상태는 예술가가 의존하여 그림을 그리는 원상(Urbilder, original images)처럼 작용한다. 그래서 니체는 자연의 예술적 상태를 주된 영감으로 하는 유형학, 예술가와 예술적 산물의 유형학(typology)에 도달한다. **자연의 모방**(imitatio naturae)이라는 표현에서 문제가 되는 자연은 (아리스토텔레스에게서처럼) 자연적 형태들이나 인간 유형들의 본질적 특징들이 아니다. 오히려 여기서 자연이란 단일하고 지속적으로 전개되는 **근원적 일자**의 체계를 구성하는 다양한 충동들의 최초이자 가장 직접적인 실현(꿈 혹은 도취)이다.

　그러나 이 책에는 니체가 특히 주의할만한 세 번째 유형의 예술가도 있다. 이는 두 충동이 결합하는 **비극 예술가**이다. 이 예술가 안에서 두 작용은 서로 얽힌다. 사실상 이 충동들은 차례로 일어난다. 우선 그는 '디오니소스적 망아와 신비적 자기포기'의 상태로 붕괴하며, '그 지점에서 그 자신의 조건, 다시 말해 세계의 가장 내적인 근거와의 하나됨이 아폴론적인 꿈의 영향 아래 그에게 **상징적인 꿈의 이미지** 속에서 드러난다.' 이것이 비극의 본성 문제에 대해 니체가 제시하는 '해결책'에 관한 첫 번째이자 신비로운 개괄이다. 니체는 앞으로 나오게 될 몇몇 절에서 이 해결책을 구성하는 요소들을 계속해서 전개시킬 것이다.

니체는 여기서 상징화의 개념을 도입한다. 이는 예술충동과 문화적 형태들 사이의 관계를 다루는 니체 이론의 중심적 부분들 중 하나이다. 이 부분은 불행히도 『비극의 탄생』에서는 비교적 전개되지 않은 채로 남아 있는 것들 즉, 표상, 인간의 지각 및 표현성 — 혹은 좀 더 특수하게는 니체의 언어 이론이라는 더 넓은 이론의 일부이다. 더 진전된 통찰을 위해 우리는 이 시기의 다른 텍스트들로 돌아가야 한다. 이 해설서에서 우리는 8절의 맥락에서 이 이론을 개괄하고자 시도할 것이다. (주: 니체의 언어 철학) 그러나 당분간 니체는 '상징화'에 의해 충동들의 특징적인 형이상학적 원리가 지닌 의미가 지금 여기 구체적인 어떤 것으로 변형되는 것을 의미한다. 상징 혹은 메타포는 상징된 것을 직접적으로 지금 여기 현재하는 것으로 만드는 한해서 기능을 한다. 이것이 니체가 아폴론적인 것 및 디오니소스적인 것 양자와 관련하여 언급하고 있는 '마법' 혹은 '변형'이다. 대조적으로 단순한 표상 및 특히 개념은 항상 그 기원과 분리되어 있다. 그것은 정확한 표상일 수도 있고 그렇지 않을 수도 있지만, 정확함이란 다른 어떤 **원래** 사물의 사본이 가진 특성을 가리킨다. 메타포나 상징은 '정확한 것'으로 묘사될 수 없고, 단지 충동의 의미를 지금 여기로 가져오는데 **효과적**(혹은 '마술적')인 것으로만 서술될 수 있다. 확실히 하나의 상징 역시 **외부에서부터** 보았을 때는 즉, 마술이 효과가 없으며, 미적 감수성이 없는 누군가가 보았을 때는 단순한 표상일 뿐이다. (아래 5절과 11절에 있는 비판에 대한 해설을 보라) 그래서 니체는 비극 시인 에우리피데스가 비극을 예술이 아니라 오히려 심리학의 측면에서 어떻게 잘못 해석했는지를 논의할 것이다.

예술 및 예술가의 세 가지 유형에 따라, 세 가지 유형의 상징화가 있다. 이 절 3번째 문단은 디오니소스적인 상징화를 다룬다. 다음 절은 아폴론적인 상징 형태들을 다룬다. 세 번째 유형은 8절에 가서야 비로소 완전히 전개될 것이다. 아폴론적 예술의 핵심적 특성은 이미지이다. (즉, 상(Bild)이다. 우리가 보았듯이, 비록 니체가 아폴론적인 것을 '겉모습(appearance)' 즉 가상(Scheim) 혹은 현상(Erscheinung)의 측면에서도 말할 것이지만 말이다) 아폴론적인 마술을 통해서 (그렇지 않았으면 단순한 표상일) 이미지가 상징이 된다. 이는 디오니소스적인 산물들과 결합된 일련의 상징적 형태들과 대조된다. 디오니소스적인 것의 심장부에는 어떤 유형의 음악이 놓여 있으며, 이 음악은 다른 형태의 예술들과 결합함으로써 '소리의 도리스적인 건축술' 이었던 '아폴론의 음악' 과 근본적으로 상이하다. 이러한 투명한 아폴론적인 음악과는 대조적으로 특히 '디오니소스적인 음악은 공포와 두려움을' 청자로부터 이끌어냈다. 디오니소스적인 음악은 분별을 잃게 하고 도취시킨다. 니체는 디오니소스적인 상징화 형태로서 춤에 특히 관심이 있고, '디오니소스적인 디티람보스' 즉, 특별한 찬송가 형태의 음악화된 시적 언어에 흥미를 가지고 있다.[51]

『비극의 탄생』에서 니체의 진짜 관심은 첫 번째 문단의 마지막 긴 문장이 가리키고 있듯이, 세 번째 유형의 상징화에 있다. 비극에서 일어나는 것은 아폴론적인 것이 디오니소스적인 **근원** 경험을 상징한다는 것이다. 이것이 비극에서 두 충동이 하는 협동의 본성이며, 그래서 비극은 형이상학적인 예술 장르로서 독특하다.

이 절은 이제 더 이상 형이상학적 일반성이 아니라 고대 그리스에서

---

51 이는 횔덜린의 자유시가(free verse odes), 파운드(Erza Pound) 및 다른 모더니스트들이 보여주는 시적 형태 즉, 자유롭게 흐르는 '의식의 흐름' 기법들을 거친 시적 형태와 다르지 않다(4장 수용과 영향을 보라).

역사적으로 작용하는 것으로서 아폴론적인 것과 디오니소스적인 것을
새롭게 설명하기 위한 세 개의 짧은 논의로 이어진다. 이 절의 주요 강
조점은 아폴론적인 것과 상호작용하고 있는 디오니소스적인 것을 그
지리적 범위, 기능 및 역할 속에서 예증하는 것이다. 뒤따르는 세 번째
절은 아폴론적인 것의 역할을 더 상세히 탐구한다. 거기서는 우선 그리
스들이 보여준 꿈의 본성에 대한 아주 사변적인 문장이 두 번째 문단을
망라하면서 뒤따른다. 또한 꿈은 아폴론적인 충동의 우선적이고 직접
적인 실현이다. 여기서 니체는 꿈의 형상(imagery), 논리 및 구조라는
측면에서 고대와 근대 간에 차이가 있음을 주장한다. 우리가 소크라테
스 이전 그리스 문화시기에는 꿈과 예술 사이의 밀접한 통일성을 관찰
할 수 있는 반면('꿈을 꾸는 그리스인으로서 호메로스'), 근대 세계에
서는 두 영역 사이의 틈이 생겨난다. '근대인'은 자신이 꿈꾸는 것을
셰익스피어와 실제로 비교할 수 없다. 근대는 꿈꾸는 능력에 대해서조
차도 영향을 미쳤던 것이다. 니체에 의하면, 인간적 인류학(human
anthropology)[52] 자체는 역사적인 전개 과정에 종속되어 있다. 우리는
관념과 믿음이 변한다는 것을 알고 있다. 그러나 여기서 인간 본성 자
체도 어떤 수준에서는 **역사적인 것**으로 이해된다. 문화는 좁은 의미와
넓은 의미 모두에서 인간적인 것에 반작용한다. 그래서 니체는 여기서
우리가 '인간적인 것의 역사'라고 부를 수 있는 것에 관심을 갖는다.[53]
이것이 우리가 역사적 문화인류학으로 부를 수 있는 것에 관련된 유일

---

52   역자 주: 이는 바로 몇 줄 뒤에 나오는 역사적 문화인류학과 같은 것을 의미한다고
     보인다.
53   푸코는 이러한 생각을 철학적·역사적 실천 안으로 도입한다. 이에 대해서는 다
     음을 참조할 것. *The Order of Things, An Archaeology of the Human Sciences*, Lon-
     don: Routledge, 2002, 혹은 다음 에세이를 보라. 'The Subject and Power', in *Essen-
     tial Works of Foucault* 1954–1984, vol. 3, London: Penguin, 2000, pp. 326–48.

한 문장은 아니다. 니체는 후기 작품에서, 가장 집요하게는 『도덕의 계보』에서 유사한 생각을 더욱 철저하게 전개시키고 있다.

두 번째 논의에서 니체는 그리스인의 고유한 꿈꾸기와 대조하는 방식으로 비그리스적인 고대의 디오니소스 축제를 설명한다. 이 축제들은 이제 다시 그리스의 디오니소스 축제와 대조된다. 니체가 아폴론적인 것과 디오니소스적인 것이 문화적 생산의 일반 원리라고 계속해서 주장하고 있지만, 그리스에 관해서는 특별한 어떤 것이 존재한다. 아폴론적인 것은 '사물들을 조형적인 방식으로 보는 능력, 믿을 수 없이 명확하고 확고한 그리스인의 능력' 속에서 훌륭하게 가다듬어진다. ('조형적'이라는 것은 형태들의 창조나 조작에 적용된다) 그래서 마치 디오니소스적인 것이 외부로부터(아마도 침략하는 페르시아 군대에 의해 생겨나 동양으로부터) 왔으나, 한 구석에 가두어(4절 마지막을 보라) **져 있었던 듯이,** 그리스인들이 스스로 디오니소스적인 것에서부터 보호되었다고 '보일' 만큼 아폴론적인 것은 아주 현저했다. '야만적인' 디오니소스적인 것은 '성적인 방종', '관능성과 잔인함의 불쾌한 혼합'을 특징으로 한다. (원숭이로의 퇴행에 대한 유사-다윈적인 언급에 주목하라) 여기서 '야만적'이라는 것은 좁게는 단순히 비그리스적인 것을 의미한다. 그러나 이 책을 통틀어서 이 용어는 비예술적인 충동들에 구속된 문화를 가리키기 위해 사용된다. 간단히 말해, 야만적인 것은 미적이지 않은 것을 뜻한다.

그러나 그리스의 디오니소스적인 것은 사실상 대개 해외에서 바다를 건너서 도달한 것이 아니라, 오히려 그리스 문화 자체의 '가장 깊은 뿌리'로부터 솟아나왔다. 그래서 아폴론적인 것이 그리스인들을 외부의 '야만적인' 디오니소스적인 것으로부터 지킨 것이라기보다는 그리스 문화는 또한 '그들' 자신의 고유한 디오니소스적인 것의 의미를 '베일처럼 자신들로부터' 감추었다. 그리스인들이 지닌 고유하고 본래적인 디오니소스적인 것의 의미는 아폴론과 문화적 공간을 평화스럽게 공유했으며, 야만적인 유형과는 다른 성격을 가졌다. 그리스의 디오니소스적인 것은 고대 세계에서 처음으로 '예술로서 표현' 되며, 자신의 야만적인 짝과는 단지 쾌락과 고통의 이상한 혼합이라는 점에서만 닮아 있다. 아폴론적인 것의 쾌락은 보편적인 고통(쇼펜하우어적인 의지의 고통)으로 포섭된다. 여기서 좀 더 중요한 사실이란, 가차 없는 창조성과 자연과의 재결합이 주는 똑같이 근원적인 기쁨은 **근원적 일자**가 마야의 베일 뒤에 있는 개별자들로 '해체' 된 기억과 맞아떨어진다는 점이다. 니체는 이러한 두 번째 측면을 '감상적' 이라고 부른다. (이 언급은 실러의 범주들과 관계가 있다. 우리는 이를 3절의 맥락에서 충분히 논의할 것이다) 우리가 보았듯이, 쾌락과 고통의 혼합 역시 니체의 쇼펜하우어 비판을 구성하는 요소들 가운데 하나이다.

　니체는 춤과 특히나 그리스 디오니소스 축제의 음악에 관심이 있다. 그에 의하면, 여기서 음악이 처음으로 자신의 고유한 것이 되었으며, 디오니소스적인 음악 정신이 다른 모든 형태의 예술에 스며들었다. 리듬, 강약법(dynamics) 및 무엇보다 화음과 동일시되는 (아폴론적 음악의 단순한 리듬적 특성과는 대립하는) 음악의 힘은 '바로 우리의 근원들까지 우리를 흔들어 놓을 수' 있다. 디오니소스적인 것의 영향하에서 '모든 상징적 힘들의 연쇄' 작용이 발생한다. 그래서 춤이란 몸 전체의 상징, 즉 '충만한 몸짓' 을 포함하며, 더 이상 입, 얼굴 및 말에 제한되지 않는다. 이러한 새로운 디오니소스적인 음악에 의해 영감을 받은 새로운 문학 형태들이 생겨난다. 여기서 흥미롭게도 다음에 주목하자. 즉, 니체는 그의 마지막 시 모음을 「디오니소스 디티람보스」(*Dionysus Dithyrambs*)라고 불렀으며, 그가 바그너를 '디티람보스적 극작가' 로 간주한다는 점이다.[54] 이러한 춤, 음악, 그리고 문학의 결합은 순수한 예술 형태가 아니다. 그런 결합은 혼합이며, 우리는 나중에 해설에서 (가령 18절을 보라) 이 의미를 다룰 것이다. 니체의 주장에 의하면, 이러한 새로운 상징적 세계에 대한 이해는 오직 그러한 '자기 포기의 높이'에 이른 누군가에게만 가능하다. 그래서 디오니소스적인 것은 아폴론적 개인에게는 (그리고 이것이 아폴론적인 것의 본질적 특징이자 또한 진정한 공포이다) 즉, 자신이 건설했던 고요하고 아름다운 이미지의 세계가 가로막은 토대라고 디오니소스적인 것을 인식하기까지 하는 개인에게는 이해할 수 없는 것일 수밖에 없고, 두려움으로 가득 찬 것일 수밖에 없었다.

3절

'계보학'의 기원들: 그리스인의 '성격'에서 아폴론적인 것의 기원과 발생. 주: 니체, 독일 헬레니즘, 그리고 횔덜린

이 절은 아폴론적인 것의 기원과 의미에 대한 설명이다. 이 절은 여기 『비극의 탄생』에서 니체의 논변을 위해서 특히 중요할 뿐만 아니라, 아폴론적인 '건축물(edifice)'을 '분해하는' 절차가 나중에 니체가 사용하게 될 방법적 전략의 사례이기 때문에 특히 중요하다. 이 전략은 가장 흔히 '계보학'으로 알려져 있다. 그래서 가령, 10년 이상 후에 니체

---

54 아이스킬로스와 바그너 사이의 비교는 『비극의 탄생』에서처럼 다시 『바이로이트의 리하르트 바그너』 7절(Fourth and last of the *Untimely Meditations*, 1876, ed. Daniel Breazeale, trans. R.J. Hollingdale, Cambridge : Cambridge University Press, 1997)에서 이루어진다. 이를 다음과 비교할 것. pp. 222-26. '디티람보스적인 극작가'라는 용어에 대해서는 p. 223 참조할 것.

는 **도덕**의 **계보학**을 실행한다. 아주 일반적으로 말해 이 전략은 다섯 부분을 갖는다. 계보학은 (1) 근본적이고, 직접적이며, 단순하고도 '소박해'(니체는 여기서도 넷째 문단에서 실러를 언급하고 있다) 보이는 어떤 특징, 개념 혹은 가치란 (2) 실제로는 하나의 환상임을, 즉 별개의 요소들 혹은 달리 말해 파생적인 요소들의 집합임을 보여주기를 시도한다. (3) 그리고 그러한 여러 요소들로 구성된 환상은 오랜 시간에 걸쳐 그리고 특수한 인간 문화에 의해 불가피하게 전개되어 왔고, (4) 그리고 이는 이 문화가 (심지어 자신들로부터) 자신들을 가면으로 가리고, 보상하거나 보호하기 위한 것이다. (5) 그리고 가리거나 보상하고 보호하는 이 대상이란 전적으로 상이한 어떤 것, 특히 상이한 관습적 가치를 지닌 어떤 것이다. 문화 비평가로서 니체는 이 방법으로 넓게 인정된 가치들의 자기 확신과 무고함을 꿰뚫어 본다. 역사가 니체는 이전에는 잘 드러나지 않았던 본성과 의미, 역사적 표제 배후에 있는 문화적 하부 흐름들의 본성과 의미를 설명할 수 있다. 철학자로서 니체는 이러한 절차를 자신의 기본 개념들(가령, 여기서는 충동의 개념)이 가진 설명력을 증명하기 위해 사용한다. 더욱이 그는 그러한 계보학적 설명이 단순히 철학적 도구가 아니라, 그 자체로 중요한 철학적 **결과**라는 점을 주장한다. 즉, 가치, 믿음들 및 심지어 진리들은 그 기원을 (가장 넓은 의미의) 역사와 문화에서 가지며, 자신들의 외면적 타당성을 그러한 역사와 문화를 통해 얻는다. 아폴론적인 문화의 짧은 계보학에 뒤이어서 11절부터는 훨씬 더 정교하고 범위가 넓은 '소크라테스적인 문화'와 학문의 계보학이 등장하기 시작한다.

이는 또한 니체가 실러의 범주들에 대해 겪어왔던 어려움을 설명하는데 도움을 준다. '소박한' 시(혹은 좀 더 일반적으로는 예술)는 자연에 대한 직접적 반응들의 표상이다. '감상적' 시는 (흔히 돌이킬 수 없이 상실된) 앞선 상태에 대한 숙고를 포함한다. 니체는 여기서 아폴론적인 것을 '소박하다'고 부른다. 왜냐하면 아폴론적인 것은 아름다움을 향해 매혹되어 있으며, 자연과의 조화 상태를 묘사하기 때문이다. 그러나 동시에 니체는 이러한 상태가 '거인들'을 극복하고, '세계에 대한 무시무시하게 심오한 관점'에 대해 승리해서 나타남으로써 얻어져야 했음에 주목한다. 그래서 소위 이 동시성은 사실상 **파생적** 효과이다. 이전 절에서 니체는 디오니소스적인 것이 과거(혹은 미래)에 일어난 개별자로의 해체에 대한, 즉 디오니소스적인 황홀경의 종말에 대한 한탄을 포함하는 한해서, 디오니소스적인 것을 '감상적'이라고 불렀다. 그러나 동시에 디오니소스적인 것은 또한 자연과의 즐거운 '재결합'이며 따라서 소박한 것처럼 들린다. 문화적 산물들이 항상 충동들 사이의 투쟁을 통해 달성되는 한해서, 그 충동들에 대한 계보학적 설명은 결코 단순히 '직접적이거나' '단순한' 대응에 머물 수 없다. 니체는 실러의 개념들을 빌려오고자 하지만, 니체의 입장은 결국 그 개념들을 파괴한다.

여기 첫 번째 문단에서 계보학적 방법은 아폴론적 문화에 적용된다. 삶으로 흘러넘치며, 아름답고, 조용하며, 행복한 그리스 문화의 영역 및 그 문화가 가진 올림포스 신들은 고대 그리스인들에 대한 18세기와 19세기의 일반적인 고전주의적 관점이다. 니체는 이러한 관점을 뒤집는다. 즉 그는 이러한 이미지란 가면이며, 이러한 가면의 전반적인 형이상학적 의미는 보편적 고통 및 **개별화 원리**의 해체에 대한 심오한 앎을 그리스인들에게 감추고 사실상 그러한 앎으로부터 그리스인들을 보호하는 것이었다는 점을 발견했다. 이에 대한 니체의 증거는 미다스와 실레누스의 이야기이다. (둘째 문단) 이는 인간들이 듣지 않는 것이 '가장 이로운' 진리란 그들이 태어나지 않는 편이 더 나았을 것이라는 사실이다. 니체는 '가장 이로운'이란 구절을 가면의 기능 혹은 가치를 가리키는 것으로 간주한다. 그러나 추가적인 증거로 청중이 **비극**을 지켜보는 것으로부터 어떻게 **기쁨**을 얻을 수 있는가 하는 전통적 문제가 배경에 존재한다. (니체는 이 문제를 줄곧 빈번하게 다룬다) 그래서 니체는 우연찮게 비극의 플롯들이기도 했던 신화들, 프로메테우스, 오이디푸스, 오레스테스에 관한 가장 잔인하고 두려운 신화들을 열거한다.

아폴론적인 가면은 신들이 인간 현존의 이상화된 이미지를 사는 것으로 그림으로써 현존을 정당화하고, 현존에 **가치**를 부여한다. 니체가 말하기를, 이것이 '유일하게 만족스러운 신정론'이다! (네 번째 문단) 즉, 삶과 세계가 **좋다**는 유일하게 가능한 증명이다. 이것이 아폴론적인 상징의 기능이다. 올림포스 신들은 인간들에게 그들의 **고유한** 현존이 지닌 아름답고도 유쾌한 가치를 현재하게 만들며, 이 현존은 바탕에 놓인 **근원적 일자**와 관련하여 볼 때 드러나는 그 불확실한 지위에 관한 지속적인 앎에 의해 전혀 무가치해지지 않는다. 이러한 환상은 의도적이지 않으며, 누군가의 입장에서 한 선택이 아니다. 오히려 그 환상이란 바탕에 깔려 있는 디오니소스적인 관점에 대응하려는 전체 문화의 필요로부터 나온 것이다. 이 문화는 '살 수 있는' 방법을 발견할 필요가 있었다. 아폴론적인 **문화**의 전개는 디오니소스적인 환상에 대한 대응 속에서 발생하지만, 그에 못지 않게 아름다움에 대한 원래의 아폴론적인 충동(혹은 '본능')을 통해 발생한다. 혹은 쇼펜하우어적인 언어로 표현하자면, 그리스적 맥락에서 의지(자연 자체)가 자신을 영광스럽게 하기 위해 '그 피조물들 역시 스스로 영광스런 가치가 있다고 느껴야 했다.' 이러한 환상은 아폴론적인 문화 내에서 실레누스의 지혜가 역전되었고, 어떤 삶이든 그러한 삶이 선망되었을 만큼 성공적이었다. 그렇지만 우리는 니체가 아폴론적인 것에 관해 처음에 말했던 것들 가운데 한 가지를 염두에 두어야 한다. 즉, 아폴론적인 것은 자신의 꿈 이 미지들이 단지 이미지들일 뿐이라는 점을 의식하고 있다는 것이다. 아름다움은 단지 현상이고, 자체적으로 존재하지 않을 수도 있지만, **그 아름다움은 이미 충분하다**. 그래서 여기서 계보학적 방법은 단지 그리스인들이 이미 알고 있던 것(혹은 적어도 느끼고 있던 것)을 발견했을 뿐이다. 이것은 니체가 계보학을 학문에 작용하게 할 경우에는 그렇지 않을 것이다.

  이 절에서 니체가 기독교('또 다른 종교')와 비교할 때 신중한 판단을 하는 척 가장한다는 점에 주의하자. 아폴론적인 것을 바라보는 기독교인은 삶의 이러한 찬양에서 더 이상 어떠한 적절한 금욕주의, 정신성 혹은 **도덕적** 가치도 보지 못한다. 기독교인은 니체가 이 절의 끝에서 암시하고 있듯이, 사실상 아폴론적인 환상의 완전한 세계를 명령 혹은 비난으로 경험**한다**. 이 줄 아래 계속(13절과 비교하라) 예수와 기독교적 윤리에 대한 감추어진 비판적 언급들이 존재한다. 이처럼 기독교가 비난 혹은 불충분함의 감지를 기반으로 하는 금욕적인 도덕적 핵심을 포함한다고 바라보는 방식 역시 니체의 후기 작품이 가진 지속적인 특징이다.

  주: 니체, 독일 '헬레니즘, 그리고 횔덜린

  사상적 여정 초기에 비극적인 것의 관념에 사로잡힌 니체는 여전히 그리스 문화에 대한 열정을 보여준다. 물론 이는 곧 포기되며, 나중에 (가령 「자기비판의 시도」 6절과 비교하라) 일반적 연구 대상으로서 문화에 대한 인간학적이고, '학문적인' 심취(take)로 대체된다. 『비극의 탄생』은 그리스적인 것의 이상화를 중심으로 하는 독일 미학 이론 전통 끝자락에 놓일 수 있다. 『우상의 황혼』(1888) 마지막 절에서, '내가

고대인들에게 빚지고 있는 것' 이라는 제목하에 니체는 아주 반(反)그
리스적인 태도를 취하며, 그런 맥락에서 '우리는 그리스인에게서 배우
지 않는다. 그들의 방식은 너무 이상하다.' 라고 말한다.[55] 이 시기 니체
는 괴테처럼 로마인들을 모범적이라고 생각한다. 그러나 『비극의 탄
생』에서도 이미 니체의 시도는 빙켈만, 레싱, 그리고 실러의 전통 속에
서 목격할 수 있는 그리스에 대한 규범적이고 이상화된 개념들로부터
탈피하고 있는 중이었다. 그리스 조형예술을 특징짓기 위해 많이 인용
되는 빙켈만의 경구, 즉 '고상한 단순함과 조용한 장엄함' 의 정신 속에
서 그리스 문화는 특히나 '고요함' 의 표현으로 여겨졌으며, 이 고요함
은 다시 '그리스인의 성격' 이 보여주는 중심적인 민족적 특징과 동일
시되었다.[56] 매우 완화된 형태이기는 하지만, 여전히 『비극의 탄생』은
빙켈만 이래 1750년 무렵 독일에서 미적인 근대성 비판의 바탕을 형성
하고 있던 대조, 고대와 근대 사이의 대조를 기반으로 형성된다. (어느
정도 이 논쟁은 프랑스 계몽주의 기획의 새로운 국면을 개시하는 논쟁,
그 세기 초부터 진행된 신구 논쟁(Querelle des Anciens et Moderns)
이 불붙어 왔던 프랑스에서 도입되었다.) (가령, 레싱, 실러, 괴테 및
고대사에 대한 관점이 어느 정도 실러보다 훨씬 더 과정 — 지향적인
헤겔을 포함하여) 빙켈만에서부터, 고전 고대, 특히 그리스 문화는 근
대의 분열된 비동일성과 대립되는 삶의 통합적 온전함과 동일시되었
다. 실러의 이분법적인 대조적 용어를 사용하자면, 삶, 문화, 그리고 정

---

55 Friedrich Nietzsche, *Twilight of the Idols*, trans. R.J. Hollingdale, London:
Penguin, 1990, p. 117. 또한 이 주 마지막 바로 전 문단에 나오는 모델과 사례의 구
분을 보라.
56 다음과 비교하라. Johann Jacob Winckelmann, *Gedanken über die Nachahmung
der griechischen Werke in der Malerei und Bildhauerkunst* (1755)['Thoughts on the
Imitation of Greek Works in Painting and Sculpture'].

신의 '소박한' 통일성을 보여주는 역사적 시기로서 고대는 근대적 삶의 '감상적인' 시기와 강하게 대립된다. 근대는 의식적으로 그리고 향수에 젖어 모방하고, 다시 환기하거나, 열심히 흉내 냄으로써 그리스 문화유산에 기생하고 있는 셈이다. 이처럼 극히 대립적인 시대들의 형상은 한 세기가 넘게 근대 비판을 위한 과제를 지지하고 정당화하는 지렛대로써 독일 사유에서 이용되었다.

아이러니하게도 니체가 헬레니즘을 파괴하고, 그 헬레니즘의 종언을 초래하는데 실질적으로 기여한 것은 독일의 헬레니즘 전통을 외관상 채택함을 통해서이다. 그래서 가령, 니체는 '고요함(serenity)'이라는 고전적 개념을 받아들이지만, 더 이상 수 백 년 동안의 과용으로 변질된 상투어가 아니게 될 만큼 깊게 그 의미를 확대시킨다. 가령 『비극의 탄생』에서 고요함은 염세주의 혹은 '학문적 낙관주의'와 같이 다른 많은 것들의 앙상블 속에서 하나의 심리학적이고 문화적인 기능이며, 이상적 존재의 절대적 상태가 아니다. 그것은 아주 뚜렷하기는 하지만 하나의 특별한 산물, 심리학적이고, 역사적이고, 지리학적으로 확인될 수 있으며, 계속적으로 이동하고 지속적으로 충돌하는 힘들의 과정 속에서 있는 하나의 특별한 산물이다. 그래서 『비극의 탄생』은 이 개념을 처음으로 가능하게 만든 역사적이고 심리학적인 조건들을 탐구함으로써, 고요함의 개념을 독특하게 역사화하고, 학문적으로 탈-이상화시킨다. 사실상 니체는 이 개념을 계보학적으로 파악한다. 이것은 다음을 의미한다. 즉, 이 고요함이란 독특하고 하나 밖에 없는 현상이 아니라, 고유하고 독립적으로 전개된 역사들, 형이상학적 관여들 및 가치들을 가진 기저의 다른 요소들이 현존하고 있음을 가리키는 파생적 현상으로 파악된다는 것이다. 이런 방식으로 보면 '고요함'이란 전(前)문화적인 철의 시대(4절과 비교하라)에 나타난 바 인간과 자연의 열광적인 일치로부터 근대 유럽 사회들, 즉 자연으로부터 분리되고, 자연과 적절하게 일치하거나 심지어 자연을 이해하는 것으로부터 봉쇄된 사회들의 문명화된 인간으로 이르는 과정에서 과도기적 단계를 표시한다.

니체가 '비극적인 것의 아름다움'에 부여한 중심적 역할을 통해, 필연적인 그리스 문화는 니체가 초기에 자신의 사상을 전개시키는 데 있어서 두드러진 특징을 이루며, 이 문화가 수행되는 방식은 전통적인 고전주의적 개념들과 피상적인 유사성을 띤다. 그러나 여기에서조차 니체는 아이러니한 자기와의 거리 두기(self–distance)를 통해 '커다란 그리스의 문제' 자체라고 자신이 나중에 불렀던 것에 대해 우선적으로 관심을 갖지 않았다. (「자기비판의 시도」, 6절과 비교하라) 니체가 일차적으로 관여했던 것은 고대적인 혈통을 가진 근대적 예술 형태(바그너의 음악 드라마)로서의 비극이다. 이것은 우리가 줄곧 주장해 왔던 것처럼 니체가 일차적이고 최우선적으로 근대 문화의 문제에 관심을 갖고 있음을 확신시켜 준다.

고대와 근대 사이의 전통적인 대조는 니체의 『비극의 탄생』에서 분명하기는 하지만, 우리는 또한 니체가 그러한 대조를 어떻게 부식시키고 있는지를 볼 수 있다. 이 텍스트는 여전히 그리스 문화를 근대성의 반성을 위한 (그 자체로 볼 때 지금은 부서진) 거울로써 사용한다. '소박한 것'과 '감상적인 것' 사이에 실러가 한 전의식적이고/의식적인 구분은 여전히 그대로 남아있다. (비록 니체가 이 구분을 그대로 받아들이지 않고, 유연한 분석적 도구로서 사용하고 있기는 하지만 말이다) 그러나 거의 지각할 수 없지만 돌이킬 수 없이, 초점은 소박한 통일 및 천진난만한 쾌활함과 더 이상 동일시될 수 없는 면, 그리스의 전(前)의식적 문화가 보여주는 어두운 면으로 이동했다. 니체가 파악하고 있는 비극이란 고전주의적 헬레니즘 비평의 주도적인 예술 형태인 조각보다 더 복잡하고 기초적인 비판적 탐구의 주제이다. 비극은 갑작스러운 충격을 통해 자연이란 모두 어떠하며, 그 안에서 인간의 위치는 무엇인가에 대한 깨달음이 생겨날 때 미치지 않는 법에 관한 것이다.

정신을 안정시키고 광기를 회피하는 형태들로서 문화에 초점을 맞춤으로써 이 책은 문화 이론에서 패러다임 전환을 가져왔다.[57] 초기 그리스 문화와 초기 문화사 일반에 대한 향후 연구 과제들을 위한 방향이 설정된 셈이었다. 이제부터 이 어두운 국면들은 장차 다층적이고 개방된 것으로 간주된 문명화 과정에 관한 이론들의 일부를 형성한다. 이것을 성취함으로써, 『비극의 탄생』은 또한 니체의 계보학적 비판 방법을 실현하기 위한 도정에서 중요한 첫 단계를 나타낸다. 엄격하고 고전주의적인 고대와 근대의 분열과는 더 이상 일치하지 않는 관점, 고대 그리스에 대해 심리학적으로 정향된 새로운 '계보학적 관점'이 열린다.

고전주의적인 독일 헬레니즘의 속박에서 벗어나려는 시도를 하는 가운데 니체는 독일 관념론자들과 동시대인이며, 바이마르 고전주의를 구성했던 작가들 모임 주변의 시인이자 철학자인 프리드리히 횔덜린(Friedrich Hölderlin)의 작품에서 버팀목을 발견한다. 니체는 학창 시절 기숙학교 슐포르타(Schulpforta)에서 선호되는 작가로 횔덜린의 작

---

57 문헌학적 공격에 대항하여 원래부터 니체와 함께 『비극의 탄생』을 옹호하며 싸운 친구 로데(Erwin Rhode)의 초기 그리스 문화 연구는 어두운 면에 주목하는 새로운 전망을 열어준다. 가령 로데의 책(*Psyche. Cult of Souls and Belief in immortality in the Greeks* of 1894)은 근거가 되는 풍부한 자료를 특히 다음과 같은 부분에서 제공하고 해석함으로써 그리스 문화의 원(Ur)-역사에 대해 『비극의 탄생』이 한 선구적인 해석들을 많은 분야에서 지지해준다. '지하 신성들의 숭배(The Cult of the Chthonic Deities)', '그리스에서 디오니소스적인 종교(Dionysian Religion in Greece)', '아폴론적 종교와 디오니소스적인 종교의 혼합(Its Amalgamation with Apolline Religion)' 이 책은 다음과 같은 영어 번역으로 나와있다. London : Routledge and Kegan Paul, 1925, reprinted London : Routledge, 2000.

품과 개인적 상황에 대해 아주 친숙했다. 니체와 마찬가지로 횔덜린은
위에서 언급된 두 그룹과 많은 교제를 했음에도 아웃사이더로 남아있
는데, 이 세대의 예술가 및 철학자들 가운데 가장 이례적인 사람들 중
한 명이다. 사실상 니체와 횔덜린은 개인적인 고립과 동시대인들의 오
해(그들의 삶에서 중요한 특징)를 공통점으로 가지고 있으며, 둘 다 더
이상 회복하지 못한 정신적 붕괴를 겪었다. 그들 사이의 일치점은 니체
의 광기를 어떤 식으로든 횔덜린의 그것과 연결시키거나 비교함으로써
'설명' 할 수 있을지 모른다거나 니체 자신이 존경하던 동료의 광기를
스스로 본받으려 했을지 모른다는 문제를 제기할 수 있을 만큼 확대된
다.[58] 동시대인들 사이에서 고립되어 있었음에도 횔덜린은 칸트적 철학
의 달갑지 않은 결론으로 널리 알려져 있던 것에서 생겨났던 몇몇 모순
들을 화해시키려는 노력의 선봉에 섰다(다른 이들 가운데는 실러, 괴
테, 낭만주의자들 및 클라이스트(Kleist)가 이 점에 대해 작업했다). 횔
덜린의 해결책은 예술을 본능과 이성 사이의 매개자라는 지위로 끌어
올리는 데 있다. 횔덜린은 예술을 자연과 인간의 일치가 성공했는지 가
늠하는 역사적 지표로서 간주한다. 그리고 이는 니체가 의존한 생각이
기도 하다.

　그리스에 대한 횔덜린의 관점은 동시대인들 가운데 독특하다. 그는
'니체보다 거의 일 세기 전 플라톤적인 유산에 대항하여 비극적 전망
을 부활시키는 데 몰두한다.'[59] 양자에게 광기와 유사한 비극적인 것의
경험은 철학적 추론, 학문적 논리 및 문명화된 표면적 유형들의 겉치장

58　다음과 비교하라. Silke-Maria Weineck, *The Abyss Above. Philosophy and Poet-ic Madness in Plato, Hölderlin, and Nietzsche*, New York: State University of New York Press, 2002, 여기서 이런 물음들은 특히 다음 부분에서 언급된다. pp. 4-5.
59　Ibid., p. 65.

을 뚫고 분출하며, 지하의(chthonic) 힘과 광적인(maenadic) 노호(怒號)의 숨은 세계를 열어젖힌다. 횔덜린은 비극적인 것에 대한 재평가에 있어서 자신의 시대를 앞서 있었다. 그는 또한 빙켈만 이후 세대들 가운데 지리 문화적 현상들만큼이나 분명하게 갈등하는 인간적 힘들이라는 인간학적 배경 내에 그리스 문화를 위치시킴으로써 그리스 문화의 성취들을 맥락화한 첫 번째 인물이었다. 횔덜린이 니체에게 매력적인 것은 특히 이처럼 선구적으로 그리스의 이미지를 '학문적이고' 역사적인 탐구의 방향으로 교정하는 작업을 했기 때문이다. 고전주의적이고 관념론적인 고대 개념에서 지지를 받았던 고대와 근대 사이의 이분법적 구분이라는 도식주의는 횔덜린의 역사적 단계 변화(grada-tions)에서 사라지기 시작한다. 니체가 『비극의 탄생』에서 나중에 그렇듯이, 그리스인들에 대한 횔덜린의 지각은 쟁취하기 어렵고, 몰락하기는 쉬운 문화적 평형상태의 허약함(fragility)이라는 개념에 기반을 두고 있다. '고요함'은 해롭고 낯선 디오니소스적인 도취를 저지하려는 모진 투쟁의 결과로 여겨진다. 프랑스와 다스투르(Françoise Dastur)에게 횔덜린은 선구자이다. 왜냐하면 횔덜린은 그리스 문화를 더 넓은 지리-문화적 힘들 전체 속의 한 요소로서 간주하기 시작했기 때문이다. 횔덜린은 그리스인들을 '동양화' 했다. 그리스인들은 위험한 아시아적 영향들을 채택한 후 그것들을 고유한 문화적 혈통과 융합해서 길들임으로써 그러한 영향들에 저항했다. 횔덜린의 접근은 외국과 자국의 문화적 영향들이 충돌한 결과로서 그리스 문화를 맥락적으로 설명하는 것이다. 니체는 그가 조직하는 힘들의 이주, 적응 및 동화로 이루어지는 과정 속의 한 국면으로 그리스 문화를 끼워넣으려고 하는 경우 아주 큰 정도로 횔덜린을 따르고 있다. (4절과 비교하라) 이는 유럽 문화사를 형성하는 국면으로서 그리스인의 경험이 가진 가치를 변화시킨다. 다스투르의 주장에 의하면, 횔덜린은 하나의 모델로서 그리스인들과 하나의 사례로서 그리스인들을 구분한다. 이 구분은 『비극의 탄생』에서 매우 중요하다. 하나의 모델은 모방될 수 있는 어떤 것이다. 하나의 사례(example)는 모방될 수는 없지만, 현재의 독특한 상황 속에서 반복될 수 있는 어떤 유형의 성취이다.[60] 횔덜린과 (이 시기의) 니체 양자 모두에게 그리스인들은 사례의 성격을 띤다. 왜냐하면 그리스인들은 '우리 자신의 거꾸로 된 거울 이미지이며, 지나간 과거의 어떤 것을 나타내지는 않기 때문이다.'[61]

니체는 횔덜린의 사유, 즉 비극작가이자 시인의 사유 속에 단편적이고 맹아적으로 남아있었던 것을 진전된 이론적 원리와 용어들을 가진 '방법론'과 결합시킴으로써 문화사 분야에 선구적으로 진출한 횔덜린에 의지하고 있는 셈이다. 우리는 또한 포스트-칸트 시대에 새롭게 정의된 철학의 임무들에 대응하는 데 불충분하다고 어긴 칸트적인 철학의 언어를, 단지 본능적으로만 지각될 수 있는 측면들, 파악하기 어려운 측면들 속의 삶을 포착하는 데 더 적합한 새로운 상징적 언어로 대체하려는 시도 속에서 니체가 여전히 횔덜린을 따르고 있음을 볼 수 있다. 양자는 시인이다.[62] 비록 자신의 작품 속에서 철학적 분석이 메타포

---

60 이 구분은 『판단력 비판』 46-49절에 나오는 사례성(exemplarity)에 대한 칸트의 분석에 기초하고 있다. §§46-9 of *Critique of Judgement*, trans. Werner S. Pluhar, Indianapolis, IN: Hackett, 1987. 다음 책의 4장을 보라. Douglas Burnham, *An Introduction to Kant's* Critique of Judgement, Edinburgh: Edinburgh University Press, 2000.

61 Françoise Dastur, 'Hölderline and the Orientalisation of Greece', *Pli, The Warwick Journal of Philosophy*, 10(2000), pp. 156-73, here p. 167.

62 그들은 또한 찬송가식으로 되어 있는 자유로운 형태의 디티람보스 스타일을 공통적으로 선호하고 있다. 시를 제외하면, 횔덜린의 작품 목록은 운문 비극(『엠페도클레스의 죽음』), 서간체 소설(『히페리온』) 및 그리스와 라틴 번역 작품들을 포함한다. '외국' 작품의 번역을 통해서, 즉 가장 뛰어난 그리스 비극인 소포클레스의 『오이디푸

적으로 변형되고, 시적으로 채색되기는 했으나 여전히 '순수한' 시의 요소들을 비교적 압도하는 니체의 경우보다 휠덜린이 생각하는 시란 철학적 담론의 매체로서 더욱 중심적이지만 말이다.

* * *

4절

충동들 간 관계의 필연성: 충동들의 '상호 강화'; 충동들의 '윤리'; 그리스 문화의 다섯 시기; '아티카 비극'의 도입

이 절은 아폴론적인 것과 디오니소스적인 것의 관계를 상세히 설명한다. 일상적으로 우리는 꿈이 비현실적이고, 깨어있는 우리의 삶에 비해 이차적인 중요성을 갖는다고 생각하지만, (디오니소스적 충동을 통해 드러나는) 진정한 형이상학적 관점에서 보면 이것은 역전된다. 우리의 깨어있는 삶은 그 삶이 좀 더 꿈처럼 될 수 있는 정도에서만 살만한 가치가 있을 뿐이다. 꿈은 아폴론적 예술가가 '모방하는' 원래의 이미지이다. 그래서 아폴론과 디오니소스의 관계는 절대적으로 상호를 필요로 하는 관계로 서술되며, 이것은 이 책의 첫 번째 문장에서 사용된 '이중성'의 개념이 이미 암시하고 있는 입장이었다. 니체는 여기서 다음과 같이 적고 있다. '진정으로 존재하는 것은… 자신의 지속적인 해방과 구원을 위해… 아주 즐거운 가상(Schein)을 필요로 한다.' 진정으로 존재하는 것은 자신을 객관화시키기를 원하며, 자신에게 걸맞은 형

스 왕』과 『안티고네』의 완전한 번역을 통해 휠덜린은 그 자신이 가진 시적 힘들의 완전한 잠재력을 깨달았으며, 이 과정이 그리스 문화를 이해하는 데 중심적이라고 확신한다.

태로 나타나고 싶어한다. 그래서 둘은 상호적으로 존재한다.: '그래서 보아라! 아폴론은 디오니소스 없이는 살 수 없을 것이다.'

이것이 왜 중요한가? 단지 네 가지 이유만 들어 보자. 우리가 보았듯이, 우선 이는 쇼펜하우어가 말하는 약함의 염세주의를 개정하려는 니체의 시도에서 볼 때 중요한 주장이다. 둘째로, 이 주장은 이 충동들 중 하나가 근본적으로 변경되거나 억압된다면, 다른 것 역시 변할 것이라는 점을 함축한다. 우리가 보는 바와 같이, 이것이 정확히 비극이 짧게 꽃 핀 뒤 바로 발생한 사건이다. 셋째로, 우리는 유명한 역사적 사건들 배후에서 작용하는 것에 대해 니체가 가진 역사적 관심에 이미 주목했다. 이제 우리는 (좁은 의미와 넓은 의미 모두에서) 인간 문화의 본성과 그 전개가 대립관계, 즉 기본적 충동들 사이의 동요하는 갈등에 의존하고 있으며, 그래야 한다는 사실을 알고 있다. 이 생각은 니체가 보기에 역사적 변화를 이해하기 위한 강력한 개념적 도구(네 번째 문단에 나오는 '네 개의 커다란 예술적 단계' ― 비극은 다섯 번째가 된다 ― 와 같은 것)를 제공한다. 그러나 그런 생각은 또한 현재의 변화에 뛰어들기 위한 강력한 '무기들'을 제공하기도 한다. 마지막으로 니체는 이제 다음과 같이 주장할 수 있다. 즉, (두 충동을 요구하는 예술형태인) 비극의 출현은 비극이 정확히 그러한 장소와 시간에 발생했던 한해서 우연적 사건일 수는 있지만, 그럼에도 두 충동 및 사실상 두 충동의 기초를 이루는 의지의 '정점이자 목표'로서 파악되어야 한다는 것이다.

첫 번째 문단에서 설명된 **근원적 일자**는 가상을 요구하며, 우리의 깨어있는 모든 삶이란 (**개별화 원리**의 영향 아래서) 단지 그러한 가상일 뿐이다. 그래서 꿈꾸는 우리의 삶(아폴론적인 것의 원래 영역)은 가상의 가상이며, 따라서 '그 요구에 대한 훨씬 더 높은 만족'이다. 다시금 니체는 (『국가』에 있는) 플라톤의 분석 구조를 빌려오지만, 그 구조를 재평가한다. 예술은 사실상 모사의 모사이며, 플라톤이 보기에 이것이 정확히 예술의 형이상학적인 위험이다. 그러나 니체가 보기에 예술은 단순한 표상도 아니고, 단순히 부정적인 의미의 가상도 아니며, 변용시키는 마법적 상징이다. 니체는 이를 예증하기 위해 라파엘로가 그린 「그리스도의 변용」(Transfiguration)을 이용한다.[63] 니체의 독해가 전적으로 설득력 있는 것은 아니다. 왜냐하면 이 그림의 힘은 절반 아래 부분에 있는 몇몇 인물들이 갑작스럽게 계시에 의해 변용된 그리스도를 깨닫는 것과 관련되어 있기 때문이다. 어쨌든 이 그림을 니체가 이용했다는 것은 대표적인 기독교적 이미지를 결정적으로 비-기독교적인 방식으로 해석했다는 점에서 더욱 중요하다.

두 번째 문단에서는 니체가 논의하고 있는 아폴론적인 것이 지닌 광범위한 윤리적 차원에 주목하자. '윤리'란 그것에 의해 우리 스스로 행동을 해야 하고, 다른 사람들과 관계해야 하는 원리들을 의미한다. 아폴론적인 문화 내에서 기본적인 윤리적 규칙은 '개별자의 한계들, 즉 그리스적 의미에서 **한도**(measure)에 대한 존경'이다. 따라서 이는 세 번째 문단에서 한도의 결여(한도의 가능성 결여) 및 디오니소스적인 것의 지나침과 대조된다. 그러나 디오니소스적인 것에도 윤리가 있다. 이는 니체가 첫 번째 절에서 묘사하고 있듯이, '보편적 조화의 복음'이자 법과 관습의 장애와 굴레로부터 해방의 복음이다. 우리가 1절에서 보았듯이, 디오니소스적인 윤리에 대한 이런 논의는 실러의 「환희의 송가」와 그것을 음악으로 만든 베토벤의 「9번 교향곡」을 참조하고 있다. 두 가지 문화적 양식에 상응해 두 가지 대조적인 윤리적 체계들이

---

63   역자 주: 니체는 소박한 예술가로서 라파엘로가 이 그림에서 가상이 한 번 더 가상으로 승화되는 과정을 묘사하고 있다고 보고 있다.

존재한다. 하나는 인간들 서로 간의 기본적 차이에 기초하고 있으며, 자율과 개별자 자신들의 가치에 근거하고 있다. 둘째는 우리가 공유하고 있는 근본적인 공통성 및 사실상 모든 것은 하나라는 형이상학적 주장에 기초를 두고 있다. 당시 철학에서 전자는 아마도 그의 독자들이 칸트('존경'이라는 용어가 실마리이다)를 상기하도록 니체에 의해 의도되었을 것이며, 니체는 아마도 개인적 권리들에 관한 다양한 이론을 염두에 두고 있을 것이다. 그렇지만 명백한 고전적 참조점은 플라톤이 말하는 열정의 제한 및 아리스토텔레스가 말하는 '한도' 혹은 '절제'라는 관념이다. 니체는 공통성에 기반을 둔 윤리를 부분적으로 쇼펜하우어에게서 받아들인다. 쇼펜하우어에 의하면 다른 개인에 대한 폭력은 사실상 자기 자신에 대한 폭력이다. 그 폭력은 부당하게도 스스로 해를 가하는 의지이다.[64] 니체가 다음과 같이 연루되기를 원치 않는 다른 이유들을 갖고 있기는 하지만, 이 생각은 또한 ('누가 행복을 가지는가?' 하는 물음과는 무관한) 현대의 공리주의 및 마르크스주의(와 사회 집단들의 공통적 이해에 기초를 둔 윤리)와 어느 정도 유사성을 지닌다. 이러한 두 윤리적 입장은 전혀 상세하고 명확하게 제시되지 않는다. 니체는 어느 한 편을 들고 있지 않고, 오히려 대략적인 분류 도구를 제공하고 있다.

네 번째 문단에서 끝으로 니체는 이 책의 더 좁은 주제, 즉 기원전 6세기 말과 5세기의 처음 몇 십 년 동안 나타난 아테네 비극을 기꺼이 다루기 시작할 준비가 된 것처럼 보인다. 그렇지만 사실상 모든 것이 밝혀지기 위해서는 우리는 9절까지 기다려야 할 것이다. 니체는 완성된 산물 자체로서 비극의 독특성보다는 아테네 비극에 이르는 전개 과

---

64 Schopenhauer, *World of Will and Representation*, 2 volumes, trans. E.F.J. Payne, New York: Dover, 1969, vol. 1, p. 354.

정 및 그 과정의 형이상학적 의미에 더 관심이 있다. 아티카 비극은 '초기 그리스 역사' 과정의 끝에 존재하며, 그 과정에서부터 등장한 '더 나중의' 예술적 패러다임으로 자리매김 된다. 두 충동이 예술적 양식들 속에서 구체적으로 표현된 것들은 그리스 문화의 역사적 시대 구분을 위한 지침으로 이용된다(유사한 역사적 연쇄 프로그램은 이 책이 근대 시기를 다루는 두 번째 부분에서 이어진다). 니체는 다섯 번째 비극 시기에 선행하는 동요, 두 충동 간의 '동요' 네 번을 역사적 단계로 그려낸다.

니체는 이러한 그리스 초기 역사 전체의 본래적인 목표가 이 마지막 시기에 불붙어서 '신비스런 결혼'을 시작하는 것이라는 점을 주장한다. 충동들의 목적론이란 헤겔주의의 냄새가 나지만, 니체에게서 우리는 그 충동들 사이의 잠재적이며 끊임없는 동요를 목격한다. 이 절 마지막 즈음 니체가 하고 있는 커다란 역사적 시기 구분에서, 이 동요는 이 충동들이 결합해서 생식하기 전에 네 번 발생한다. 분명 헤겔적인 삼분법적 도식의 변증법적 진화는 지켜지지 않는다. 더욱 중요한 것은 짧은 시기의 아티카 비극 이후에(심지어 그 결과로서?) 이 충동들의 성공적인 '결혼'이 끝났을 뿐만 아니라, 또한 이러한 추의 동요 역시 마찬가지로 끝났다는 점이다. 즉, 아폴론적인 것과 디오니소스적인 것은 더 이상 유럽 문화의 중심적 무대를 차지하지 못한다. 아마도 바그너에게 의지할 수 있다면 '재생'이 존재할 것이다. 달리 말해, 필연성과 진보라는 헤겔적인 요소들은 더 이상 니체가 제시하는 역사 전개 방정식(equation)의 일부분이 아니다. 그러한 요소들은 변칙적 도약, 반복, 이탈 및 퇴행적(regressive) 사건들에 의해 특징지어지는 진화적 유형을 따르는 역사의 논리로 대체된다. '퇴화(degeneracy)'란 다윈 이론의 결과로 나타난 새로운 관심이다. '공통적 목표'란 이 과정을 **통제**

하고 그것을 앞으로 이끄는 것이 아니라, 오히려 조직하는 충동들이 가진 최고의 암묵적 가능성들을 묘사하는 것이다.

니체는 여기서 1절 첫 번째 문장에서 도입된 유비, 문화와 생물학적 생식 간의 유비로 돌아간다. 생식적 노력이 '아이로… 보답됨'을 알게 될 때, 우리는 충동들이 성을 가진 것으로 간주하게끔 더욱 고무된다. 물론 이 아이의 이름은 비극이며, 두 부모를 알아차릴 수 있는 특징들을 지니고 있고, '안티고네인 동시에 카산드라이기도' 하다. 안티고네는 해결할 수 없는 갈등의 운명을 짊어진 주인공, 소포클레스 비극 제목의 시조가 된 여주인공이다. 카산드라는 (다른 희곡 작품들 가운데) 아이스킬로스의 『아가멤논』에 나오며, 항상 불신을 받거나 오해받는 운명을 타고난 트로이의 예언녀이다. 그래서 그들은 두드러진 비극적 인물들이며, (그래서 비극에 어울리는) 왕가의 아이들이지만, 11절을 시작하면서 묘사되었듯이 더 중요하게도 그들은 **이미** 비극 몰락의 이미지이다.[65]

5절

'세 번째 유형'의 상징화의 역사적 출현: 비극의 '아버지' 아르킬로코스(Archilochus); 서정시에서 충동들의 융합

5절은 아폴론적인 것과 디오니소스적인 것을 분리하기보다는 결합해서 다루기 시작한다. 여기서 니체는 독특한 자신의 고유한 생각들을 제시하고 있다. 서정시에 대한 쇼펜하우어의 논법을 명시적으로 반박하

---

65   약간 다른 독해에 대해서는 다음을 참조. M.S. Silk and J.P. Stern, *Nietzsche on Tragedy*, Cambridge: Cambridge University Press, 1983, p. 198.

는 것은 이 점을 보여준다. (네 번째 문단) 처음 네 문단은 아르킬로코스라는 인물에 초점을 맞추고 있는데 그는 초기 그리스 시인이며, 그의 작품은 다양하고 많은 전기적 이야기들과 함께 단편으로만 남아 있다. 니체는 서정적이고 주관적인 특성들을 특징으로 하는 새로운 유형의 시가 첫 번째로 나타난 것으로 이 시인의 작품을 간주한다. 이러한 새로운 스타일의 시는 또한 그것이 가진 '디티람보스적' 언어의 음악성 및 그 언어가 수행되는 수단으로 보였던 음악적 스타일 양자 모두와 관련된 음악적 특성들로 인해 니체에게 중요하다. 여기서 니체는 흥미로운 역설과 마주친다. 그의 주장에 의하면, 아르킬로코스의 서정적 반성성은 비록 '나'라는 주체를 중심 안으로 투사하지만, 이런 종류의 시는 통상 객관적인 것으로 분류되는 호메로스의 서사시보다 모든 존재의 객관적인 근원적 바탕과 훨씬 더 많이 접촉하고 있다. 이것이 어떻게 그럴 수 있는가?

관념론적 철학이 공통적으로 하는 구분, 즉, 주관적 예술과 객관적 예술, 시인, 시들 사이의 구분이 있다. '주관적'이라는 것은 자기 자신의 느낌에 관해 그리고 느낌에서부터 쓰는 시인들을 뜻한다. 니체의 주장에 의하면, 서정시인들이 이러한 범주에 속할 것이다. '객관적'이라는 것은 (호메로스와 같이) (실재적이든 상상의 것이든) 다른 사람들과 장소에 관해 쓰는 시인들을 말한다. 예술적 창조에서 **단순히** 주관적인 요소에 대한 불신은 미적 경험과 관련하여 칸트, 헤겔 및 쇼펜하우어에게서 발견되는 무관심이라는 기본적 원리로 추적될 수 있다.[66] 그

---

66 그래서 니체는 소박한 감정적 정서(emotional affect)와, 예술이 우리에게 깊이 감동을 줄 수 있는 어떤 다른 방식 사이를 구분하고 있다. 이것이 니체가 나중에 칸트적인 미학의 무관심성을 공격한 의미이다. 니체가 칸트와 쇼펜하우어로부터 미적인 개념들을 취해서 그것들을 기본적 충동들에 대한 자신의 생각과 어떻게 통합했는지에 관해서는 다음을 보라. Jill Marsden, *After Nietzsche*, Basingstoke: Palgrave, 2002.

래서 니체는 다음과 같이 적고 있다. '우리가 모든 종류와 수준의 예술에 대해 하는 주된 요구란 주관성의 정복, 다시 말해 나로부터의 해방과 구원이다.' 주관적 시인은 모순어법 혹은 아니면 적어도 나쁜 시인으로 보일 것이다. 니체의 주장에 의하면, 아르킬로코스와 같은 예술가에게 있어서 '나' 혹은 '주체'는 그 외관에도 불구하고 아르킬로코스 자신, '경험적으로 실재적인 어떤 인간'이 아니라, 대신 '세계의 천재'이다. 아르킬로코스에게서 주체는 상징적으로 된 셈이다. 그러므로 (2절 처음 부분에서) 이미 논의되었던 이유들로 인해서 니체는 자신의 시로부터 말하는 아르킬로코스 **자신** 혹은 새로운 서정적 자아의 인격성에 대해 관심이 없다. 니체의 역사적 갤러리에 있는 인격화된 개념들 속 다른 모든 인물들처럼, 아르킬로코스는 문화적 충동들의 새로운 형세를 대표하는 자이다.

아르킬로코스는 디오니소스적인 것이 지닌 심연의 깊이에 이르렀으며, 거기서 그는 **근원적 일자**를 얼핏 보았으나, 이 근원적 일자에 의해 파괴되거나 자신으로부터 근원적 일자를 숨기기보다는 오히려 이러한 동요시키는 경험으로부터 다시 벗어나서 이야기, 즉 상징적 이미지와 언어로 표현되는 존재의 어머니들을 향한 여행 이야기를 했던 것이다.[67] 그래서 아르킬로코스에게서 주관적인 것은 객관성의 가장 깊은 울림을 갖는다. 사실상 니체가 생각하기에, 이 두 범주는 예술과 문화를 비판적으로 분석하기 위한 도구로서 더 이상 많은 것을 이루지 못한다. 왜냐하면 니체의 작업은 예술가라는 주체와 예술이라는 객체가 아주 상이하게 이해될 수 있으나, 대립적인 관계에 있지는 않음을 보여주었기 때문이다. 예술가의 주관성이란 충동이 상징화를 성취하기 위한

---

67   그래서 그를 니체의 첫 번째 위버멘쉬(초인)으로 간주하는 것이 제법 그럴듯하다.

수단이다. 그리고 객체는 그 충동의 첫 번째이자 가장 직접적인 실현이다. 괴테는 한 시에서 다음과 같이 말한다. "존재가 될 수 있을 때까지 내가 빛나게 하자.(Let me shine until I become being)"[68]

니체에 의하면, '아르킬로코스는 호메로스와 비교할 때 증오와 경멸의 외침으로 우리를 노골적으로 두렵게 한다.' 그는 아름다움의 관습적인 기준에 부합하는 예술가가 아니다. 우리는 여기서 니체가 말하는 추의 미학(16, 21 및 24절을 보라)이라고 간주할 수 있는 것에 대한 첫 번째 암시를 얻는다. 서정적 예술가의 작품은 경멸스럽고, 두렵고, 추한 것에서부터 움츠려들지 않는다. 그 작품은 세계를 모든 차원에서 포괄한다. 호메로스가 **탁월한** 아폴론적 예술가로서 확인될 수 있는 반면('순수한' 아폴론적 상징화), 아르킬로코스에게서 아폴론적인 것은 디오니소스적인 것의 기능으로서 의미를 갖게 된다. (이는 세 번째 유형의 상징화이다. 이에 대해서는 우리가 2절에서 한 논의를 보라)

서정시인에 대한 니체의 해석은 두 가지 실마리에 기초하고 있다. 우선은 둘째 문단에서 다루어진 해설, 즉, 자기 시의 기원이 '음악적 분위기'라는 실러의 비평이며, 둘째는 초기 서정시인들이란 단순히 말의 작가들이 아니라 음악가이기도 했다는 사실이다. 그래서 니체는 서정시인을 두 단계로 서술한다. 우선 서정시인은 **근원적 일자**와 하나가 되어 즉 그 고통 및 모순과 하나가 되어' 이러한 통일에 대해 '이미지와 개념이 없는' 모사를 음악 속에서 산출하는 디오니소스적 예술가이다. 그리고 둘째로 아폴론적 양식 속에서 이 음악은 두 번째 반영

---

68 Johann Wolfgang von Goethe, *Wilhelm Meisters Lehrjahre*, in Erich Trunz (ed.), *Goethes Werke* Hamburger Ausgabe, vol. 7, Munich: Beck, 1965, p. 515. 이 소설에 대한 최고 번역은 여전히 다음이다. Thomas Carlyle, *Wilhelm Meister's Apprenticeship*, Edinburgh: Oliver and Boyd, 1824.

(reflection)[69], '상징적 꿈의 이미지'를 산출한다. 음악은 근원적 일자가 표현될 수 있는 직접적 방식이다. (이 생각은 바로 쇼펜하우어의 것이다. 이에 대해서는 16절을 보라) 아폴론적인 형상적(imagistic) 재료의 근원은 서정시인('주관적 열정들의 얽힘')이지만, 이 재료는 (시인의 주관적 상태들에 대해) 표상적으로 사용되지 않고, (**근원적 일자**의 표현으로서) 상징적으로 사용된다. 디오니소스적 진리는 더 이상 따로따로 단순히 디오니소스적이거나 단순히 아폴론적이지 않은 방식으로 '감각적(sensuous) 표현'에 도달한다. 그래서 '가장 완전하게 전개되었을 때 서정시는 비극과 드라마적인 디티람보스'라고 불린다. 서정시가 도대체 어떻게 가능한지 하는 문제는 비극이 어떻게 발생하는지 하는 문제에 대한 서론적 해답으로 드러난다. 그러나 비극에서 상징적 형상(imagery)의 근원은 시인으로 우연히 존재하게 된 개별자일 필요가 없으며, 훨씬 더 광범위하게 신화에서부터 취해진다.

니체는 다음과 같이 덧붙인다. 즉, 때때로 예술가는 세계-천재와 합일하고 있는 그 혹은 그녀 자신을 희미하게 감지한다. 이러한 감지는 단순히 시를 위해 상징적 내용을 산출하는 것이 아니라, 예술의 본성에 대한 설명에 기여한다. 오직 이런 방식으로만 예술의 본질이 이해될 수 있다. 그렇지 않다면, 예술에 관한 모든 철학함과 **예술가들**(즉, '원래의 예술가'와 완전히 합쳐지지 못하여, 자신들을 스스로 이해하지 못하고 있는 사람들)이 제시하는 예술에 대한 이론들 및 논의들조차 '실제로는 아주 환상적'이다. 이것이 '환상적'인 이유는 그런 논의들이 가령 주관적 이미지들을 상징으로 이해할 수 없거나 사실상 그 이론들이 '누가' 예술가인지를 오해하기 때문이다. 이 비평은 두 가지 이유로 매

---

69   역자 주: 음악이 세계의 반영이라면, 그러한 음악을 다시 아폴론적 양식으로 표현하는 것은 세계의 두 번째 반영이다.

우 중요하다. 우선, 철학적 미학 내의 주장 혹은 이 미학에 관련하여 의
도적으로 역설적이거나 '동화 같은' 분위기를 가진 주장으로서 예술에
대한 그런 분석이나 다른 어떤 이해든 그것이 디오니소스적인 (혹은
디오니소스적이고 아폴론적인) 예술가에 의해 공들여 만들어지지 않
는 한, 실패할 수밖에 없다는 것이다. 아마추어이기는 하지만 재능 있
는 작곡가이자 또한 시인으로 스스로를 간주했던 니체는 특권적인 통
찰을 주장할 수 있을 것이다. 그래서 이것은 우리가 1절의 맥락에서 논
의했듯이, 미학적 감각이 비평을 위해 필요하다는 것을 주장하는 더욱
교묘하고도 상세한 방식이다. 둘째로, 시인의 이 '동화 같은' 상황이 동
시적이고 본질적이기 때문에, 니체가 조금 뒤에 하게 될 비극에 대한
완전한 설명에서 배우이자 관객은 아주 중요한 계기가 된다.

그래서 니체가 심지어 (고전 문헌학자들 세대의 영웅인) 호메로스보
다 더 높이 상징적으로 추어올리고 있는 듯이 보이는 아르킬로코스라
는 겉보기에 모호한 인물을 여기 포함시킨 의미는 다음과 같은 네 가지
이다. 우선 아르킬로코스를 통해 니체는 스스로 쇼펜하우어가 말하는
의지의 형이상학으로부터 거리를 둔다. 저평가된 서정시의 지위를 끌
어올림으로써 니체는 가상과 존재(Schein & Sein) 사이의 통합적 관계
에 대한 새로운 모델에 이른다. 서정적 예술가에게서 존재는 **상징적으
로** 가상과 일치한다. 그러므로 둘째로, 서정시인은 비극의 역사적 패러
다임이며, 이 비극이라는 현상을 모범적(model) 방식으로 도입한다.
아르킬로코스는 비극의 아버지라고 불릴 수 있다. 이것이 니체가 여기
서 비극적이고 예술적인 경험의 역사적 원형으로 그를 설정하는 이유
이다. 셋째로, 아르킬로코스에 대한 분석은 단지 유일하게 가능한 미적
분석 혹은 이론의 근거를 드러낸다. 즉, **근원적 일자** 속의 황홀한 포섭
에서부터 그 혹은 그녀 스스로가 돌아오는 것을 간파하고, 그럼으로써

예술의 진정한 상징적 기능을 이해하는 예술가만이 예술을 충분히 이해할 수 있다는 것이다. 5절은 2부 24절에서 반복되고 있으며, 이 책 전체에서 가장 심오하고 가장 수수께끼 같은 진술들 가운데 하나인 '현존과 세계는 오직 **미적 현상**으로서만 영원히 **정당화되어** 있다.' 라는 구절로 끝이 난다. 그래서 다음 넷째로, 아르킬로코스의 작품은 니체의 예술 형이상학을 설명해 준다. 예술 형이상학이란 투쟁하는 충동들이 동시에 생산적으로 되고, 한 번만 현상의 빛남이 진정으로 (현존과 세계인) 모든 존재를 상징하며, 모든 존재에 대한 통찰을 가능하게 하고, 그 존재를 정당화하는 순간을 나타낸다.

6절

민요 ; 언어와 음악의 융합

6절은 5절에서 나온 새로운 주제(material)를 상술하며, 두 충동이 '새로운' 예술 장르를 낳는데 공생적으로 협동하는 것을 보여준다. 니체는 이 장르에 아주 관심이 큰데 이것은 그 안에서 음악이 시와 결합하기 때문이다. 아르킬로코스는 '민요를 문학에 도입했다' 는 업적으로 인해 칭송받으며, 그래서 니체가 『비극의 탄생』을 통해 하고 있는 많은 시도들 가운데 다음과 같은 것이 더욱 중요하다. 즉, 그것은 이러한 혼합적인 예술 형태의 기원들을 비극이 비롯된 역사적 줄기 가운데 하나로 드러내는 것이다. 19세기에는 인간학적인 혹은 민족주의적인 (혹은 둘 다와 관련된) 색채를 강하게 가진 전통음악을 모으기 위한 유행이 일어났다. 예를 들어 많은 마주르카와 폴로네즈에서 쇼팽은 자신이 폴란드적 뿌리와 연관이 있음을 보여주고 있다. 19세기 초 독일의 낭만주

의 소설가 아킴 폰 아르님(Achim von Arnim)은 니체가 두 번째 문단
에서 언급하고 있는 것처럼, 획기적인 민요 모음집 『소년의 마술 피리』
(*Des Knaben Wunderhorn*)를 편찬했다. 슈베르트와 슈만의 오스트리
아/독일 창작 가곡(Kunstlied)은 민요가 가진 상상의 뿌리에 의존하고
있으며, 예술적 단순함이라는 장치를 통해 민요를 모방하고 있다. 니체
자신이 작곡한 작품들 중 많은 것이 이 장르에 속한다.[70] 어쨌든 독일적
맥락에서, 특히 19세기 후반 민족적 정체성이 위기에 처했을 때 민속학
(민간전승)에서 민족적 뿌리를 찾으려는 움직임이 있었다. 또한 니체
는 여기서 문화인류학 분야에 진출함으로써 18세기 말 이 영역을 개척
했던 헤르더를 좇아 작업하고 있다. 그리고 니체는 최근의 더 많은 다
양한 사례들(가령, 리스트)을 논외로 한 채, 음악 민족지학(musical
ethnography) 분야에서 하이든과 특히 베토벤의 선구적인 우선권을
언급하고 있다.[71] 이런 흐름의 관점에서 니체는 서정시 배후에서 작용
한다고 생각한 본래의 디오니소스적이고 아폴론적인 이중적 충동이 남
긴 흔적으로 민요를 간주하고 있다.

　니체가 나중에 상세히 설명하게 되는 이유들로 인하여 그리스 비극
시대 이후 그러한 예술들 및 그와 관련된 관습들은 사라졌거나 주변적
형태들로 '몰락' 할 수밖에 없었다. 민요는 아마도 이러한 '몰락한' 예
술들 가운데 하나였을 것이다. 이 민요는 주류에서부터 멀리 숨겨져 있
었으며, 그 본성은 **심지어 민요를 처음 부른 사람들(practitioners)에게
도** 감춰져 있었다. 둘째 문단부터 니체는 이전 절부터 시작된 서정시에

---

[70]　얀츠가 편집한 니체의 작곡 작품들 가운데 14개가 노래이다. 다음과 비교하라.
Friedrich Nietzsche, *Der Musikalische Nachlass*, Curt Paul Janz (ed.), Basel:
Bärenreiter, 1976. 작곡 목록은 다음에 나온다. Janz, *Zugänge*, pp. 19-20.
[71]　1810년과 20년 사이에 베토벤은 아일랜드, 스코틀랜드, 웨일즈, 영국 및 다른 나
라 민요들을 200개 이상 편곡했다.

대한 요점을 반복한다. 서정시의 기원은 음악에 놓여 있으며, 특히 시의 텍스트적 차원은 **멜로디**의 '객관화'라는 것이다. ('객관화'란 바탕에 놓인 의지가 나타나는 방식, 즉 의지가 개별화의 어떤 한 수준에서 어떻게 나타나는가, 다시 말해 사물들, 가령 광범위한 물질 혹은 식물 유형들에서부터 개별적인 인간들에게 이르기까지 어떻게 현현하는가를 서술하기 위해 쇼펜하우어가 사용한 용어이다) 유사한 객관화는 청자(혹은 사실상 작곡가)가 음악의 악절들(passages)을 구체적인 이미지로 묘사하도록 강제된다고 느낄 때 발생한다. 니체가 보기에 논쟁의 여지가 있기는 하지만, 단순히 미혹된 동시대 비평가들이 아니라 베토벤 자신이 「전원교향곡」에서 그렇게 했다. 음악이 단순히 어떤 지방의 풍경을 모방하는 것으로 파악될 때 음악은 그 상징적 의미의 깊이를 왜곡시킨다. 이와는 반대 경우가 되어야 할 것이다. 즉, 음악이 먼저 말하며, 이미지는 기껏해야 그 음악의 바탕에 놓여 있는 디오니소스적인 진리의 **상징적** 표현일 뿐이다. 이것이 쇼펜하우어가 경멸적으로 '모방적 음악'(16절)이라고 부르는 것이라고 니체가 암묵적으로 비난하고 있으며, 아마도 자신이 가장 덜 선호하는 이 베토벤 9번 교향곡에 대한 니체의 논의에 의심의 기류가 존재하는 이유이다. 니체 자신은 개념이나 이미지가 부당하게 영향을 미친 음악에 대해 '톤 페인팅(tone painting)'(17절과 19절)이라는 용어를 사용한다. 이런 논의의 다른 측면은 『비극의 탄생』이 순수 음악과 그 시적 객관화를 결합시킨 예술 형태, 즉 비극의 경우를 제시하고 있다는 점이다. 음악은 스스로 말할 수 있고, 독자적으로 설 수 있다. 그러나 우리가 16절에서 보게 되듯이, 쇼펜하우어처럼 니체는 고유하게 자신에 기반을 둔 '절대적' 음악보다는 시 혹은 드라마로 음악이 객관화된 형태들에 더욱 관심이 있다. 우리가 지금 알고 있듯이, 니체는 자신이 보기에는 비교적 소진된 '순수 음악'

의 고전적 형태인 교향곡이 아니라, 바그너의 음악 드라마에 깊은 관심을 가졌다.[72] 그리고 우리가 이미 언급했듯이, 베토벤의 9번 교향곡은 니체의 특별한 주목을 끌었는데, 이는 그 작품이 바로 혼합적 음악 작품이기 때문이다. 음악적이고 시적인 혼합이라는 이 아이디어를 탐구하는 것이 이 책의 핵심적 목표이며, 원래 의도된 책제목이 이를 분명하게 보여준다. '멜로디는 시를 낳고, 끊임없이 새로운 방식들로 반복해서 그렇게 낳는다.' 비극의 핵심적인 시적 재료인 '드라마적인 디티람보스'는 『비극의 탄생』에서 목표로 삼고 있는 바, 음악의 문학적 객관화를 보여주는 주요 사례이다.

이 절은 언어가 음악의 '가장 내적인' 의미를 '외면화'할 수 있다는 주장을 폐기함으로써 끝이 난다. 니체의 주장에 의하면, 디오니소스적인 것이 아폴론적인 상징적 꿈 형상의 기초인 것과 동일하게 음악은 시에 대해 우선성을 갖는다. 서정시의 언어는 '전적으로 음악 정신에 의존한다.' 그리고 니체는 이러한 시적 언어가 음악과의 만남 속에서 그 한계까지 긴장된다는 생각을 좋아한다. 언어가 상징화에 도달하는 것은 이러한 '긴장'의 결과이다. 우리는 이 같은 점을 8절의 맥락에서 더 충분하게 논의할 것이다. 이러한 상징화는 '외면화'가 아니다. 니체가 선호하는 메타포는 **내부로부터의 조명**이다.(24절) 곧 분명하게 되듯이, 비극에서 음악과 언어의 관계는 서정시에서와는 상이하다. 즉, 비극에서 양자는 더욱 독립적이며, 다른 것에다가 최대한의 실현 가능성을 부여함으로써 서로서로를 자유롭게 한다(21절을 보라).

내친 김에 니체의 글쓰기에서, 특히 분명하게 네 번째 문장에서, 에너지(그리고 전기(electricity))의 메타포가 두드러진 것에 대해 주의할

---

72 니체는 베토벤의 7번 교향곡에 열광한다. 이것은 부분적으로 바그너가 그것을 열정적으로 칭찬했기 때문이다.

만한 가치가 있다. 몇 번에 걸쳐 우리는 이미 '강화(intensification)', '방전(discharge)'과 같은 표현과 마주쳤으며, 여기서 우리는 '스파크' 및 '극히 이질적인(alien) 에너지'라는 말과 만난다. 대부분 광범위한 난외 메모로 가득 차 있고, 니체의 집 서재에 있으며, 이러한 영역들을 포괄하는 텍스트 목록이 보여주듯이[73], 니체는 동시대 과학들에 대해 폭넓게 잘 알고 있었다. 전자기학 이론들에서 비롯된 개념들, 즉, 양극성 및 물체들의 물리적 혹은 사실상 정신적 인력 혹은 척력은 19세기 유럽의 예술과 논픽션 작품에서 흔히 메타포로 사용되었다. 대중적인 '고딕' 소설[74] 프랑켄슈타인을 생각해보라. 여기서는 당시의 전기이론 들(동전기학(Galvanism))이 플롯의 본질적인 재료 역할을 하고 있다. 그래서 니체가 철학적 요점들을 예증하기 위한 메타포로서 새로운 과학적 발견들을 활용하려는 시도를 혼자만 하고 있는 것은 아니라고 할 수 있다. 그러나 우리는 『비극의 탄생』에서 나타나고 있듯이, 과학의 새로운 사유 모델에 대한 니체의 이러한 매혹이 아주 깊으며, 과학에서 빌려온 우연적인 용어의 차원을 넘어선다는 점을 관찰할 수 있다. 양극성의 원리는 니체가 전개되는 과정들을 생각하는 중심적인 구조적 장치이다. 이 과정들은 대립하는 힘들의 다양한 활동들을 통해 시작되고 유지된다.[75] 논란의 여지가 있지만 전자기학적 영역들과의 유비는 『비

---

73 가령 다음을 보라. Friedrich Lange's *Geschichte des Materialismus*(History of Materialism) 및 Rudolf Virchow's 1858 *Die Cellularpathologie*, 이 후자는 유기체적인 이론들을 설명하고 있다. 니체의 개인적인 참고 문헌 도서관은 바이바르에 있는 안나 아말리아 공작부인 도서관(Herzogin Anna Amalia Library)이다. (1장, 주석 4을 보라) 또한 다음과 비교하라. 'Nietzsche's Library', The Nietzsche Channel.

74 역자 주: 고딕 소설은 공포 소설과 로맨스의 요소가 결합된 문학 장르다. 이것은 대개 영국 작가인 호레이스 월폴이 발명해 냈다고 알려져 있다. 고딕 소설의 효시는 호레이스가 1764년에 펴낸 소설 『오트란토의 성』(*The Castle of Otranto*)이다.

75 쇼펜하우어에게 (공간과 시간에서 분배되어 있는 양들인) '연장적 크기들'은 오

극의 탄생』이 바로 저술 스타일 상 의존하는 구성적(compositional) 기초를 형성한다. 이 책은 이런 식으로 이 충동들에 직접 초점을 맞추기보다는 그 주변을 돌면서 충동들의 배치와 맥락을 갖고 반복적으로 실험하고, '주변 상황' 속 변화들을 관찰한다.

7절

비극의 역사적 핵심으로서 합창단; 니체의 헤겔 비판

니체는 이제 비극의 핵심적 요소들 중 하나인 합창단을 다룬다. 이 절은 비극이 오직 합창단으로부터만 생겨났다는 것은 역사적 사실의 문제라고 주장한다. 우리는 아마도 드라마(혹은 오페라)의 비교적 부차적인 특징, 즉, 가령 예를 들어 주도적 인물들의 행위를 설명하는 도시의 시민 집단으로서 합창단에 더욱 익숙할 것이다. 더욱이 우리는 무대 위에 있으며, 관객들이 마주하는 합창단에 익숙해 있다. 이 모든 특징들(주도적 역할을 하는 개별 배우와 관객들을 갖는다는 것)은 합창단의 본래적 핵심에 나중에야 덧붙여진 것들이다. 따라서 니체는 (1) 합

직 현상에서만 실재성을 갖는다. 그러나 '내포적 크기들'(온도, 전기적 충전의 강도 등)은 현상들에 관한 학문의 설명력이 가진 한계들에 바로 놓여 있으며, 그래서 이미 그 자체들을 넘어서 **근원적 일자**를 가리킨다. '양'과 '질' 사이에 유사한 구분을 행할 수 있다. 그에 따라 니체 역시 멜로디와 화음을 리듬과 운율에 비해 우선한다. 전자들은 양이 아니라 질로서 생각되어야 할 것이다. 혹은 그것들을 양으로 생각한다면, 외연적이기보다는 내포적이다. 그래서 그것들은 현상의 수준에 제한되지 않으며, 디오니소스적인 상징적 무게를 지닐 수 있다. 쇼펜하우어의 관련 논의는 다음을 참조할 것. *The World As Will and Representation*, §§17ff. 여기서 쇼펜하우어는 자연력에 대해서 논의하고 있으며, 조금 뒤에는 '의지의 감정들(affections of the will)'이라는 개념이 서술되고 있다.

창단이 그리스 사회의 민주적 본능과 지혜를 나타낸다거나, (2) 합창단은 실제 관객이 해야 하는 행위 방식에 대응하는 이상적 관객(아우구스트 빌헬름 슐레겔(August Wilhelm Schlegel))이라는 주장을 거부할 수 있다. 니체에 의하면, 이 후자의 입장이 가진 불합리함은 (합창단의 역할과 달리) 관객들이 현실과 무대라는 허구 사이의 차이를 알고 있으며, 따라서 가령 프로메테우스를 고통에서 해방시키기 위해 무대 위로 뛰어 올라가지 않는다는 사실에 의해 드러난다.

　니체는 여기서(네 번째 문단에서부터) 실러에게 더 많은 도움을 받는다. 실러의 도움으로 니체는 합창단이 비극적 공간을 '자연주의'에서부터 보호하는 살아 있는 장벽이라고 주장할 수 있다. 니체는 여기서 19세기와 20세기 초 유행하던 요구, 즉 인물, 행위, 무대장치 등등이 '믿을만한' 것이어야 할 뿐만 아니라, 가감 없이 곧장 현실에서 얻어진 것처럼 되어야 한다는 요구를 언급한다. 자연주의 강령은 에밀 졸라가 그의 소설 『테레즈 라깽』(Thérèse Raquin)(1862)[76]에 대한 설명으로 덧붙인 서문에 포함되어 있다. 이러한 프로그램, 즉 과장된 리얼리즘 프로그램과 동일시되는 움직임은 사회적 환경 혹은 생물학적 요인들(빈곤과 질병)이 도덕성과 개인적 선택에 비해 우위에 있다는 (소위) 과학

76　자연주의를 '리얼리즘적인' 미메시스를 넘어서게 하는 차원, 자연주의의 과학적이고 분석적인 차원이 있다. 이에 대해서는 다음과 비교하라. Zola's Introduction (1868) to *Thérèse Raquin*, London: Penguin, 1962, pp. 22-23, 『테레즈 라깡』에서 나는 자신들의 신경과 피에 의해 완전히 지배되고, 자유 의지 없이 물리적 자연의 냉혹한 법칙들에 의해 자신들 삶의 각각의 행위로 이끌리는 사람들을 선택했다. 나는 단 한 가지 욕구만 가졌다. 즉, 아주 성적인 남성과 불만족스러운 여성이 있다면, 그들의 동물적 면을 드러내고, 단지 그것을 지켜보며, 그런 다음 그들을 함께 폭력적인 드라마 속에 던져 넣어서, 세심한 주의를 기울임으로써 이 피조물들의 감각과 행위들을 기록하는 욕구이다. 나는 두 개의 살아있는 신체에 외과의사가 시체에 적용하는 분석적 방법을 단지 적용했을 뿐이다.'

적 원리 위에서 작동한다. 자연주의에 대한 '전쟁'이라는 생각은 니체를 사로잡았으며, 우리는 니체가 쓴 **서론**(Foreword)에 나타난 '전투'의 이미지를 떠올린다. 내친김에 우리는 니체가 '유행하는' 어떤 생각에든 기질적으로 불편함을 느낀다는 점에 주의해야 한다. 대중문화는 흔히 바탕에 깔려 있는 질병들을 매우 분명하게 대변하는 듯이 보이는 형태와 경향들의 체계이다. 니체의 다음 저술은 **'반시대적'(혹은 '비유행적') 고찰들**로서 묶여 나올 것이다. 그래서 이들 고찰 중 첫 번째 고찰은 분명 좀 더 '대중적인' 문화를 겨냥하고 있다. (이런 대립은 부정직할 수도 있다. 왜냐하면 바그너, 쇼펜하우어 및 다윈은 거의 지엽적인 문제가 아니기 때문이다. 그러나 이것은 그냥 넘어가자) 그런 대립은 단순한 완고함 이상이다. 누군가의 문화 및 그 형이상학적 토대들을 이해하는 것은 원리상 드물고 어려운 일이다. 가령 예들 들어 우리는 바로 5절에서 왜 어떠한 철학자들도 예술의 본성을 이해하지 못하며, 소수의 예술가들이 예술의 본성을 이해하는지 하는 이유를 보았다. '철학자와 예술가의 영역은 동시대적 역사의 떠들썩함을 넘어서 있으며, 필요를 초월해 있다.··· 그러나 그들은 자신들의 시대보다 너무 앞서 있다. 왜냐하면 그들은 단지 그들 동시대인들의 주목을 아주 천천히 받을 뿐이기 때문이다.'[77] 자신의 학문적 여정을 통틀어 니체는 철학적 작업이 오직 '미래를 위한' 것일 수만 있으며, 아마도 그 때조차 단지 소수를 위한 것일 수 있다는 이러한 생각을 고수한다.

이제 비극의 기원 문제로 돌아가자. 합창단은 허구적 자연 속에 있는 허구적 피조물들(사티로스)의 '연단' 위에 존재함으로써 자연주의로부터 보호된다. 그러나 이 허구는 '단순한 공상적 작품'이 아니라, '민

---

[77] *Unpublished Writings*, 1999, p. 7

고 있는 그리스인들에게는 올림포스와 그 거주자들만큼 실재적이고 신
뢰할만한' 세계이다. 이것은 니체가 이전에 말했던 '중간세계' 와 유사
하다. 이 세계는 우리의 일상세계, 즉 경험적 세계는 아니지만, 또한 단
순히 환상적인 어떤 세계는 아니다. 왜냐하면 중간 세계는 종교적이고
신화적으로 인가된 기반을 차지하고 있기 때문이다. 여기서 다시 니체
는 플라톤에 대해 논평하고 있지만, 이는 아마도 아리스토텔레스의
『시학』을 통해서일 것이다. 플라톤은 예술의 모방적 본성이 예술을 형
이상학적으로 도덕적으로도 의심스럽게 만든다고 주장했다. 왜냐하면
예술은 우리를 이념적 진리들에서 멀리 떼어 놓기 때문이다. 아리스토
텔레스는 '모방' (이는 그리스어로 미메시스이며, 2절에 있는 부분, 아
리스토텔레스와 **자연의** 예술적 **모방**을 보라)의 본성을 다시 생각함으
로써 대응한다. '미메시스' 는 더 이상 실재에 대한 (더 모자라거나 덜
모자란) 모사의 형성이 아니라, 플롯, 인물 및 언어의 **구성**이다.[78] 그래
서 아리스토텔레스에 의하면 **모방되어진 것**은 일정 정도 미메시스 행위
의 **산물**로 파악되어야 한다. 더욱이 이러한 허구성은 진리 혹은 통찰과
상충하거나 반대되는 것으로 이해되지 않는다. 이러한 점들에 근거해
서 보면, 니체는 '중간세계' 라는 자신의 개념을 통해 아리스토텔레스
와 분명한 근친성을 보여준다. 그러나 핵심적 차이는 니체가 이 이야기
를 합창단의 관점에서, 다시 말해 **내부**로부터 하고 있는 반면, 아리스
토텔레스는 그 이야기를 드라마적 시인 혹은 관객의 관점에서 하고 있
다는 점이다.

디오니소스적 합창단은 '한 인간과 다른 인간 사이의 모든 분리' 가

---

78 Aristotle, Poetics, trans. Richard Janko, Indianapolis, IN: Hackett, 1987. 또
다음을 참조. Part 1 of Paul Ricoeur, *Time and Narrative*, vol. 1, trans. Kathleen
McLaughlin and David Pellauer, Chicago, IL: University of Chicago Press, 1984.

환상임을 보여주는 '압도적인 통합의 느낌'을 최초의 효과로서 갖는
다. 니체가 여기서 사용하고 있는 동사는 **지양**(aufheben)이다. 우리는
아래서 이 용어의 의미를 다룰 것이다. 그런데도 사티로스 합창단의
중간세계는 '형이상학적 위안(Trost)'이다. 끊임없이 항상 변화하는 현
상들의 연속에도, 일상적 현실을 넘어서 유지되며, **근원적 일자**에 대한
디오니소스적인 통찰의 상징으로 간주되는 합창단은 '삶이란 파괴할
수 없을 만큼 힘 있고, 즐겁다'는 느낌으로 우리를 위안한다. 이러한
위안은 필수적이다. 왜냐하면 디오니소스적인 상태는 '망각을 일으키
는(lethargic)'반면 — 니체는 분명히 망각의 강인 레테에서 비롯된 그
리스어 어원의 의미 속에서 이를 의도하고 있다 — 디오니소스적인 상
태로부터의 귀환은 고통으로 경험되기 때문이다. 고통이란 니체가 이
전에 통합으로부터 개별자의 '해체'라고 불렀던 것으로부터만 생겨나
지 않고, 현상 세계의 두렵고 무의미한 파괴성(사물들은 존재하다가 **사
라**진다.) 및 그 세계 안에서 어떤 믿음이나 행위든 바탕에 놓인 실재를
바꿀 수는 없기 때문에 그것들이 무용하다는 깨달음에 대한 감지 때문
에도 생겨난다. (니체는 이를 훌륭하면서도 설득력 있는 해석, 햄릿에
대한 해석을 통해 예증한다) 니체에 의하면, '불교처럼 의지를 부정하
려는 열망의 위험'이 존재하며, 이는 또한 쇼펜하우어로 향한다. 그러
나 '예술은 그리스인을 구원하며, 삶은 예술을 통해 스스로 자신을 구
원한다.' 다시 말해 사티로스 합창단이라는 '중간세계'의 표상 자체는
직접적으로 문화의 산물이 아니라 살아있는 예술충동의 산물이며, 이
러한 두려운 통찰에 대한 치료 혹은 위안으로 이용된다. 이것이 바로
합창단의 기능이다. 삶(**근원적 일자**와 그것의 실현을 향한 근원적 일자
의 기본적인 흐름들)이 현존하기 위해 합창단을 필요로 했던 이유는
바로 여기에 있다. 형이상학적 위안에 대한 이러한 설명은 다음 절에서

최종적으로 등장하는 설명, 비극에 대한 훨씬 더 충분한 니체의 설명으로 우리를 한 걸음 더 데리고 간다.

여섯 번째 문단과 **지양**이라는 용어로 돌아가보자. 우리는 이미 1절에서 이중성과 관련하여 **지양**을 간략하게 논의했다. 이 용어는 대개 단순히 '지양하다(sublate)'로 번역되지만, 번역자들은 이 용어에 어려움을 느끼고, 흔히 (『비극의 탄생』 케임브리지 판에서처럼) 문장의 절반을 각기 다른 번역어로 대체하고 있다. 이 용어가 헤겔에게서 그만큼 중요하고, 매우 복잡한 개념이었다는 사실로부터 어려움이 생겨난다. (비록 니체는 헤겔이 존재하는 않는 것처럼 짓궂게 바그너를 인용하고 있지만 말이다) 헤겔은 상호 부정하는 두 개념 사이의 논리적 갈등이 종합 속에서 극복되는 방식을 가리키기 위해 이 용어를 사용한다. **지양**의 과정에서 대립 속의 개별적 구성 요소는 무화되고, 보존되면서, 고양되기도 한다. 충분히 고양되지 못한 관점에 기반을 둔 환상으로 드러났던 갈등 없이 새로운 종합이 참되거나 의미 있는 것을 진척시키는 한해서 '보존되고, 고양된다.' 갈등과, 부분적으로 갈등에 의해 정의되었던 양자의 분리된 구성요소가 삭제되기 때문에 '무화된다.' 종합 자체는 새로운 대립적 분열의 한 부분일 수 있다. 그래서 헤겔적인 '지양'이란 고양이나 초월을 통해 제거하고 극복하는 것을 의미한다. 그러나 이 책을 시작하는 문장들에서부터 우리가 보아왔듯이, 니체는 의식적 상태, 믿음, 혹은 문화적 형태들의 전개 논리에 대한 헤겔적 설명과 거리를 두는데 관심을 갖는다. 그렇다면 왜 니체는 불가피하게 헤겔적인 말을 사용하고 있는가? (아리스토텔레스와 실러를 따르는) 니체가 여기서 플라톤의 미메시스 개념을 뒤집었듯이, (쇼펜하우어와 바그너를 좇아) 니체는 여기서 헤겔 및 **지양**에 대해서도 같은 것을 할 것이다.

문명은 디오니소스적인 음악 속에서 **지양된다**. 다음과 같이 말해보

자. 즉, 문명은 개별적 그리스인이 사티로스 합창단에서 상징화의 성취를 통해 압도되는 것과 마찬가지로 ('등불이 낮의 빛에 의해 무색해지는 것과 같이') **압도된다**(overrun)고 말해보자. 우리가 희미하게 의식하고 있는 것은 갑작스럽게 우리에게 (71) 엄습한다. 바그너는 의도적인 도발의 차원에서 헤겔적인 용어를 사용한다. 니체도 마찬가지이다. 헤겔과의 가장 분명한 차이점은 지양이 단지 이야기의 반(혹은 그보다 적은 부분)일 뿐이라는 것이다. 우리가 황홀경적 상태로부터 벗어나듯이, 탈-지양(de-sublation) 역시 존재해야 한다. (니체는 이 절 끝에서 두 번째 문단에서 이 문제를 다룬다) 비극적 드라마의 어떠한 개별적 사례에서든 볼 수 있는 운동, 앞뒤로 왔다 갔다 하는 이런 운동은 니체가 좀 더 일반적으로 헤겔을 비판하기 위한 또 다른 실마리이다. 아직 책이 시작하는 부근의 중요한 이 연결지점에서 핵심적인 사항은 아폴론적인 것과 디오니소스적인 것이 어떠한 문화에서든 어떤 방식으로 그 문화의 일부인 충동들, '영속적인' (수많은 결합과 굴절들 아래 있는) 충동들이라는 점이다. (물론 우리가 보게 되듯, 다른 충동들도 있을 수 있지만 말이다) **지양**은 여기서 이러한 충동들의 실현과, 이러한 실현이 인간들 혹은 문화에 미친 영향을 의미한다. 지양은 충동들의 화해 혹은 말살과 같은 어떤 것을 의미하지 않는다. 더욱이 처음의 실현들과 나중의 실현들은 명확한 진보 없이 겹친다. (4절 논의를 보라) 가령, 합창단은 비극의 새로운 현상과 나중의 전개 속에서 **여전히 거기에 있다.** 합창단은 사라지지 않은 것이다. 아티카 비극을 만든 나머지 재료들은 그 핵심으로서 합창단 주위에서 아라베스크처럼 자라났다. 이런 식으로 합창단은 비극의 가장 오래되고 핵심적인 요소로서 나타났다. 합창단은 나머지 재료들에게 본질적이지만 그것들과 통합되지 않은 유물로서 확인될 수 있다. 이러한 생각은 각각의 디테일이 구성적

전체로 통합된 것에 기초해서 독특하게 완성된 인공물로 예술작품을 여기지 않는 니체 미학의 반-고전주의적 본성을 표현한다. 니체의 입장에서 예술은 역사적 층들을 가진 거듭 쓴 양피지 사본과 같다. 이 층들은 시간에 따라 서로의 위에 쌓이고, 다시 벗겨져 고립될 수 있으며, 고고학적 발굴을 통해 나중에 다시 투명하게 될 수 있다. 그래서 아도르노의 '부정변증법'[79]을 선취하는 이러한 새로운 접근에서는 참된 것은 더 이상 헤겔이 선언하듯이 전체가 아니다. 전체는 정확히 거짓이다. 왜냐하면 이 전체 속에서 헤겔적인 **지양**은 개별자가 전체 속에서 무화될 만큼 개별적 특징을 거기에 들어맞게 만들기 때문이다. 그래서 이미 자신의 이 책 제일 첫 부분들에서 니체가 제시한 원리들을 통해 통합이 아니라 '영속적인' 차이가 단순히 예술뿐만 아니라 역사적이고 문화적인 진행 일반의 중심 재료라고 인정하는 것이 가능하다. 이것은 헤겔을 비판함으로써 나온 철학적 논리의 새로운 원리이다.

8절

비극의 가장 초기 맹아로서 합창단 ; 근대시와 언어 이론 . 주 : 니체의 언어 철학

이 절은 비극의 가장 오래된 요소로서 합창단을 계속 탐구한다. 우리는 니체가 문화에 대한 비판적이고 역사적인 분석의 방법론으로 나중에 완숙하게 전환시키는 장치의 또 다른 모습을 포착할 수 있다. 그것은

---

79 다음과 비교하라. Theodor Wiesengrund-Adorno, 'World Spirit and Natural History, An Excursion to Hegel', *Negative Dialectics*, London : Continuum, 1973, pp. 300-360.

'계보학'이다. (3절의 논의를 보라) 계보학은 우리가 방금 '문화적 요인들'이라고 불렀던 바를 탐구의 목적상 인위적으로 분리시킨다. 개별적 요소들을 그 다양한 기원 — 그리고 '기원'이란 여기서 항상 스스로를 특수한 역사적 방식으로 실현시키는 충동(혹은 충동들)을 의미한다 — 의 맥락들로 추적함으로써 주어진 현재 상태를 새롭게 조명하는 것이 합창단과 관련하여 계보학이 작동하는 방식이다. 7절은 태고의 기초로서 합창단이 역사적으로 더 이후에 등장한 아티카 비극을 형성한 좀 더 '최근' 복합적 재료들의 일부로 어떻게 살아남았는지 보여주었다. 이 절은 이제 우리에게 합창단 자체가 어디에서 기원했는지 보여준다. 모두들 알다시피, 합창단은 모든 비극의 태아 세포이다. 니체는 자신이 '원래의 비극'이라고 부르는 것 속에서 '비극 전개의 원초적 상태'로 우리를 데려간다. (두 번째 문단) 우리는 합창단이 추적 가능한 역사 초기에 '디오니소스적 인간의 자기 반영으로서' 특수한 심리학적 기능을 최초로 수행했음을 알게 된다. 이 절이 거의 약 반 정도 지나간 지점, 즉, 특징 없이 짧은 문단에서(다섯 번째 문단) 니체는 [논의의] 여러 조각들을 다시 모으며, 합창단을 당대 그리스 비극의 태고적 재료가 되는 요소로서 평가할 수 있는 법에 대한 해결책을 진술한다.

이 절은 전에 우리가 이미 보았던 세 가지 대조를 중심으로 조직되어 있다. 그 대조란 근대와 그리스, 문화적인 것과 자연적인 것 및 현상과 물자체이다. 니체는 여기서 또한 문화와 자연의 영역들이 시적인 것에 대해서 한 상이한 요구들 사이에 놓여 있는 시적인 것의 문제적 지위에 대해 스스로 비판적으로 논평한다. 그래서 첫 번째 문단은 하나의 예를 통해 근대적인 것과 니체가 상투적으로 사용하는 양치기의 형상(또한 16절을 보라) — 16세기 이래 등장한 고전적 기원들에 대한 목가적 향수, 즉 시골풍 전원, 나중에는 심지어 전 산업적인 전원에 대한 동경이라는 공통의 시적 혹은 드라마적 형상 — 을 그리스적인 사티로스의 형상을 통해 대조한다. 근대 문화는 비교되며, 니체가 근대 오페라(일곱 번째 문단)에서 합창단의 역할에 대해 말하는 문장에서 그리고 특히 근대 시인들과 시를 익살스럽게 가차 없이 거부(dismissal)하는데서 나중에도 그렇듯이(세 번째 문단), 근대 문화는 피상적이고 진정성이 없는 것으로 나타난다. 니체는 이러한 근대와의 대조를 '자연의 진정한 진리와 문화적 거짓말' 사이의 대조라고 말하며, 우리는 이 후자를 '잘못된 현상'에 대한 논의와 등치시킬 수 있다. (1절과 13절 이후도 보라) 사티로스는 '지식이 건드리지 않은 자연'이며, 인간의 원상(Ur-bild)이다. 여기서 '원(原)Ur'이라는 것은 그 밖의 경우에서와 마찬가지로 곧장 연대기적인 의미의 원래적인 것이 아니다. (그래서 또한 다윈과 관련해서도, **원상**은 '원숭이'가 아니다) 오히려 원이란 것은 가장 기본적인 본질, 혹은 가장 적게 감추어진 것을 의미한다. 사티로스의 상징에서는 '진정한 자연'과 '거짓된 문화' 사이의 이러한 근대적 틈은 아직 벌어지지 않았으며, 역사의 미래적 지평 위에서 아주 멀리 있다. 반대로 '사티로스 합창단'의 상징 자체는 물자체와 현상 간의 상실된 원래 관계를 메타포로 표현한다. 그래서 사티로스 합창단은 근대시가 개혁되고 다시 생명을 얻기 위한 이상적인 고대의 사례를 전달하는 행위를 하고 있다.

두 번째 문단은 이전 절에서 슐레겔이 말한 무대 위의 민주주의적 표상이라는 의미에서는 반박되었으나 여기서는 '더 깊은 의미'에서 유지되고 있는 이상적 관객으로서 합창단의 관념을 다룬다. 합창단의 배우가 사티로스로 변화하듯이, 합창단의 환상은 '관객'에게 전달된다. 니체의 주장에 의하면, '관객'이란 부적절한 용어이다. 왜냐하면 그리스의 극장에서는 관객과 배우 사이의 분리가 실제로 없기 때문이다. 그래

서 오케스트라에서 합창단이 차지하고 있는 특수한 위치와 독특한 건
축양식 덕분에 연기와 관객 사이를 매개함으로써 합창단의 황홀한 환
상은 배우들을 변화시켰다. 그런 다음 이 환상은 적어도 건축양식의 측
면에서는 이미 거의 합창단의 일부인 관객들에게로 전염병처럼 퍼졌
다. 그래서 '디오니소스적 인간의 자기 반영'이 발생한다.

주: 니체의 언어 철학

다음 문단은 메타포 이론 그리고 궁극적으로 시적 언어 이론으로 벗
어난다. 우리는 초기 니체의 언어에 대한 설명과, 의지의 바탕에 깔린
운동들과 그 관계를 개괄하기 위해 이 기회를 활용할 것이다. 이는 많
은 원천에 기반을 두고 있지만, 세 가지가 특히 중요하다. 우선, 물론
『비극의 탄생』에 흩어져 있는 논의들이 있다. 둘째, 「디오니소스적 세
계관」이라고 이름 붙여진 문헌, 이 책을 위해 준비한 스케치가 있다.
셋째로, 1873년에 쓰인 「탈도덕적 의미의 진리와 거짓말」이라는 제목
의 유명한 유고이다. 이 셋 모두는 편리하게 케임브리지 판에서 함께
묶여있다. 그러나 첫 번째만 니체의 권위 있는 출판물이다. 나머지는
스케치이거나 포기된 기획들이다. 그래서 우리는 니체가 단지 시도만
했을 뿐일지도 모르는 어떤 것에 너무 많은 중요성을 부여하지 않도록
주의할 필요가 있다.[80]

---

80 이러한 방법론적 문제는 니체에게만 특유한 것은 아니지만, 소수의 저자들만 출
판되지 않은 방대한 저술들을 남겨놓았다. 한 저자의 의식적 의도라는 관습적 개념들
에 대한 니체의 비판을 고려한다면, 유고들에 동일한 지위를 부여할 수도 있다. 유사
하게 니체가 자신의 독자들과 하는 숨기고 찾는 빈번한 게임들을 감안하자면, 유고들
이 더 직설적이고 덜 제한적일 수 있다. 이런 논의들을 배제하면, 대부분의 니체 학자
들이 따르는 훌륭한 규칙은 출판된 저작들에서(최소한 축약된 형태로) 역시 발견되는
아이디어가 잘 나타나는 곳에서만 미출판된 자료를 이용한다는 것이다. 다음을 보라.
Daniel Breazeale (ed. and trans.), *Philosophy and Truth: Selections from*

여기 이 절에서 니체는 메타포의 논의를 근대시를 맹렬히 비난하는 데 이용한다. 복잡하고 추상적인 마음을 가졌으며, 일반적으로 재능이 없는 우리 근대인들은 어떤 하나를 볼 때, '본래의 미적인 현상'을 적절하게 관조할 능력을 상실했다. 『비극의 탄생』의 두 가지 목표는 미적으로 '볼' 수 있다는 것이 의미하는 바를 다루는 이론과 함께, 상징화 이론을 구성하는 것이다. 니체는 다음과 같이 적고 있다. '진정한 시인에게 메타포는 하나의 개념에 대한 대체물로서 어떠한 수사학적 비유 (figure)도 아니라, 그 밖의 어떤 것을 즉, 그가 실제로 자신 앞에서 볼 수 있는 것을 대신하는 이미지이다.' 메타포는 본질적으로 언어의 현상(수사학적 비유)도 아니고, 사유('개념에 대한 대체물')의 현상도 아니다. 우리가 여기서 상징화의 일종으로 취급하게 될 메타포는 언어 행위를 '현재하게 되는('그가 실제로 자신 앞에서 볼 수 있는')' 상징의 수준으로 끌어 올린다. 중요한 것은 니체가 비극적인(다음 문단은 비극 합창단을 다룬다) 시적 효과들뿐만 아니라, 아폴론적인 시적 효과(그는 호메로스를 언급한다)와 디오니소스적인 시적 효과들에 대해서도 말하고 있다는 점이다. 그래서 세 가지 유형의 상징화(2절을 보라)가 여기서 논의되고 있다. 시는 적어도 이러한 정도에 있어서 그리고 이런 방식으로 단지 표상만 할 수 있는 언어, 아마도 이미 추상적인, 다시 말해 이미 **죽은** (왜냐하면 우리는 이 문단에서 '살아있는'이라는 말과 그와 유사한 것들이 반복해 사용됨을 놓쳐서는 안 될 것이기 때문이다) 어떤 것만을 표상하는 언어의 한계들을 극복한다. 분명 시도 그 자체로 음악은 아니지만, 음악성의 도움으로 그리고 '긴장'(6절을 보라) 아래서 시는 상징화에 도달할 수 있다.

Nietzsche's Notebooks of the Early 1870's, Amherst, MA: Humanity Books, 1979.

언어와 지각에 대해 니체가 하는 설명의 중심적 경향은, 그리고 이는 단지 겉보기에만 역설적인데, 다음과 같은 깨달음에 있다. 즉, 체계적 철학의 합리성과 수학 및 형식논리의 추론은 우리를 사물들의 본성에 대한 통찰로 이끄는 것이 아니라 거기서 **멀리 떨어지게** 한다는 것이다. 근대 서구 철학의 거대한 합리적 체계 속에서 언어적(및 개념적) 표현의 굳어짐이 발생했으며, 그에 따라 관념과 방법들은 삶의 힘에서부터 분리되어버렸다. 반면 '일상적' 삶에서는 이와 평행하는 약화가 발생했다(그래서 니체가 근대 시인들과 근대의 꿈들에 관해 언급하고 있는 것이다). 근대적 사유 체계는 소크라테스 이전 철학자들의 통찰과 초기 그리스 음악 문화의 '디티람보스적 극작가들'에게 본래적으로 영감을 주었던 바와 전혀 유사성을 띠지 않는다. 「탈도덕적 의미의 진리와 거짓말」에서 니체는 신체에 대한 직접적 자극(만족 혹은 실현을 향한 의지의 운동들)과의 근접성이라는 측면에서 인간이 하는 표현 형태들의 위계질서를 가정한다. 이 위계질서는 위로는 언어 이전의 '신경 자극'에서부터 우리가 그것들을 메타포라고 의식하기 때문에 부분적으로 지각과 생생한 관계를 유지하는 직접적 메타포들(이미지들)을 거쳐 아래로는 '실증적' 과학과 '체계적' 철학의 굳어지고 추상적인 언어에까지 이른다. 각각의 단계는 (쇼펜하우어의 언어로) 의지의 더 높은 객관화이지만, 또한 신체, 자연 및 현존과의 관계 상실이기도 하다. 각각의 단계는 또한 가상의 '창조적' 혹은 '예술적' 성취이기도 하다. 이 단계들은 넓게는 디오니소스적인 것, 아폴론적인 것 및 소크라테스적인 것과 동일시된다. 이 마지막, 즉 가장 문명화된 형태들은 진정한 표현에서 가장 멀리 떨어져있다. 그리고 당연히 니체는 이 진정한 표현이 오직 음악 속에서만 보존되어 있음을 발견한다. 「디오니소스적 세계관」 4절은 비록 좀 더 정통적인 쇼펜하우어적인 의지와 느낌의 언어로 표현되어 있기는 하지만, 유사한 이야기를 하고 있다. 음악 다음으로 시는 의지 운동들의 주관적 전유(appropriation) 과정에서 비교적 초기 단계에 속한다. '자유로운' 시적 표현은 철학적 진리 언명들이 언어적으로 굳어지는 단계를 앞선다. 시에서 메타포 혹은 상징은 감각들 즉, 감각하는 신체의 기본적인 생리학적 자극들과 재결합하며, 그 자극들에서 멀어졌던 원래의 메타포를 다시 생생하게 만든다.

근대의 문화적 산물들 속에서 외면적 세계는 '빈번한 사용에 의해 닳아서 모든 감각적인 생생함을 잃어버렸으며, 그 각인을 상실함으로써 이제 더 이상 동전이 아니라 금속으로 간주되는 동전과 같은'(p. 146)[81] 메타포의 언어로 표현된 색깔 없는 그림자들로 바뀌었다. 근대 과학 시대에 우리는 더 이상 감각적 지각의 수준에서 존재하는 능력을 소유하지 못한다. 대신 우리는 다음과 같은 의무를 지키고 있다.

'사회가 존재하기 위해 강요하는 진실한 것에 대한 의무, 즉 관습적 메타포를 사용할 의무, 혹은 이를 도덕적 용어로 표현하자면, 굳게 정립된 관습에 따라 거짓말 할 의무.'(p. 146)

니체는 「탈도덕적 의미의 진리와 거짓말」에서 감각 인상들을 메타포로 변경하고, 세계를 질서 짓는 추상적 문법들로 메타포를 바꾸는 것이 인간의 본성이라는 점을 인정한다. 이런 추상화는 그러한 최초 인상들의 영역 속에서는 '결코 성취될 수 없는 어떤 것, 즉 계급(castes)과 등급에 기반을 둔 피라미드적 질서 구축, 다시 말해 법, 특권, 종속관계, 경계의 확정들로 이루어진 새로운 세계의 창조'(p. 146)를 가능하게 한

---

81 또한 다음을 참조. Derrida's 'White Mythology'

다. 문제는 우리가 산출한 추상들이 소크라테스적 문화의 학문적 '낙관주의'에서처럼, 삶에 대한 대체물로 혹은 삶의 부정들로 변질되는 경우 시작된다. 우리의 체계들은 아주 인위적인 어떤 것으로 변하며, 동시에 아주 강력해서 그 체계들은 감각 지각을 통한 진정한 경험을 방해할 뿐만 아니라 그 경험의 가능성 혹은 심지어 그 경험의 가치조차 부정한다. '그런 냉담한 호흡[82]의 영향을 받아' 우리는 다음과 같은 사실을 망각한다.

> 즉, 주사위처럼 뼈 뿐이고, 정육면체이며, 그것처럼 바로 굴릴 수 있는 개념들 역시 단지 메타포의 남겨진 잉여일 뿐이며, 신경자극을 이미지로 만드는 예술적 전환에 의해 산출된 환상은 모든 개념 각각의 어머니는 아닐지라도 적어도 [어머니보다 더 오래된 근원으로서] 할머니라는 점을 망각한다(p. 147).

니체는 다음과 같이 주장한다. 즉, 근대시는 전적으로 언어와 개념의 수준에서 작동하며, 그럼으로써 언어를 상징적 이미지로 바꾸어서 시인과 독자들이 '정령들의 무리(crowds of spirits)에 의해 둘러싸여 있게' 할 수 있는 능력을 여하튼 상실했다. 우리는 아폴론적 시인들이 아니며, 호메로스만큼 '생생'할 수 없다. 디오니소스적인 것과 관련해서는 상황은 훨씬 더 절망적이다. 비극 합창단이 예증해 보여주는 '원초적인 예술적 현상'과 관계를 맺을 능력이 더 이상 존재하지 않는다. 합창단은 자신의 환상을 투사하고, 자신이 '정령들에 의해 둘러싸인' 것

---

[82] 역자 주: 앞에 언급되고 있는 「탈도덕적 의미의 진리와 거짓말」 가운데 이 부분 바로 앞의 구절에서 "수학에 고유한 엄격함과 냉담함을 호흡한다."는 구절이 나오는데, 이 말은 그 표현을 받아서 서술하고 있다.

으로 파악하는 한해서 시인의 '예술적 재능'을 산출한다. 진정한 시인은 자신이 형상들에 의해 둘러싸여 있다고 여기며, 단순히 개념을 통해 그 형상들을 사유하지 않고, 메타포나 상징을 통해 형상들을 떠올린다. 디오니소스적인 합창단은 이런 의미에서, 즉 아폴론적인 시가 공유하는의미에서 시적이다. 그러나 합창단의 구성원은 단순히 외적 이미지를 관조하는 것이 아니라, 합창단이 되는 가운데 그 스스로 또한 변형되며 투사된다. 그리스 비극이라는 현상이 역사적으로 전개되듯이, 이러한 환상은 합창단의 환상인 것처럼 합창단 뒤에 놓여 있는 무대 위에서 '행위'를 표현하는 배우들, 점점 증가하는 수의 가면을 쓴 배우들이 사용됨에 의해 강화된다.

* * *

『비극의 탄생』 8절 네 번째 문단은 합창 형식의 음악 연설, 즉 '드라마적 디티람보스'라는 특수한 시적 형태를 좀 더 완전하게 설명한다. 디티람보스적 극작가는 '또 다른 신체에 실제로 들어간 것처럼' 자신이 제시하는 형상의 세계 안으로 곧장 들어간다는 면에서 호메로스적 서사시인과 다르다. 서사시인들은 자신이 제시하는 이미지들과 섞이지 않고 그 외부에 머문다. 이 차이는 디티람보스 공연이 가진 도취시키는 효과를 설명해준다. '이 현상은 전염병처럼 발생한다. 전체 군중은 이와 같이 스스로 마술적으로 변형되었다고 느낀다.' 그래서 이러한 디오니소스적 황홀경의 상태에서 무의식적인 배우들로부터 혹은 더 잘 표현하면 전(前)의식적 배우들로부터 하나의 공동체가 창조된다. 『비극의 탄생』에 나오는 이 문장은 근대 연극의 획기적 텍스트인 아토냉 아르토(Antonin Artaud)의 『잔혹극』(*Theatre of Cruelty*)[83]으로

---

[83]　다음과 비교하라. 가령, Antonin Artaud, 'Theatre and the Plague', in *The Theatre and its Double*, London: Calder, 1970, pp. 18-19. 아르토 역시 이 문장에서 병

곧장 이어지며, 이 텍스트는 모더니스트적 무대 위에서 배우와 관객들의 전의식적이고 황홀한 공동체를 부활시키는 것을 목표로 하고 있다.

다섯 번째 문단은 두 예술충동의 현존이라는 측면에서 초기 그리스극(theatre)을 생각하도록 다시 우리의 주의를 환기시킨다. 이 문단은 아폴론적 환상 즉 출현(epiphany)의 원리, 다시 말해 사티로스의 '중간 세계'에서 발생하는 변형, 하나로부터 또 다른 것으로의 변형과, 디오니소스적인 '황홀'의 원리를 결합시킨다. 이는 여섯 번째 문단에서 연극 무대의 행위를 메타포로서, 즉 디오니소스적인 경험의 아폴론적 상징화로서 논의하기 위한 길을 마련해준다. 니체는 충동들 사이의 이같은 특수한 유형의 호의적 협동이자 그 둘을 포함하는 등가적(세 번째) 유형의 상징화로 돌아간 셈이다. 마지막 두 문단은 더 좁은 의미의 비극에 주목한다. 근원적 드라마(Ur-drama) 자체가 디오니소스 신의 고통을 묘사하는 사티로스 합창단의 환상으로 드러난다면,(일곱 번째 문단) 이후 더 완전히 전개된 비극은 인위적 계획 혹은 아마도 의식이라는 또 다른 층을 첨가한다. 그런 비극은 원래 환상의 '표상'(서술 Darstellung)[84]이 된다. '비극적 영웅'이 장면에 들어선다. 디오니소스의 고통은 이제 개별화된 대표자의 운명 속에서 상징화된다.

합창단은 (비록 '지위가 낮고 봉사하는 피조물'로 구성되어 있었으나) 심지어 무대 위의 '행위'와 관련해서도 아주 중요하게 여겨졌다. 이러한 '황홀함' 속에서 합창단 구성원은 '자신을 사티로스로 본다.'

과 전염의 메타포를 선택한다.

84 가령 칸트에게서 혹은 쇼펜하우어의 주저 제목에서 좀 더 통상적으로 '표상'으로 번역되는 것은 Vorstellung이다. **서술**(Darstellung)이란 칸트가 사용하는 기술적인 용어이기는 하지만, 이 용어의 좀 더 일반적인 의미는 연극적인 의미에 기대고 있으며, '묘사(portrayal)'라는 용어로 더 잘 전달될 수 있을지 모른다. '**서술자**'는 배우를 의미한다. 니체는 연극적인 것 자체의 탄생에 대해 말하고 있다.

즉 그는 자신의 시민적 정체성을 잃으며, 그의 문화적 현존은 '디오니소스적인 것'에 의해 압도되고, 그래서 그는 **원상**이 된다. 사티로스는 그가 자연에서부터 말하는 한 지혜롭다. 더욱이 '그는 다시 사티로스로서 신을 본다.' 그런 사티로스 상태의 이상적 완성은 **무대 위에 있는** 아폴론적 이미지로서 투사된다. (올림포스 신들을 인간적인 것의 이상화된 가능성들과 인간적인 것을 정당화하는 가능성들로 투사한 것이 아폴론적인 것의 핵심적 기능임을 상기하라) 합창단은 봉사하는 피조물들로 구성되어야 한다. 왜냐하면 합창단의 기능은 환상을 창조하고 고통을 지켜봄으로써 자신의 주인 디오니소스에게 봉사하는 것이기 때문이다. 지혜로운 사티로스는 또한 '바보'이기도 하다. 왜냐하면 그는 '지식이 건드리지 않은' 자연 충동들의 상징이며, 항상 그 신의 단순한 노예이기 때문이다. '이러한 새로운 환상을 통해 드라마가 완성된다.'

　니체가 이 문장에서 사용하고 있는 핵심적 메타포는 병의 메타포이다. 황홀함(enchantment)은 청중을 '감염'시키며, 사실상 '전염병'을 일으킨다. (왜냐하면 디오니소스적인 환상이란 **집단**(mass) 현상이기 때문이다) 더욱이 니체는 이 환상 자체를 열병 속에서 환각을 체험하듯 '전율하는' 것으로 묘사한다. 이 메타포와 일치하여 비록 이 환상은 아폴론적이지만, 즉 '더 명확하고, 더 이해하기 쉽지만', 그것은 또한 동시에 더욱 '그림자 같다.' (이 후자의 이미지는 다음 절에 나오는 설명, 플라톤이 말하는 동굴의 비유에 대한 장난스런 설명 역시 예견한다) 그리고 또 비록 배우들이 사용한 시적인 형태가 아폴론적인 것이라고 해도, 그 형태는 '거의(almost) 호메로스의 언어로'(우리의 강조) 되어 있을 뿐이다. 왜 '거의'냐면 디오니소스적 충동들과 독립적인 아폴론적 상징화가 아니라, 디오니소스적인 것의 임무를 자발적으로 떠맡은 아폴론적인 언어, 드라마적인 디티람보스의 형태로 된 상징적 꿈 이미지들의 아폴론적 언어이기 때문이다.

9절

소포클레스 비극과 아이스킬로스(Aeschylos) 비극의 이중적 의미
니체는 마지막으로 비극의 '성숙한' 형태를 다루기 전에, 비극의 조건
과 요소들을 역사적이고 분석적인 순서로 분리시키는데 지금까지 『비
극의 탄생』 전체 텍스트의 삼분의 일 이상을 사용했다. 우리는 이 절차
가 칸트적인 비판적 원리를 문화적이고 역사적인 인간학에 적용시킨
것임을 알 수 있다. 니체는 비극을 **가능하게** 만들었으며, 사실상 어떤
의미에서 그 비극을 필연적으로 만들었던 **인간학적이고 역사적인 조건들**
이 무엇인지 묻고 있다. 지금도 니체는 이 절에서 우리에게 완성된 형
태의 비극에 대한 온전한 그림이 아니라 오히려 계속 진행 중인 형태를
제시하고 있다. 예술과 문화에 대한 이러한 과정-지향적인 접근은 니
체가 계속 가다듬고 있는 계보학적 방법론의 핵심적 특징이다. 이 방법
은 그 재료가 되는 요소들을 분석적으로 분리하는 방식으로 주제를 탐
구한 다음, 그 요소들이 다양한 다른 요소들과 결합하여 전개되는 것에
따라 그 요소들이 보여주는 의미, 형태 및 가치의 변화들을 그려낸다.

그러나 이제 비극은 익명의 집단적 언설 단계를 넘어서 성장했다. 비
극은 특수한 비극 예술가들의 이름과 결부되고, 그 몰락이 비극적 변형
을 창조하는 상징적 개별성, 즉 '영웅'의 묘사를 중심으로 하는 텍스
트, 기록된 문학 텍스트의 지위를 얻었다. 니체는 역사적 순서와는 반
대로 두 명의 아테네 비극 작가, 첫째로 소포클레스, 둘째로 아이스킬
로스의 작품을 집중 조명한다. 그러나 우리가 1절과 2절 논의에서 보았

듯이, '소포클레스'와 '아이스킬로스'는 아직 단지 아폴론적인 문화적 힘이 그의 디오니소스적인 상대 충동에 봉사하는 가운데 자신의 창조적 충동을 만족시키는 특정한 도구들을 가리키는 이름들일 뿐이다. 소포클레스는 하나의 희곡을 썼으며, 그는 자신의 희곡이 갖는다고 믿은 의미나 메시지를 심지어 의식하고 있을 수도 있다. (물론 하나의 문학 작품이 우리가 오늘 생각하는 의미에서 '의미'나 '메시지'를 갖는다는 생각이 시대착오일 수도 있지만 말이다) 그러나 이러한 의식적 의미가 (최소한 아주 개략적으로) 무엇이든 간에, 특히 소포클레스가 신화에 **이런 유형의 의미**를 부여하기 위해 느꼈던 **필연성**은 그리스 문화에서 개별적인 인간들을 통해 작동하는 충동들의 일부이다. 니체는 세 개의 획기적인 비극을 살핀다. 그것은 소포클레스의 『콜로누스의 오이디푸스』, 『오이디푸스 왕』 및 아이스킬로스의 『프로메테우스』이다.

 9절은 이 책 가운데 가장 풍부한 부분에 속한다. 이 절은 두 가지 비교를 중심으로 구성되어 있다. 우선 비극에 대한 아폴론적 해석과, 신화에 뿌리를 두고 있으며 비극의 바탕에 깔려 있는 디오니소스적인 의미 사이의 대조가 설정된다. 둘째로 (소포클레스의 두 비극 『오이디푸스 왕』, 『콜로누스의 오이디푸스』에 나오는) 오이디푸스라는 인물과, 아이스킬로스의 『프로메테우스』에 나오는 프로메테우스라는 인물을 중심으로 하는 두 의미 영역, 소포클레스와 아이스킬로스의 '고전적' 비극에서 두 의미 영역 사이의 비교가 설정된다. 그러나 니체는 단순히 그러한 수준의 복합성에 만족하지 않는다. 이 절은 또한 (우연적으로가 아니라 중심적으로) 플라톤, 예수, 괴테, 정의 및 유죄(criminality)를 언급한다. 더욱이 이 텍스트에는 우리가 이제 알고 있듯이, 적어도 상호 연관된 '대립들'의 유희를 기반으로 이루어지는 네 가지의 다른 비교들이 있다. 이것들은 최소한 부분적으로 서로 맞추어져 있다. 즉,

여성적인 것과 남성적인 것, 올림포스 신들과 타이탄들, 성인과 예술가들의 본성 및 셈족과 아리안족의 문화적 전통들이 그런 것들이다.

여기서 초점은 좁게 생각된 예술(혹은 예술가)의 본성이라기보다는 특수한 예술작품의 의미이다. 이미 해야 했을 두 가지 중요한 언급이 있다. 우선, 이 논의는 니체가 염두에 둔 예술이란 생산과 소비에 기반을 둔 문화의 전 체계를 포함한다는 생각을 강화해준다. 예를 들어, 우리가 이 전 절에서 보았듯이, 관객은 작품과 분리되어 있지 않으며,(이는 22절에서 더욱 강조될 것이다) 작품의 본질적 부분을 형성한다. 둘째, 작품의 의미는 예술가가 의식적으로 그 안에 놓은 어떤 메시지가 아니다. (물론 **또한** 그럴 수도 있지만 말이다) 니체에 의하면 원래의 신화적 구조가 그 자체로 갖는 혹은 문화에 대해서 갖는 의미를 밝히는 데 특정한 작품을 이용하는 방식이 작품의 의미라고 불려야 하는 것이다. 이러한 의미는 바탕에 깔린 충동들의 기본적인 형이상학적 의미가 역사적으로 특수하게 변형된 것이다. 반대로 의미는 해석에 의해 드러난다. 그러므로 해석은 이러저러한 특수한 작품 자체에 대해 주목하는 것이라기보다는 문화사의 작용이다.

이 절에 함축된 비판적 경향은 19세기에 이르기까지 유럽의 문학적, 예술적, 그리고 철학적 고전주의자들 세대들에게 영향을 미쳤던 생각들, 즉 그리스적 고요함에 대한 빙켈만적인 생각들에 대한 반박이다. 날 것의 원초적인 에너지를 고요하게 승화시킨 전성기 그리스 문학과 조형 문화에 대한 니체의 생각은 횔덜린의 영향을 받았는데, 횔덜린은 독일 고전주의자들 가운데서 그리스 문화 형태들이 지닌 어두운 신화적 바탕과 밝은 표면적 형상이라는 이원론을 집중적으로 조명한 유일한 사람이다(3절 주, 니체, 독일 '헬레니즘', 그리고 횔덜린을 보라). 그리스적 고요함의 기초는 승화되고, 변형된 고통이다. 니체가 '그리스 비극의 아폴론적 부분'이라고 부르고 있는 인물들의 대화 속에서 고요함에 대한 그리스적 기질이 드러난다. '소포클레스 영웅들의 언어는 아폴론적인 분명함과 명료성으로 인해 우리를 놀라게 한다.' '어두운 벽 위에 투사된'(이는 플라톤에 대한 또 다른 암시인데, 사진 같은 이미지의 투사를 암시한다고 여기는 것도 역시 가능한 듯이 보인다) 이러한 빛의 상(Lichtbild) 뒤에서 우리는 '스스로를 이러한 밝은 반영물(reflections)로 투사하는' 신화들 안으로 더 깊이 들어간다. 그래서 디오니소스적인 신화는 비극 예술가가 개별적으로 하는 해석 행위 속에서 그런 신화의 아폴론적 승화로서 나타난다.

두 번째 문단과 세 번째 문단에서 니체는 오이디푸스와 프로메테우스 신화를 비교하는 독해를 소포클레스와 아이스킬로스 비극에서 그 신화들이 다루어진 방식 속에서 제시한다. 근본적으로 니체는 이러한 잠정적이고 불안정한 '고전' 시기의 텍스트들 속에서 비극을 신화의 알레고리적 해석들로서, 니체 자신의 용어로 표현하자면, 디오니소스적인 경험의 아폴론적 상징들로서 읽는다. 그러나 상징화는 두 가지 방식으로 읽을 수 있다. 비극 속에서 신화는, 그 극의 명시적 '메시지'가 아폴론적 보호막임에도, 자신의 디오니소스적인 지혜를 말하고 있다. 우리는 비극이, 상징의 마술을 통해서만 표면에 나타나게 되는 층들, 아래 두 개의 디오니소스적인 층들 위에 만들어진 층, 의미의 투명한 아폴론적 꼭대기 층(우리는 그것을 아폴론적 해석으로 부를 것이다)이라고 생각할 수 있다. 가장 깊은 곳 아래에는 언어적이거나 시각적인 어떤 형태의 표상과도 등가적이지 않으며, 근원적 경험을 보여주기 위한 (역사적으로) 첫 번째 매체인 비극적 신화가 뒤따르는 **근원적 일자**의 경험이 있다. 비극적 신화는 원초적 자연과 마주친 인간의 이야기를 말해준다. '당대' 그리스 비극은 비극적 신화라는 바탕에 깔린 층을 그 표면적인 상징 내에서 감추는 동시에 비극적 신화의 그러한 층을 원재료로 이용한다는 점에서 알레고리로서 작동한다. 비극적 신화는 결코 연극 속에서는 명시적으로 될 수 없을 것이다. 왜냐하면 이 연극은 정확히 우리를 그런 신화에 근접시키기 위해 존재하지만, 신화로부터 우리를 차단하기 때문이다. 니체는 플라톤이 하는 태양과 동굴의 비유를 장난스럽게 사용함으로써 두 의미 사이의 관계를 설명한다. 여기서 빛은 가상으로 나타나며, 진정한 어둠을 우리로부터 감춘다. (혹은 사실상 우리를 치료한다. 이 전 절에 나타난 감염의 메타포를 상기해 보라) 여기서 제시된 이 비유는 니체가 이 절에서 하고 있는 다양한 대조들을 연결시키려고 한다.

오이디푸스 신화에 대한 아폴론적 해석은 그의 운명인 '매듭'이 풀리는 것을 통해 그의 고통을 말해주며, 아리스토텔레스 역시 평가했듯이, 플롯의 '변증법적 해결'을 지켜보는 것은 이 연극의 가장 큰 스릴 중 하나이다. 그러나 신들은 '신성한 변증법에 필적하는 부분'을 가지며, 그럼으로써 (첫 번째 비극 『오이디푸스 왕』에서) 오이디푸스의 파멸이었던 동일한 플롯이 (다음 비극 『콜로누스의 오이디푸스』에서) 오이디푸스의 죽음 이후 오래 지속될 더 넓고 높은 목적을 성취한다. 오이디푸스 고통의 수동성('수난'(passion)의 어원적 의미)은 최고의 활동으로 드러난다. 분명 니체는 소포클레스의 오이디푸스가 그리스도 혹은 적어도 세 번째 문단에서 분명해지듯이, '성인'의 지위라는 관념과 어떤 관계가 있다고 보고 있다. 우리는 소크라테스 및 플라톤과 관련하여 예수 그리스도 및 기독교에 대한 좀 더 함축적인 언급들을 이 책의 두 번째 절반 부분에서 (13절과 비교하라) 발견한다. 그래서 니체의 계보학적 프로그램은 아직 여전히 초기의 제한에 묶여 있기는 하지만, 기독교 관념의 혈통을 고전적 고대의 그 원천들에서부터 묘사하려는 기획을 포함하고 있다.

그렇지만 이러한 표면 아래에는 오이디푸스 신화의 디오니소스적인 의미가 깔려 있다. 자연은 인간성과 공약 불가능하며, '지혜는 자연에 대항한 범죄이다.' 풀어지는 플롯의 아폴론적 아름다움과 그 아름다움이 유발한 고요함은 오이디푸스 범죄들의 끔찍함뿐만 아니라, 그 범죄들이 그의 지혜에서 결과한 것이라는 사실 역시도 가리는데 이용된다. 지혜는 '자연에 대항한 어떤 엄청난 범죄'를 대가로 해서만 얻어질 수 있으며, 더욱이 그 대가의 자연스런 결과는 지혜로운 개인의 '해체'이다. 이러한 생각은 이제 우리에게 친숙하다. 그러므로 이러한 유형의 비극들은 그 아폴론적인 표상 형태들 속에서, 비극들이 상징적으로 독해하는 비극적 신화의 실질적인 주제, 즉 디오니소스적인 존재의 깊이를 가리킨다. '이 이야기에 대한 시인의 전체 해석이란 우리가 심연을 들여다 본 후에 치유하는 자연이 우리에게 제시한 그러한 빛의 이미지들 가운데 하나일 뿐이다.' 사실 니체는 자신이 오이디푸스 비극들에서 확인한 비극적인 것의 본질 속에서 지혜와 지식에 대한 통렬한 비난을 간파해낸다. 그래서 소크라테스와 플라톤이 비극을 의심스럽게 보았다는 것은 분명했다. 니체의 독해에 의하면 오이디푸스 신화는 다음과 같은 비극적 깨달음에서 절정에 이른다. 즉, '자신의 앎을 통해 자연을 파괴의 심연으로 던져 넣은 자는 누구든 반대로 자신의 고유한 인격 속 자연의 해체를 경험할 수밖에 없다는 것이다.' 이것은 소크라테스의 출현 이후 근대적 지식에 대한 니체의 비판을 이해하는 데 중요하다. 근대의 학문적 인간은 디오니소스적인 존재 경험에 노출되지 않게끔 혹은 심지어 **가상과 존재**의 구분을 거짓과 참 사이의 구분과는 다른 어떤 것으로 인식하지 못하게끔 자연을 체계적으로 잘못 해석해 왔다. 근대의 학문적 인간은 '지혜는 자연에 대항한 범죄'라는 사실을 깨달

을 능력을 상실해 버렸다. 비극의 재탄생은 그러한 **존재**와 **가상** 사이를
직접적으로 다시 연결시킬 것이며, 유일하게 진정한 둘 사이의 매개자
로서 예술가를 다시 자신의 위치로 되돌려 놓을 것이다.

　오이디푸스 비극들에서와 같이, 『프로메테우스』에서도 발견될 수 있
는 두 가지 상이한 의미가 있다. 세 번째 문단에서 니체는 아이스킬로
스에 대한 해석을 제시하며, 동일한 이야기를 가지고 괴테가 쓴 1774
년 '질풍노도' 시(결코 완성되지 않은 단편)를 실마리로 사용한다. 아
폴론적 해석(그렇지만 다음에 주의하라. 즉, 니체는 이 경우 그런 해석
을 그 자체로 아주 명백하게 인정하고 있지는 않다. 사실상 니체는 아
이스킬로스에게 나타나는 바 '사물들에 대한 염세주의적 관점'이 가진
'비(非)아폴론적 특성'을 감지하고 있다)은 타이탄인 프로메테우스에
서부터 시작한다. 프로메테우스는 불을 다스리고, 그런 다음에는 신들
에게 도전할 수 있는 인간 종족을 창조하기 위해 마찬가지로 신들에게
도전하고 있다. 영원한 정의에 종속된 채 프로메테우스는 자신의 범죄
들로 인해 영원히 고통을 겪을 수밖에 없지만, 그러한 대가는 수용된
다. 성인과 같은 수도자인 오이디푸스에 비해, 프로메테우스는 가차 없
는 창조성과 '쓰라린' 자긍심이라는 전형적인 특성을 지닌 예술가의 원
형이다. 아폴론이 '개별화와 정의의 한계들'을 대변하는 신인 한해서
이 해석은 넓게 보아 아폴론적인 것으로 드러난다. 그러나 이전과 마찬
가지로 아이스킬로스가 의식했을지도 모르는 의미는 이 비극에서 나타
나는 깊이들, 신화의 디오니소스적인 깊이들에는 도달하지 못한다. 이
러한 깊이들을 더 연구하기 위해 니체는 '아리안족의' 프로메테우스
신화와 '셈족의' 타락 신화 사이의 대조를 사용하며, 그래서 원시적 모
델들로부터 기독교적 형태를 지닌 신화의 유래를 증명함으로써 자신의
기독교 계보학이라는 부수적 기획(side-project)을 추구하고 있다.

이제 20세기 파시스트적 반유대주의가 니체의 이름을 부당하게 점유하고 있음을 감안하면, 독자들은 흔히 그러한 문장들에 불편을 느낀다. 우선 다음과 같은 점에 주의할만한 가치가 있다. 즉, 1870년대까지만 해도 '아리안'이라는 개념은 주로 유럽 대학에서 인간학적 범주로서 널리 사용되었다는 점이다. 이 개념은 나중에 갖게 될 민족주의적 색채(baggage)를 획득하기 시작하고 있을 뿐이었다. 또한 다음의 사실에도 주의해 보자. 즉, 니체는 두 유형 사이의 관계를 '형제 및 자매' 사이의 관계와 비교함으로써, 인종 차별 노선을 따르기보다는 그가 관계 및 상호의존에 관심이 있다는 사실을 드러내 보여주고 있다는 것이다. 끝으로 차이를 인종적으로 명명하는 것은 사실상 **성 역할들**(gender roles)의 형이상학적 의미에 관한 설명이다. 인종에 기초를 둔 분석은 그의 후기 작품까지 사라지지 않지만,(문화적 삶이 적어도 부분적으로 생리학에 뿌리를 두고 있다는 니체의 기본적 테제가 존재하는 한 그런 분석이 어떻게 사라질 수 있겠는가) 더욱 미묘해지고 균형이 잡혀간다.[85] 그러한 언급들은 이탈리아 및 독일 파시즘과 니체 사이의 연결을 진지하게 평가하기 위해 실질적으로 중요하다.

니체는 어떻게 원래의 타락 신화가 변화되어, 그 신화를 기독교 운동을 위한 기초로 만든 구약성서 속에서 윤리적 특징들을 얻게 되는지 보여준다. 프로메테우스 신화에 대한 디오니소스적인 해석은 불을 성장하는 문화의 본질적 소유물로 보지만, 또한 그 불의 소유를 신성한 것으로부터 한 도둑질이라고 파악한다. 인간과 신은 갈등한다. 그들의 세계는 개별화되어 있다. 이것이 '사물들의 심장 내부에 숨겨진 모순이다.' 프로메테우스적인 영웅의 충동은 '보편적인 것을 향해 도달하는

---

85   Douglas Burnham, *Reading Nietzsche*, Durham: Acumen, 2005, pp. 180–82.

것'이며, 아틀라스처럼 자신의 등으로 개별적 존재들을 떠받치고, 이러한 한계들을 넘어서는 것(불을 훔치는 것)이다. 이 영웅은 이러한 숨겨진 모순의 형벌을 수용해야 한다. 니체는 다음과 같이 말한다. 즉, 타락의 신화와 대조되는 것은 (니체가 '남성적'이라고 칭하는) 도둑질의 근본적 능동성과 존엄성이다. 전자(프로메테우스 신화)에서 범죄는 덕이다. 후자에서 범죄(아담과 이브의 위반)란 인간을 유혹하고 품위 없는 어떤 것이다. 그 범죄란 '여성적인' 어떤 것이다. 사실상 여기서 분명 언외의 의미는 삶을 부정하는 유대-기독교적 도덕에 대한 비판으로서『비극의 탄생』이다. 디오니소스적인 대변자로서 프로메테우스는 궁극적으로 예수에 대항하여 설정된 것이다. 그래서 프로메테우스는 비극적인 디오니소스 신화를 '상당히 비-아폴론적'으로 상징화하는 것이며, 아이스킬로스의 비극에서 프로메테우스라는 형상은 디오니소스 신이 자신을 가리는 '디오니소스적 가면'(p. 51)이다.

10절

죽음의 고통에 처한 비극 속에서 신화의 재생: 신화시대의 종말과 동트는 논리의 시대

9절은 가면의 개념을 도입했다. 표면적 상징(surface symbolism)의 촘촘하게 짜인 네트워크[86] 안에서 그 자신이 느껴지게 하는 아폴론의 존재(presence)가 계속 증가하고, 초점이 개별적인 비극적 영웅 혹은 히로인의 상징에 놓여 있음에도, 디오니소스적인 것의 고통은 모든 그리

---

[86] 역자 주: 비극을 구성하는 줄거리, 행동, 무대 장치처럼 우리 눈에 보이는 차원을 뜻하는 것으로 보인다.

스 비극의 참된 주제이다. 이것은 가장 초기의 기원에서부터 (비극이 이미 '그 자체로 변화하기' 시작하고 있는 지점인) 최고의 형태들에 이르기까지 확실히 참이다. 아테네 시기의 완숙한 비극에서 디오니소스는 영웅적 개별성의 가면 뒤에 숨어 있다. 물론 여기서 디오니소스는 개별자의 가면 뒤에 존재하는 개별자로서 현재하는 것이 아니라, 오히려 **근원적 일자**에 대한 통찰을 신비적으로 상징하는 것으로 존재한다. 그래서 신, 즉 이미 이상하리만큼 '이상적인' 혹은 '보편적인' 신, 다시 말해 탈-개별화된 존재는 다양한 가면들 뒤에 놓여 있다. 다음과 같은 사실에 주의하자. 즉, 니체는 '합창단에게 그 디오니소스적 조건을 이러한 상징적 가상을 통해 해석해주는 꿈 해석자인 아폴론의 효과', 즉 일자는 다양한 종속적 형태들 속에서 스스로 드러난다는 견해를 표현하기 위해 플라톤적인 어휘를 사용한다.

이어지는 문장은 모두 아주 짧게 다양한 디오니소스 신화들에 대한 니체의 해석을 설명하고 있으며, 특히 두 가지 측면에 초점을 맞추고 있다. 우선, 디오니소스가 찢겼다가 다시 만들어졌다는 신화이다. 니체는 이것을 개별화에서 일어나는 분열, 일자로부터의 고통스런 분열 및 이어지는 회복의 약속 둘을 모두 가리킨다고 파악하고 있다. 둘째, 디오니소스적인 지혜의 이중성을 반영하는 본성, 잔인하고도 유순한 신이라는 이중적 본성이다. 그리고 디오니소스적인 지혜의 이중성은 우리가 **근원적 일자**의 원리를 거기에 포섭되거나 파괴된 개별자로서 보느냐 아니면 혹은 자연이라는 바탕과의 즐겁고 사랑스러운 재통합으로 보느냐에 달려 있다. 신화의 이러한 양 측면들 속에서 이중성은 오직 짧았지만 아주 중요한 비극이라는 현상 속에서 그리고 그러한 예술로서만 실현될 수 있는 '세 번째 디오니소스'를 약속한다. 상징적이고 영웅적인 개별자의 파괴는 두려운 동시에 유망하다. 왜냐하면 이 파괴는 자연의 품으로 돌아가는 인간의 귀환에 대한 일시적 환상을 방출하기 때문이다.

둘째 문단에서 니체는 디오니소스적인 것과 맞먹는 타이탄들(가령 프로메테우스와 같은 첫 번째 신들)과 넓게 보아 아폴론적인 것과 맞먹는 올림포스 신들(그러한 초기 신들을 이겼던 타이탄들의 후예) 사이의 갈등, 신화적으로 각색된 갈등 속에 있는 추가적 복합성을 도입한다. 니체가 주장했던 바에 의하면, 후자의 승리는 호메로스적 서사시의 기초이다.(3절) 순환적인 운동 속에서 타이탄들은 이제 다시 일어난다. 즉, 프로메테우스/디오니소스라는 충동과 형이상학적 의미는 그리스 문화에서 특히 비극으로서 작동하게 된다. 그러나 그것들은 다시 일어나서 새로운 신화들을 형성한 것이 아니라 — 디오니소스적인 진리는 '항상 신화라는 오래된 망토 아래 있다.' — 음악의 힘을 통해 이런 신화들을 재해석하고, 그 신화들에다가 새로운 의미를 부여한다. 주어진 어떠한 신화적 이미지든 그것은 항상 음악의 통찰과 관련해서 많은 가능한 것들 가운데 단지 하나일 뿐이다. 그래서 우리는 니체가 말하지 않은 것을 여기서 말할 수 있다. 즉, 디오니소스적으로 재해석하는 것은 음악의 기능이다. 중요한 것은 니체가 새로운 의미들이 시대착오적이 되게끔 과거를 전유하는 것이 이러한 재해석이라고 여기지 않는다는 점이다. 오히려 그는 재해석을 신화의 살아 있는 **젊음**의 회복으로 본다. 타이탄들은 적어도 아폴론적인 상징적 형태 속에서 다시 일어난다. 왜냐하면 호메로스적 서사시와 올림포스적 신화들 위에서 번성했던 역사적 문화는 소진되어버렸기 때문이다.

비극의 한 가지 조건은 신화가 미리 죽음의 고통 속에 처해 있었다는 사실이다. 비극 속에서 신화는 생명을 연장하지만, 전체적으로는 죽어가고 있으며, 예술형태로서 비극의 쇠퇴는 신화시대의 진정한 종말을 표시한다. 이러한 생각의 중요성이 과소평가되어서는 안 된다. 이러한 순환적인 혹은 역방향의 역사적 연쇄 운동은 이 책을 통틀어 중요한 주제이다. 왜냐하면 15절을 시작하면서 우리가 보게 되겠지만, 그 순환을 다른 방향으로 시작하기 위한 첫 단계로서 비극의 재탄생을 초래하게 되는 것은 니체가 믿거나 바라는 바 정확히 근대 문화의 소진이기 때문이다. 여기서 신화가 소진하게 되었다는 것은 무엇을 의미하는가? 니체는 이것을 한 종교의 신화적 전제들이 완성된 일련의 사건들로 교조적으로 체계화되는 지점으로 묘사한다. 상징적 신화들 혹은 이상화된 인간적 가능성들이라는 중간세계는 소위 평평해지며, 그래서 이 세계는 인간적 사건들과 동일한 존재 수준에 있는 것으로 표상된다. 다음으로 이런 경향은 그러한 신화들을 단지 과거에 속해 있으며, '살아 있는' 중요성을 가지지 못한 것으로 본다. 더욱이 이런 경향은 심지어 신화들이 원래 초월적 의미를 갖지 않은 것으로 간주한다. 니체는 이것을 이미 겉모습(appearance)을 겉모습으로서 파악하는데 '병리학적'으로 실패한 것이라고 정의했다. 아리스토텔레스조차 (사건들의 기록이라는 의미에서) 역사란 시적 내러티브보다 통찰력이 덜 할 수밖에 없다고 생각했다.[87] '이것이 대개 신화에 대한 느낌이 죽었을 때, … 종교들이 죽는 방식이다.' 이 논의는 니체가 자신이 소크라테스주의라고 부르는 것을 취급하기 시작하는 것을 나타낸다. 우리는 또한 다음에 주의해야 한다. 즉, 니체는 이 책의 끝부분으로 향해 가는 해당 절들에서 훨씬 더 깊이 신화의 본성을 논의한다.

(세 번째 문단의 주제인) 에우리피데스, 즉, 고대 그리스의 위대한 비극 작가들 계열에서 세 번째 사람인 에우리피데스는 이러한 죽어가

---

[87] *Poetics*, 51a36–51b12.

는 형상(신화)이 다시 한 번… '노예'의 작업을 하도록 강요하려고 시
도했다. 니체는 '사악한' 에우리피데스를 비극의 죽음을 일으킨 진앙
과 동일시한다. 그러나 위에 언급된 '다시 한 번'이 매우 중요하다. 신
화와 종교 — 그리스 문화의 생명 — 는 비극이 처음 출현했을 때 이미
운이 다해 죽어가고 있었으며, 호메로스적 서사시라는 아폴론적 예술
을 성취했던 문화적 힘은 이미 새로운 어떤 것에 양보하고 있었다. 비
극은 불가피한 것을 잠시 연기했으며, 심지어 그 상황으로부터 놀라운
어떤 것을 만들어냈다. 그러나 그 다음에 에우리피데스가 비극을 끝냈
다. 따라서 '디오니소스'를 버림으로써 에우리피데스는 또한 아폴론에
의해서도 버려졌다. 이 책의 다음 두 절은 호메로스적 문화의 이러한
소진 및 특히 이 문화가 에우리피데스의 시대에 어떻게 나타났는지를
상술할 뿐만 아니라, '모사된, 즉 가면을 쓴' 신화 혹은 음악으로서 니
체가 의미한 바를 설명할 것이다.

11절

시인이라기보다는 비평가로서 에우리피데스

11절은 아티카 비극이 '죽음'에 이른 조건들을 탐구한다. 니체의 주장
에 의하면, '앞선 시대에 고요하고 자연스런 죽음을 맞이했던' 다른 예
술들, 그리스 문화 시대의 다른 예술들과 비교해 볼 때, 비극은 '해결
할 수 없는 갈등' 때문에 '자살로 죽었다.' 니체가 여기서 이러한 내적
갈등을 명시적으로 거명하고 있지는 않지만, 그는 두 가지를 의미하고
있다. 우선, 이 죽음의 주된 도구가 후기 고전주의 시기에 비극을 주요
하게 실행한 에우리피데스이기 때문에 '자살'이다. 둘째로, 비극은 예

술충동들의 투쟁에 기반하고 있지 그 통합을 기반으로 하고 있지 않기 때문에 '해결할 수 없는 갈등'이다. 그리고 이는 비극의 현상들을 오해하기 쉽게 만들었다. (일곱 번째 문단의 '공약 불가능한 것'을 보라)

두 번째 문단부터 니체는 자신이 타락했다고 여기고 있으며, 주목할 만하게도 에우리피데스를 영웅으로 간주했던 후기 드라마 전통 혹은 운동, 다시 말해 '신 아티카 희극'의 관점에서 위대한 그리스 비극 시대의 종말을 돌이켜본다. 신 아티카 희극의 핵심적 특징이란 (그리고 그로 인해 에우리피데스의 문제란) 자연주의이다. 이에 대한 가장 분명한 증거는 에우리피데스가 관객을 무대 위로 올리려는(이는 드라마에서 인물들이 실재 개인들처럼 현실적으로 말하고 행동한다는 것을 뜻하는 메타포적인 방식이다) 노력을 하고 있다는 점이다. 전(前) 아티카 드라마에서 나타났던 바 배우와 관객들 사이의 전(前)의식적 통일(7절과 비교하라)은 관객들을 현실적이고 경험적인 개인들로서 '참여하게' 만들려는 의식적인 노력 속에서 파괴되고 있다. 흥미롭게도 이 자연주의는 단순히 삶의 거울 이미지가 아니라, 사실상 이상적이거나 혹은 규범적인 이미지이다. 에우리피데스는 그의 청중에게 말하고 생각하는 법을 가르치고 있었으며, 교육을 통해 청중을 변모시키고 있었다. (세 번째 문단) 그래서 니체가 바로 한 페이지 뒤에서 (네 번째 문단) 말하고 있듯이, 에우리피데스가 청중을 취급하는 데는 경멸스러움이 존재한다. 에우리피데스는 그들을 적절하고 진정한 인간이 되기 위해서는 교육을 필요로 하는 자들로 보았다.[88] '교활함과 노련함'을 가능하게 하는 것이 적절한 수사(修辭)의 목적과 효과라는 어떤 생각이 이 드라마에서 찬양되는 지배적인 덕이 된다. 드라마도 그 청중들도 현재

---

[88] 미래 독자들의 교육에 대해 관심을 가진 니체는 스스로 그런 경멸을 넘어서지 못한다.

보다 더 비중 있는 어떠한 관심들도 생각할 수 없었다. 우리는 10절에서 니체가 어떻게 종교적 신화가 역사로 환원되는지를 논의하는가 살펴보았다. 신화는 과거가 현재와 관계하는 방식과 다르지 않게 현재와 관계한다. 즉, 신화는 더 이상 '불사의 것'이 현재와 관계하듯이 현재와 관계하지 않는다. 비극의 '이상적' 과거 및 미래, 비극의 보편성과 형이상학적 진리들에 대한 비극의 심오한 시선은 부재한다. 따라서 니체는 그러한 '즐거운' 드라마 — 그리고 확대하자면 그러한 문화 — 를 천박하고 '여성적인' 것으로 파악했던 초기 기독교 비평가들에게 동의하는 셈이다. 그러나 넓게 보아서 이러한 비평가들이 **후기** 그리스 문화를 정확하게 특징지었지만, 이 평가는 더 **초기** 시대(비극 시대, 디오니소스 신비 제의(Mysteries) 등의 시대)까지도 포함할 만큼 부당하게 확장되었다. 이것은 그리스가 직접적인 명랑성과 고요함에 의존한 문화라는 오해, 그리스에 대한 몇 세기에 걸친 명예 훼손 혹은 적어도 깊은 오해를 결과했다. 그리스 문화시기에 대한 18세기와 19세기의 고전주의적 오해는 여기서 발생한다. 이 오해는 비극에 대한 플라톤적이고 기독교적인 오해의 최말단(tail end)이다.

자신의 청중에 대한 에우리피데스의 이상한 경멸을 이해하기 위해 니체는 이 드라마 작가의 지적 전기를 (다섯 번째와 여섯 번째 문단에서) 기발하게 재구성하고자 몰두한다. 이는 후기 작품에서 니체가 매우 일반적으로 사용하는 장치이지만, 여기 『비극의 탄생』에서 우리는 처음으로 한 가지 지속된 사례를 본 셈이다. (13절에서 소크라테스는 유사한 주목을 받을 것이다) 에우리피데스는 거의 대다수의 대중들에 비해 우월하다고 느꼈으나, 특히 두 명의 관객에 대해서는 그렇지 않았다. 첫 번째는 에우리피데스 자신(일곱 번째 문단)이었는데, 그것은 시인으로서가 아니라 오히려 정확히 사고하는 관객 혹은 **비평가**로서였

다. 그래서 에우리피데스는 단지 이름만 시인이다. 즉, 그는 문학적 형
식과 언어를 사용하고, 아마도 심지어 그것들을 매우 잘 사용하기는 하
지만, 그 결과는 니체가 전개시키고 있었던 의미에서 예술적이 아니다.
니체는 긴장감을 유발하려는 유희적 시도 속에서 두 번째 관객의 이름
을 거명하기를 잠시 동안 피한다(이것 역시 니체의 저술에서 일반적인
장치이다. 또 다음 사실에 주의하라. 즉, 에우리피데스가 이 비극들에
서 **제거**하려고 한 것이 정확히 긴장이다). 니체는 비평가 에우리피데스
가 아이스킬로스 혹은 소포클레스의 작품을 전혀 이해할 수 없었다고
생각한다. 에우리피데스는 다른 모든 측면에서는 명확한 형상들이 어
두움을 가리키는(사실상 그것은 디오니소스적인 것을 가리킨다) '혜성
의 꼬리를 끌며가는' 것처럼[89], 이들 비극들에서 (니체가 아폴론적인
것과 디오니소스적인 것 사이의 긴장과 동일시했던) '공약 불가능한'
어떤 것을 보았다.[90] 그리고 에우리피데스는 (1) 전반적 구조에서 합창
단의 낡아 빠진 역할, (2) 윤리적 혹은 정치적 문제들의 '의심스러운'
해결, (3) 언어의 '화려함'을 이해할 수 없었다. 니체는 합창단을 초기
비극 형태의 흔적이지만, 비극적인 것의 본성에서 본질적 핵심으로 설
명했다. 윤리적 혹은 정치적 문제들은 니체가 9절에서 윤곽을 그린 신
화에 대한 해석과 의미에서 작동하는 정의의 개념으로 우리를 데려간
다. 끝으로 언어의 '화려함'은 비-자연주의적이고 탈-개별적인 영웅
인 디오니소스, 가면을 쓴 디오니소스와 (10절) 관련된다. 니체가 상상

---

89   역자 주: 원문의 구절은 다음과 같다. "가장 명확한 형상조차도 불확실하고 해명
할 수 없는 것을 암시하는 듯한 혜성의 꼬리를 여전히 항상 스스로 갖고 있었다."
90   니체가 참조하고 있는 것은 1862년 발견된 스위프트 터틀 혜성(Comet Swift-
Tuttle)일 수 있다. 중요한 점은 단지 몇 십 년 앞서 다음과 같은 사실이 입증되었다는
것이다. 즉 혜성의 꼬리는 항상 태양에서 대칭적으로 **떨어진(away)** 지점을 가리킨다
는 점이다.

하기에, 에우리피데스는 이 연극들의 특징들을 이해할 수 없어서 당황했으며, 다른 그 누구로부터도 그것들에 대한 만족스런 이론적 설명을 얻지 못했다. 즉, 에우리피데스가 자신에게 동의했던 또 다른 관객을 발견하기까지는 그랬다.

12절

예술충동들에 대한 오해와 억압

12절까지 니체는 여전히 조심스럽게 다른 관객을 밝히기 거부하며, 대신 에우리피데스를 그렇게 당황하게 했던 비극의 '공약 불가능한 것'을 재검토한다. 아폴론적인 것과 디오니소스적인 것을 비극에서 함께 본질적이며 신화적으로 결합된 예술적 힘들로 이해하지 않는다면, 비극은 사실상 분리된 형태들의 혼합이자 정합적 세계관을 결여하고 있는 것으로 보이게 될 것이다. 다른 관객 덕분에 힘이 나서 에우리피데스는 그 자리에 완전히 '정합적이고', 비-디오니소스적인 개념, 즉, 예술, 도덕성 및 현실에 대한 그런 개념을 전달하는 새로운 비극을 갖다 놓는다. 그렇지만 니체는 다시 이 두 번째 문단에서 더 나중의 관점으로 변화를 검토하기를 선택한다. 이는 그 작가가 마지막에 저술한 작품, 에우리피데스의 『바쿠스의 무녀들』에 대한 관점이다. 이 연극은 테베 전체가 디오니소스의 도착을 환영하지 않았을 때 초래된 파국적 결과들을 다룬다. 니체는 이를 에우리피데스가 나중에 한 고백, 즉 자신의 비-디오니소스적인 비극 개념이 잘못이었다는 고백으로 읽는다. 다시 말해 에우리피데스는 아마도 그 자신이 디오니소스도 아니고 아폴론도 아니라 단지 **소크라테스라고 불리는 새롭게 태어난 마신**'의 가면이었을 뿐이었음을 깨달았다는 것이다. 이 깨달음은 너무 늦었으며, 비극적으로 늦었다. 왜냐하면 영웅이나 히로인이 그 혹은 그녀의 운명을 깨닫고 고통과 공포에 이르는 것은 비극의 관습이기 때문이다.

그렇다면 이보다 더 초기의 에우리피데스가 염두에 둔 핵심적 투쟁은 디오니소스 대 소크라테스이다. 이처럼 아주 이상한 방식으로 철학자 소크라테스는 세 번째 문단과 네 번째 문단에 등장한다. 에우리피데스는 무엇보다 소크라테스적 사상가로 여겨진다. 사실 여섯 번째 문단 끝으로 향하는 몇 페이지 뒤에서 초기 비극에 대해 에우리피데스가 느낀 혼란에 동의하고, 새로운 비극이 기초하게 될 개념들, 새롭고, 비-디오니소스적인 개념들을 제공한 자는 소크라테스였음이 드러난다.

세 번째 문단에서 니체는 에우리피데스의 새로운 '비극'과 대조하기 위해 아폴론적, 호메로스적 서사시로 돌아간다. 우리가 보았듯이, 이 서사시의 핵심적 특징들 중 하나는 가상을 통한 즐거움과 해방이다. 시인과 배우 역시 조용하게 머물러 있으며, 이미지들로부터 거리를 둔 채 존재하고 있고, 그 이미지들이 공포스럽거나 감정으로 차 있을 때도 그것들과 자신들을 동일시하거나 그것들에 몰입하지 않는다. 그러나 에우리피데스적 비극에서는 시인과 배우 양자 모두 묘사되는 것과 융합된다. 그 둘은 묘사되는 바를 가상으로 파악하지 못하고, 그것을 직접적으로 그리고 그들 자체 속에서 감정으로 느낀다. 이는 단연코 아폴론적인 것이 아니다. 그러나 새로운 비극은 또한 비-디오니소스적인 것이기도 하다. 그렇다면 어떻게 이 비극이 청중에게 어떠한 영향이든 끼치는가, 즉, 달리 말해 어떤 '자극들'을 통해 이 비극은 작용할 수 있는가? 우선, 냉정함의 측면에서 아폴론적 이미지들을 닮았으나 다른 면에서는 전적으로 상이한 것들, 즉 사유들을 통해 그렇다. 둘째, 또한 디오니소스적인 '황홀경'과 닮았으나 개별자의 **근원적 일자**로의 해소로서 느끼는 것이 아니라 개별자들이 개별자들로서 느끼는 감정적 정서들을 통해서 그렇다. 니체는 다음과 같이 강조한다. 즉, 시인과 배우의 이상은 직접적 리얼리즘(혹은 자연주의)이기 때문에, 이러한 '자극들' 중 어느 것도 어떤 식으로든 예술적이지 않다. 그래서 새로운 비극은 자신의 원리로서 다음을 갖는다. 즉, '아름답기 위해서는 모든 것은 이성적이어야 한다.' 이것이 덕은 지식과 결부되어 있다는 기본적인 소크라테스적 원리의 미적 표현이다. 미적이고 윤리적인 영역 모두에서 이것들은 강력한 새로운 관념들이다. 그러나 니체는 이 관념들이 작동시키는 형이상학적 원리가 기만된 충동, 새롭게 일어난 충동을 나타낸다는 자신의 느낌을 거의 숨길 수 없다.

　에우리피데스적 비극의 핵심적 특징들은 합리성과 정합성에 대한 소크라테스적 요구로부터 비롯되며, 아폴론적인 것과 디오니소스적인 것이라는 예술충동들에 전형적인 실현 양식들을 대체했던 새로운 시적 장치들(사유와 감정)에 이용되도록 고안되었다. 이러한 특징들 가운데, 우리는 이미 새로운 '현실주의적' 언어, 인물의 유형들 및 교활한 '체스 게임'을 중심으로 이루어지는 플롯들을 보았다. 덧붙여 니체는 이제 차라리 신과 같이 믿을만한 원천의 입으로 프롤로그를 제공할 필연성에 대해 논의하며, 그렇게 되면 청중은 플롯을 구성하느라 아주 바빠서 열정을 놓치지는 않을 것이다. (강조점 또한 직접적인 현재의 감정에 있다) 마찬가지로 결말은 인물의 운명이나 행위의 의미에 관한 애매성을 제거하기 위해 유사한 명료성을 가져야 한다. 분명 니체는 에우리피데스가 제시하는 새로운 비극의 구조와 스타일에 대한 상세한 분석에는 무관심하다. 니체는 이런 변화들이 개인들로서 에우리피데스와 소크라테스에 대해 의미하는 바 그러나 더욱 중요하게는 지식, 현실, 그리고 예술의 본성을 이해하는 독특한 방식을 포함하는 (형이상학적 원리들로서 표현된) 문화적 힘들의 (위험하고) 새로운 체계의 표본들로서 그들에 대해 의미하는 바에 훨씬 더 큰 관심이 있다. 이러한 새로운 체계의 문화적 힘들에 대한 분석이 이 책의 다음 몇 절을 구성한다.

12절은 소크라테스를 다른 관객과 동일시하는 것과 의식에 대한 논의로 끝난다. 니체가 상상하기에, 에우리피데스는 초기 비극작가들에 대한 자신의 우위를 모든 것이 의식적으로 혹은 의도적으로 (본능적으로 대신 혹은 전 의식적 충동들이 그를 통해 활동하는 것을 허용하는 것 대신) 행해진다는 것에서 본다. 이는 또한 비극의 모든 요소들이 합리성의 그런 특성을 갖는다는 것을 의미한다. 이것은 마치 술에 취한 자들의 전통 속에서 그가 최초의 깨어 있는 예술가인 것과 같다. 질서 잡힌 정신 속 이성의 지배는 선(소크라테스의 경우)과 아름다움(에우리피데스의 '미적 소크라테스주의'의 경우) 양자의 기본적 원리이다. 이성과 합리성에 대한 이러한 생각에서부터 니체는 지금까지는 그와 같은 용어들을 인색하게 사용해 왔던 바, 소크라테스에 관한 이후 논의들에서 점점 '논리'와 '변증법'을 더 강조한다. (**로고스**는 이성을 의미할 뿐만 아니라, 또한 그것이 지식이나 진리에 물들어 있는 한해서 언어를 의미한다) 소크라테스는 디오니소스가 달아나게끔 한다. 다시 말해, 소크라테스가 대변하는 사유와 행위의 충동 혹은 '다이몬'은 디오니소스적인 충동을 억압하며, 단지 디오니소스적인 충동이 약화된 형태 속에서 단순한 감정으로 나타나거나 혹은 넓게 분포된 일련의 주변적 의식들(cults) 속에서 스스로 부분적으로 실현되게끔 허용할 뿐이다. 디오니소스적인 것과 더불어 아폴론적인 것 역시 억압된다. 즉 아폴론적인 것의 지위는 논리, 사유, 의식 및 합리성이 차지하며, 그 충만한 표현과 의미는 어느 곳에서도 허용되지 않는다.

<h2 style="text-align:center">13절</h2>

소크라테스 - 문화사의 축

13절은 두드러진 부분이다. 숫자상 이 절은 이 책의 정확한 중간이며, 소크라테스라는 대표적 인물 속에서 『비극의 탄생』이 그리스를 다룬 절반 부분과 근대를 다룬 절반 부분이 함께 결합되어 있다. 니체에 의하면 소크라테스의 등장은 서양 역사에서 고전적 고대로부터 근대로 넘어가는 순간을 표시한다. 비평가로서 니체의 역할은 이제 우리를 높은 수준의 그리스 시대로 이끌었던 역할, 첫 번째 절반 부분을 다룬 고전 문헌학자의 역할에서부터 결핍과 위기의 새로운 시대를 우리에게 제시하는 비평가, 근대성에 대한 문화적 비평가로 변화한다. 이 절은 소크라테스에게 초점을 맞추고 있으며, 바로 마지막 부분에서 소크라테스와 그가 '소크라테스적 경향'이라고 부르는 것에 대해 니체가 보이는 혐오는 세계를 오직 추상적 개념들과 논리적 질서에 의해서만 이해하려고 한 한 인간의 '마력적 힘(daemonic)'에 대한 놀라움, 심지어 감탄으로 가득 차게 된다. 소크라테스적 경향의 추상적 논리가 지닌 삶을 부정하는 질병은 플라톤에게서 유행하게 되며 퍼져나간다.

첫 번째 문단에서 니체는 '소크라테스와 에우리피데스의 근대적 경향들이 처음부터 밀접하게 연관되어 있다'고 주장한다. 우리는 이 두 명의 대표적 인물들이 가진 개인적 유사성에 대해 알게 된다. '비극 예술의 적대자'로서 소크라테스는 여기서 예외를 두었으며[91], 오직 에우리피데스가 새로운 연극을 상연하고 있을 때만 관객으로 참여하곤 한다. 아리스토파네스의 희극 『구름』에서부터 당시 문화적 보수주의자

---

91   역자 주: 소크라테스가 비극을 적대하는데 에우리피데스 비극의 경우는 예외였다는 말이다.

들, 즉 '지나간 좋은 시절'의 지지자들이… 한 번에 두 이름을 같이 언급하곤 했음을 알 수 있다. 이들 둘은 '사람들을 유혹하는 자들'의 목록에서 높은 위치를 차지한다. 이 절 끝에서 니체는 소크라테스를, 더 많은 지식을 향해 강제적으로 이끌리는 자, 지식에 대한 '진정한 에로스주의자(eroticist)', 일종의 돈 주앙(Don Juan)으로 부른다. 소크라테스는 『향연』(정확히 사랑의 본성에 관한 대화)에서 '애인들(lovers)'을 자는 채 내버려두고, 다음 정복을 준비하고 밖으로 걸어 나간다. 이 둘은 '의심스런 계몽'의 이름으로 물리적이고 정신적인 점진적 위축을 초래한다. 여기서 넓게 말해 삶을 부정하는 지식의 근대적 태도와 그 유기적 본성에 따라 살아진 삶 사이의 대조가 설정되어 있다. 그리고 이는 니체의 모든 작품에서 **주도적 모티프**이다. 니체는 '계몽'이라는 용어를 여기서 경멸적으로 사용한다. 니체에 의하면 소크라테스는 대체로 단지 17세기와 18세기 유럽적 사유하고만 좁게 연결되는 이 운동에 대한 최초의 주된 대변자이다.[92] 그러나 근대적 심성을 가진 관객들, 『구름』의 당시 관객들은 '소크라테스가 아리스토파네스의 연극들에서 최초이자 주도적인 소피스트의 역할을 하고 있다는 그들의 놀라움을 잊을 수 없었다.' '소피스트'란 고대 그리스에서 나타난 일종의 선생을 가리키는 집단적 명칭이다. 이 용어는 나중에 경멸적으로 사용되었다. 이는 부분적으로 플라톤 때문이다. 플라톤은 실제로는 단지 자신들의 학생들을 속이기 위해서 수사학적이고 논리적인 속임수를 사용할 뿐인데도 지혜를 사칭한다고 자신이 비판하고 있으며, 대개는 보수를 잘 받는 이러한 그리스 선생들을 비난하는 용어로 이 소피스트라는 용어를

92　호르크하이머와 아도르노는 똑같이 이 용어를 넓게 사용한다. 다음과 비교하라. Adorno/Horkheimer's *Dialectic of Enlightenment* (1947), San Francisco, CA: Stanford University Press, 2002.

사용한다. 그래서 동시대 관객들에게 '놀라움'이 존재했던 것이다. 즉
아리스토파네스는 다음과 같은 점을 암시한다.(그리고 니체는 거기에
찬성한다.) 즉, 소피스트들에 대한 소크라테스의 반대는 아이러니하
며, 그 자체로 단지 책략일 뿐이라는 것이다.

　델피 신탁의 선언은 소크라테스가 자신의 시대에서 가진 중요성을
니체에게 보여준다. 이 선언은 또한 그가 소포클레스의 이름을 다시 한
번 화제로 삼게 한다. 소포클레스는 이 신탁의 선언에서 지혜로운 자들
(니체를 그들을 '아는 자들'이라 부른다)의 위계질서 가운데 서열 상
세 번째를 차지한다. 이 맥락에서 소포클레스에 대한 언급은 니체가 9
절에서 단지 암시했을 뿐인 사실, 즉, 소포클레스와 더불어 비극 완성
의 정점은 이미 그 몰락의 시작과 동시에 일어난다는 점을 명시적으로
만든다. 그래서 니체가 11절 첫 부분에서 말하고 있듯이, 비극은 자살
로 죽음을 맞이했다. 소포클레스는 이미 자기 맘대로 되는 예술적 수단
의 사용을 의식적으로 **알고** 있었고, 의도적으로 수단을 사용한다. 가
령, 윤리적 혹은 정치적 쟁점들의 극화에서 혹은 기법의 형태에서(예
를 들어 명백한 윤곽이 잡힌 극작법, 합창을 위한 극작법에서) 나타나
는 의식은 비극 예술을 훼손한다. 이는 에우리피데스의 드라마 공학에
서 정점에 이른다. 니체는 라틴어로 된 기술적 용어 **기계 장치로부터 등
장하는 신**(deus ex machina)을 사용한다. 이 용어는 작품의 일부로서
무대 뒤 기계 장치를 사용하는 것과 더불어 에우리피데스의 플롯, 특
히 플롯의 해결들이 어떤 신성한 존재에 의해 '권위를 부여' 받는 방식
양자 모두를 지칭한다. 소포클레스와 더불어, 지식에 기반을 둔 예술
창조의 윤리가 그리스 문화에 들어서며, 훨씬 더 본능적인 아이스킬로
스의 예술을 대체한다. 드라마적 규칙들에 대한 규범적인 앎은 소포클
레스에서 시작되며, 드라마를 위한 미학적 범주들을 『오이디푸스 왕』

에 대한 특정한 참조를 통해 도출한 아리스토텔레스의 『시학』에서 그 정점에 이른다. 방법론적 앎(awareness)이라는 동일한 정신은 소크라테스의 변증법에서 발견된다.

소크라테스는 자신의 동시대인들 가운데 가장 강박적으로 심문하는 심성을 가진 사람이었으며, 그와 더불어 자기-물음(self-questioning)이 직업으로 바뀐다. 그의 호기심은 바로 지식의 토대들로 향하며, 그럼으로써 칸트에서 정점에 이르는 철학적 **비판**의 노선을 열게 된다. 니체는 소크라테스의 정직성을 인정한다. 그는 '그가 자신의 동료 가운데 **아무것도 모른다**고 고백한 유일한 사람이었다고 말했을 때', 그 자신에 대한 가장 엄격한 비판자였다. 이러한 부정적 자기 평가는 '지식의 동일한 망상을 어디서든' 발견하려는 탐욕스러운 배고픔의 전제 조건이다. 소크라테스는 그가 알지 못한다는 자신의 깨달음을 기존의 지식을 의문시하기 위한 방법론으로 전환시킨다. 사실상 탐구하는 개인으로 사는 법으로부터 전체 윤리가 따라 나온다. 니체가 소크라테스에 대해 갖는 문제의 핵심은 고유한 지적 충동의 본능적 선(先)결정에 대한 그의 무지에 있다. "오직 본능만으로." 이 구절은 소크라테스적 경향의 핵심과 중심에 이른다. 소크라테스는 정확히 그가 본능에 대한 의식의 우위를 가정했을 때, 그를 장난감으로 삼는 힘들, 그의 지적 통제를 넘어선 힘들의 희생양이 되었다. 그래서 그는 신화적인 것에 대한 어떠한 능력도 결여하고 있다. 니체는 이를 플라톤이 '소크라테스의 다이모니온'이라고 불렀던 것을 참조해서 설명한다. 플라톤은 이 용어를 '내면의 신비로운 목소리'를 뜻하기 위해 사용한다. 그러나 니체의 주장에 의하면, 소크라테스에게서 본능과 의식의 관계는 병적으로 거꾸로 되어 있다. 왜냐하면 본능은 주도하고 형성하는 자신의 역할을 부정당하고 있기 때문이다. 즉, 본능은 단지 부정적으로만 개입한다. 소크라테스의 본능적 목소리는 그의 이해를 부정하고, '막는' 것이다. 니체는 '모든 생산적 사람들에게서는' '창조적이고-긍정적인 힘'이 본능이며, 경고를 보내는 것은 의식적 반성이라고 반박한다. 니체의 말에 의하면, '소크라테스에게서 나타났던 논리적 충동은 완전히 자기 자신에 대항할 수 없었다.' 이는 여기서 다음을 의미한다. 즉, 그 충동이 그 자신을 이해(혹은 적어도 아폴론적인 것의 경우에서처럼, 그 자신을 가상으로 의식)할 수 없고, 또한 그 자신을 한계지을 수 없으며, 자신의 적절한 영역을 알 수 없음을 말한다. 논리적 충동이 자신의 편파성에 대한 지식을 가졌다면, 그것은 더 이상 자신이 이해하지 못하고, 필연적으로 이해할 수 없는 것에 대항하여 스스로를 절대적인 것으로 설정할 수 없을 것이다. 지식의 토대들에 대한 비판적 설명은 우리가 18절에서 보게 되듯이 칸트에 이르기까지는 그 자신의 고유한 토대들을 구조적으로 의문시할 수 없다. 칸트는 비판 철학의 절정을 나타낼 뿐만 아니라, 또한 소크라테스주의 종말의 시작을 나타내기도 한다. (이는 소포클레스가 비극의 정점이자 위기였던 것과 마찬가지다) 이러한 본성의 전도는 니체가 소크라테스를 **전적으로 이상한 본성**(eine gänzlich abnorme Natur)으로 부르도록 한다. 니체는 **본성**을 인물, 개인, 형상(figure)을 의미하는 더 오래된 독일어로 사용하고 있는 반면, 요즈음 친숙하고 더 넓은 자연력의 의미로 '자연'을 재미있게 말하고 있는 것이기도 하다. 니체가 여기서 말하고 있는 것은 소크라테스가 예외적으로 **탈자연화된 본성**(denaturierte Natur)이며, 그럼에도 결코 양육해서는 안 되는 기괴하고 타락한 본성이라는 사실이다.

소크라테스라는 '개인'에게서 자연적이고 문화적인 힘들에 관한 니체 인간학의 원리들이 개별적 심리학의 측면에서 구체적인 사례로서 제시된다. 니체는 자주 소크라테스의 개별성을 강조한다. 여기에 '본능에 대한 해체적 영향'을 전혀 갖지 않았던 아폴론적인 것과 아주 상이한 새로운 근대적 유형의 개인이 존재한다. 지적인 강박성은 자기(self)의 다양하고 본능적인 토대의 가능성을 부정한다. 우리는 여기서 개인적 정체성을 추동하는 힘으로서 무의식에 대한 프로이트의 '발견'과 아주 긴밀하게 연결되어 있다. 우리는 소크라테스를 꿰뚫어 보고, 새롭고, 자연적인 힘 혹은 본능이라는 '커다란 충동의 수레바퀴'를 보아야 한다. 즉, 이는 그를 통해 분명하게 드러나는 논리적 충동이다. 이러한 더 넓은 측면에서, 모범적 유형으로서 소크라테스는 '집단 무의식' 같은 개념을 사용하고, 전개된 문명의 억압들에서 비롯되는 고통을 탐구하는 문화 이론, 루소로부터 프로이트, 융 및 그 이후까지 이르는 문화 이론과 연결될 수 있다. 우리가 소크라테스에서부터 근대 문화까지 외삽[93]한다면, 근대의 질병을 본능적 충동들의 억압에서 결과하는 '근대 문화의 노이로제'로 진단하기 위한 가능성이 열린다.

니체는 이 짧은 장을 소크라테스와 예수를 함축적으로 비교함으로써 끝맺는다. (이 비교는 적어도 세 번째 문단 끝에서 '옷자락(hem of robe)'을 언급했을 때 이미 시작된다. 마가복음 5:22 이하와 비교하라[94])

---

[93]   역자 주: 외삽은 주어진 자료들 내에서는 비교의 대상을 찾지 못한 경우 사용하는 방법으로 그 자료들을 꿰뚫는 원리를 파악한 후 그것을 확장함으로써 예측되는 가상의 정보와 비교하는 것을 말한다.

[94]   역자 주: 신약성서의 해당 구절은 다음과 같다. "예수께서 배를 타시고 다시 저편으로 건너가시매 큰 무리가 그에게로 모이거늘 이에 바닷가에 계시더니, 회당장 중 하나인 야이로라 하는 이가 와서 예수를 보고 발 아래 엎드리어, 많이 간구하여 가로되 내 어린 딸이 죽게 되었사오니 오셔서 그 위에 손을 얹으사 그로 구원을 얻어 살게 하소서 하거늘 이에 그와 함께 가실새 큰 무리가 따라가며 에워싸 밀더라. 열두 해를 혈루증으로 앓는 한 여자가 있어 많은 의원에게 많은 괴로움을 받았고 있던 것도 다 허비하였으되 아무 효험이 없고 도리어 더 중하여졌던 차에 예수의 소문을 듣고 무리 가운데 섞여 뒤로 와서 그의 옷에 손을 대니 이는 내가 그의 옷에만 손을 대어도 구원을 얻으리라 함일러라. 이에 그의 혈루 근원이 곧 마르매 병이 나은 줄을 몸에 깨달으니

니체의 후기 작품에서 예수는 근대성에 대한 니체 비판의 다른 주된 목
표이자, 소크라테스처럼 이 경우 기독교 윤리의 대표적 창시자로서 중
심적인 의미를 지닌다.[95] 예수의 이름은 언급되지 않는다. 이미 여기 첫
번째 저술에서 충분히 논쟁적인 쟁점들이 있지만, 니체는 스스로를 신
성모독이나 무신론이라는 추가적인 비난에 노출시키지 않는다. (또한
9절(타락의 신화)과「자기비판의 시도」를 보라. 니체는 거기서『비극의
탄생』이 보이는 주된 비판적 경향이 공공연하게 언급한 적은 없으나
삶을 부정하는 기독교를 향해 있다는 수수께끼를 설명한다) 두 유형
간의 함축된 유사성은 분명해 보인다. 둘은 맹목적인 금욕적 추구에 의
해 추동된다. 둘은 광신적으로 추종된 원리들을 위해 자신들의 삶을 희
생했다. 사실 소크라테스는 자신의 사형 판결을 만들어 냈다. 그의 재
판[96]에 대한 '적절한' 결과는 추방이었을지도 몰랐다. 소크라테스는 지
식의 제단 위에 있는 순교자이다. 소크라테스나 범위를 확장하면 예수
및 기독교에서는 죽음에 대한 '자연스러운 두려움'과 같은 어떤 것도
없다. 본능들은 그런 정도로 왜곡되어 버렸던 것이다. 양자는 그들이
대변했던 것을 제자들을 통해 영속시키고자 했다. (사실 둘은 제자들
이 잠든 채 두고 떠난다. 마가복음 14:32이하와 비교하라) 끝으로 양자
는 새로운 양식의 인간을 대변하는 자 혹은 그런 인간의 전형이다. 하
나는 이해하려는 논리적 충동에 기초를 두고 있고, 다른 하나는 삶을

라."

95 물론 니체는『안티크리스트』에서 예수를 인간 건강과 진화의 상실되고 잘못 해석
된 가능성이라고 좀 더 긍정적으로 다루고 있기는 하다. (*The Antichrist*, Trans.
Judith Norman, Cambridge: Cambridge University Press, 2005.)

96 이 재판은 '해결할 수 없는' 갈등을 특징으로 한다. 소크라테스의 죽음 자체는 적
어도 비극적인 것의 한 가지 특징을 보여준다. 그리고 또 소크라테스는 비극의 관습과
일치하여 자기 운명의 진정한 본성에 대해 제한된 통찰을 갖고 있다.

부정하는 체계에 토대를 두고 있다. 둘의 공통분모는 니체가 나중에 **원한**(ressentiment)이라고 명명하는 것의 병리학이다.[97]

14절

비극의 죽음; 근대 예술의 탄생

소크라테스에 대한 13절의 묘사는 14절에서 25절까지 이어지는 근대성에 대한 니체의 상세한 비판이 시작되는 곳이다. 거기서 니체는 모두 본능에 대한 의식의 본래적 헤게모니로부터 비롯된 갈등, 근대 문화 안의 많은 갈등 영역들을 논의한다. 많은 투쟁 영역에서 본능적인 것은 의식의 지배에 대항하여 은밀하게 자신을 거듭 주장할 것이며, 의식을 손상시키고 비웃을 것이다. 이 절에서 니체는 소크라테스적이고 플라톤적인 미학을 비극의 파괴에 포함된 가장 중요한 요인들 중 하나로 다룬다.

첫 번째 문단에서 니체는 소크라테스 혹은 플라톤의 비극에 대한 반감을 언급한다. 우리가 이미 13절에서 알고 있는 것처럼, 소크라테스는 비극을 제대로 평가하지 않는다. 소크라테스의 '키클롭스적인 눈은… 디오니소스적인 것의 심연을 기쁨을 갖고 들여다보는 것에서부터 차단되었다.'(여기서 농담으로 여길 수 있는 부분은 키클롭스들이 깊이에 대한 어떠한 지각도 못한다는 것이다. 이 문장 줄곧 표면과 그 아래 놓여 있는 것이라는 메타포가 계속된다) 비극은 비이성적이다. 즉 사건

---

97 예를 들어 다음과 비교하라. *Genealogy of Morality* (GM), ed. and trans. Maudemarie Clark and Alan J. Swensen, Indianapolis, IN: Hackett, 1998, pp. 19-23.

들은 아무런 이유 없이 일어난다. (어떠한 원인과 결과도 없다) 모든 것은 '다면적'이며, 따라서 질서와 명확성을 결여하고 있다. 그리고 비극은 청중 가운데 민감하거나 유약한 지성을 가진 사람들에게 위험한 영향을 미칠 수 있다. 더욱이 비극은 진실하지 못하며, 실제적이거나 유용한 것이 아니라 오히려 즐거운 것만을 보여주고, '플라톤처럼 그는 비극이 아첨하는 예술에 속한다고 생각했다.' 소크라테스가 이해한 유일한 장르의 시는 **'이솝우화'**였다. 두 번째 문단에서 우리가 알 수 있듯이, 이러한 '비진실성'에 대한 생각은 플라톤에게서 특히 분명하게 된다. 주지하듯 플라톤은 비극 시와 호메로스를 포함하여 모든 낡은 형태의 예술을 '환상적 이미지'의 모방물이며, 따라서 지식과는 관련이 없다는 점으로 인해 비난한다. 대신 철학적 탐구는 '경험적인 것 배후에 있는 이데아들의 실재를 발견'하고자 시도한다. 니체는 비극에 대한 완전한 오해에서 시작한 플라톤이 그가 시인으로서 출발했던 지점에서 철학자로 끝이 났던 아이러니를 강조한다. '억제할 수 없는 선행 기질'이 '소크라테스적 격률들'과 투쟁함에 따라(줄 곧 밀거나 강요하는 행위의 메타포들에 주의하라), 플라톤은 의도하지 않은 채 새로운 **예술** 형태인 대화에 도달한다.

　대화는 대담을 의미한다. 플라톤의 저술들에서 우리는 대부분 허구적인 대화들, 즉 일반적으로 소크라테스와 일련의 다른 사람들, 즉 대개는 소크라테스의 제자였던 몇몇 사람들이 한 대화들에 대한 '기록들'을 발견한다.[98] 우리는 '대화'로부터 '변증법'이라는 용어를 얻게 된

98　플라톤의 초기 대화편에서 우리는 소크라테스의 방법, 스타일 및 생각들에 관한 어느 정도 정확한 이미지를 얻는 것 같다. 나중에 플라톤은 그 자신의 고유하고 독특한 입장을 전개시키며, '소크라테스'는 더욱 픽션(fiction)에 가깝게 된다. 그러나 니체의 분석에 의하면, 플라톤의 '새로운' 생각들은 소크라테스의 영역 안에 머물러 있다.

다. 소크라테스는 다음과 같이 생각한 것으로 보인다. 즉, 철학의 방법
은 논리적 분석과 추론의 규칙들에 의해 통제되는 과정, 물음과 답변의
과정이며, 이 과정은 (비록 흔히 명시적으로는 실패함에도) 어떤 것(가
령, 지식, 정의, 선, 아름다움)에 대한 보편적 정의를 공통으로 발견하
기를 목표로 한다. 그래서 변증법 혹은 변증술이라는 용어는 플라톤 자
신과 아리스토텔레스를 거쳐 칸트와 독일 관념론에 이르기까지 긴 역
사를 갖는다(니체는 변증법을 공격하는 가운데 헤겔 또한 공격하고 있
다. 1절 및 4절의 해설과 비교하라).

플라톤적 대화는 이데아적(형상적, eidetic) 비판이라는 새로운 **철학
적** 기획의 수단이다. 놀랍게도 이것은 플라톤이 거부한 비극의 형태를
닮아 있다. 왜냐하면 비극은 경험적인 것에 대한 모방이 아니라, '경험
적인 것의 배후'에 놓여 있는 디오니소스적 진리들의 투사이기 때문이
다. 그러나 비극은 이 투사를 변증법을 통해서가 아니라, 아폴론적인
상징적 형태들을 통해서 행한다. 더욱이 비극은 다른 모든 형태의 예술
들(음악, 시, 춤 등)을 '흡수'했으며, 동일한 사항은 대화에도 해당될
수 있다. 그러나 비극의 융합이 '언어적 형식의 통일 법칙' (이상하게도
니체는 여기서 음악을 언급하지 않는다) 내에서 일어나는 반면, 플라
톤적인 대화는 서사시, 서정시와 드라마 사이, 산문과 시 사이 어딘가
중간쯤에서 이 모든 것을 불신하면서 떠다니는 종합적 기형이다. 소크
라테스나 플라톤의 철학적 의지와는 반대로, 추방된 예술은 플라톤적
인 대화에서 피난처를 구하며, 이러한 적대적 매체 속에서 악화된 형태
로 그럭저럭 생존을 유지해 간다. 예술은 플라톤적인 대화 속에서 근대
시기로 전해지며, 거기서 그것은 새롭게 변형된 형태, 즉 근대 소설이
라는 형태를 띠게 된다.

그래서 근대 소설을 플라톤적인 대화 및 그 선구자로서 이솝우화와

연결시키는 것은 이러한 예술 형태의 기원을 놀랍도록 앞서서 통찰한 것으로 간주될 수 있다. 20세기 문학 비평에서 소설은 다른 모든 문학적 형태들을 포함하는 절충적 개방성으로 인해 근대적 형태라고 정의된다.[99] 삶을 거쳐 가는 개인의 여정에 관한 전기와 결부됨으로써 소설은 도덕주의적이거나 교훈적인 목적에 이용되기 위해, 즉 방향성을 제공하기 위해 모든 것이 함께 느슨하게 결합된 다양한 형식적 요소들의 혼합적 구성물이 된다. 니체는 (고대와 근대의) 예술 형태들에 관심을 보이는데, 이는 정확히 이 형태들이 다양한 구성 재료들로부터 합성되었을 때이다. 우리가 이미 보았고(8절과 9절), 다시 보게 될 것인데(21절), 비극 역시 소설과는 다른 방식이기는 하지만 다양한 요소들을 가진 혼합 형태이다. 이 문단에서 우리는 또한 니체가 사물들 간의 관계를 그 사물들을 정의하는 특징으로 생각하는 훌륭한 예를 발견한다. 니체는 신학에 종속된 분과로서 신-플라톤주의적 철학과, 소설 속 변증법에 대한 단순한 모조물로서 시 사이의 세력 관계들(power relations)를 비교한다.

세 번째 문단에서 니체는 더 나아가 이 텍스트의 주된 이원론에 의거하여 '근대' 예술에게 발생한 것을 해명한다. 항상 형태의 명확성을 목표로 했던 아폴론적인 충동 자체는 논리적 도식주의 속에 '격리되었다(sich verpuppt)' (여기서 생물학적 메타포들에 주목하라. '무성함

---

99 Frederic Jameson, *The Political Unconscious. Narrative as a Socially Symbolic Act*, London: Routledge, 1983. 또한 이안 와트(Ian Watt)의 표준적 논문인 다음과 비교하라. Ian Watt, *The Rise of the Novel. Studies in Defoe, Richardson and Fielding*, Berkeley and Los Angeles, CA: University of California Press, 1957. 루카치는 『소설의 이론』(*The Theory of the Novel*)(1916)에서 소설이라는 "반(半)예술(half-art)"에 관해 말한다. 다음을 보라. Michael McKeon, *The Theory of the Novel. A Critical Authology*, Baltimore, MD: Johns Hopkins University, 2000, section 11, pp. 185–218.

(overgrown)', '격리됨(cocooned).' 그리스 문화는 정원이라고 여겨지기는 했으나, 결코 에덴으로 상상되지는 않았다) 이 생각은 숨겨지게 되며, 가면으로 하듯이 스스로를 고치로 보호하고, 변형되어 다시 출현하기를 기다린다. (사실상 이는 이 책 마지막 페이지에서 일어난다)[100] 고치 짜기는 베일과 다음 절에서 나오는 '그물(net)'의 또 다른 이미지이다. 이 농담은 플라톤이 제시한 예술에 관한 설명을 겨냥하고 있다. 이중적으로 베일로 덮이고, 실재에서부터 두 번 멀어진 것은 예술이 아니라 **학문**이다. 이 학문은 자신이 창조한 형태들이 단순한 가상임을 의식하지 못하고 있을 뿐만 아니라, 또한 아폴론적인 것이 여기서 그 자신 위에 끌어당긴 **두 번째** 베일도 알지 못하고 있다. 아폴론적인 것과 비교할 때, 소크라테스적 충동은 병리적이다.(1절을 보라.) — 이는 소크라테스적 충동이 직접적이고 현상적인 감정들에 의해 결정되고, 그러한 감정들을 근본적으로 중요하다고 여기며, 꿈을 꿈으로서 파악하거나, 그 감정적 거리를 유지하는 데 실패하는 한해서 병들어 있음을 말한다.(또한 12절을 보라.) 이러한 변화 속에서 **뮈토스**(muthos) (이 책의 남은 부분에서 극히 중요한 테마가 되는 신화)는 **로고스**(논증적 언어, 논리, 지식)로서 잘못 해석된다. 유사하게 니체는 항상 황홀함을 목표로 했고, 넓게 말해서 자연을 목표로 했던 디오니소스적인 것이 자연주의적이고, 감정적인 정서로 '번역'됨을 언급하기 위해 에우리피데스에 대한 자신의 논의를 우리에게 다시 제시한다. 이것 역시 디오니소스적인 것과 비교해서 병리적이다. (22절 아리스토텔레스와 괴

---

[100] 사실상 글쓰기 구조는 이 개념을 재생산한다. 니체가 명백하게 우리에게 이 책 첫 번째 절반의 결과를 상기시키는 경우들을 제외하면, 아폴론적인 것의 개념은 어느 정도 13절에서 20절까지 사라진다. 이 개념은 문화적 재생에 대한 '희망'이 생겨날 때만 다시 등장할 뿐이다.

테에 대한 논의를 보라) 즉, 디오니소스적인 것의 황홀한 본성이 개인의 감정들로 잘못 해석되는 한해서 병리적이다. 결국 디오니소스적인 것은 '길들여진 비극으로 죽음의 도약' 을 한다. (이것은 우리가 오늘날 '극단적으로 리얼리스틱한 드라마(kitchen sink drama)' 혹은 '멜로드라마(soap operas)' 라고 부를 수 있는 것이다)

　그래서 놀랍지 않게 니체는 소크라테스라는 인물을 '플라톤적 드라마 속의 변증법적 영웅' 으로 파악하며, 이는 자신의 행위를 근거와 반대 근거들로 방어해야만 하는 에우리피데스적 영웅과 매우 유사하다. 양자의 경우에 널리 퍼진 낙관주의, 즉 자연 세계와 그 세계에 드러남으로써 가해진 고통에 대한 방어처럼 작동하는 낙관주의가 존재한다. 소크라테스에게서 이 낙관주의는 암묵적으로 지식이 가능하다는 것을 주장하며, 명시적으로는 지식이 덕을 통제하며, 죄는 무지이고, 덕은 행복에 이른다는 것을 주장한다. 이러한 낙관주의 때문에 비극은 죽는다. 예술충동들의 도덕적 내용은 너 자신을 알라는 인식론적 명령으로 대체된다. 좀 더 특수하게는 아이스킬로스의 '초월적 정의' 는 기계로부터 등장하는 신으로 대체되며, 무대 위에서 벌어지는 변증법적 추론의 쇼가 인간 운명의 신성한 신비스러움을 몰아낸다.

　합창단과 비극의 '음악적이고 디오니소스적인 전체' 토대는 이러한 새로운 소크라테스적 관점에서는 없어도 되는 유물로 이해된다. 그러나 '우리는 합창단이 전적으로 이해될 수 있는 유일한 방식이 비극과 비극적인 것의 **원인**으로서 라는 점을 깨달았다.' 다시 한 번 니체는 합창단을 사용할 수 있는 방식에서 변화를 '권했던' 소포클레스와 함께 비극은 이미 그 몰락의 최초 단계에 들어섰음을 분명히 한다. 소포클레스를 묘사하는데 영웅(9절)에서 해체를 일으킨 자로의 이러한 변화는 니체가 스스로 모순을 범하는 것으로 볼 수도 있을 것이다. 그러나 이는 니체가 논의하는 각각의 인물 자체가 하나의 단일한 문화적 경향의 동질적인 표현이라고 가정하는 경우에만 그럴 것이다. 그러나 우리는 이 책의 첫 문장에서부터 이것이 그렇지 않으며, 문화적 전개와 역사에 대한 니체의 개념은 좀 더 넓게 보면 힘들의 상호작용이라는 점을 알고 있다. 후기 작품에서 이러한 복잡한 모델은 니체가 말하는 유명한 '관점주의'가 되며, 관점주의에서 어떤 것의 가치는 그것을 어떤 힘 혹은 가치 관계에서 보느냐에 달려있다.

소포클레스에 대한 평가절하를 통해 니체는 다섯 번째 문단에서 소크라테스를 재평가하기 위한 기반을 마련한다. 왜냐하면 소포클레스는 '반-디오니소스적인 경향이 이미 소크라테스 이전에 작동하고 있었으며, 소크라테스에 의해 단지 전대미문의 정도로 웅장하게 표현되었을 뿐이라는 것'을 보여주기 때문이다. 달리 말해, 우리가 이전에 주목했듯이, 소크라테스는 단순히 특이한 개인의 경우가 아니라, 아주 이상한 자연적 본능과 문화적 생산 (그리고 지금은 지배적인) 양식을 보여준다. 더욱이 영향력이 있고, 심지어 위대한 예술작품으로서 플라톤적인 대화들은 '우리가 그를 단순히 해체적이고, 부정적인 힘으로만 간주하는 것을 허용하지 않는다.' 니체는 수사적으로 '소크라테스와 예술 사이의 관계가 **필연적으로** 배타적이고 대립적이었는지' 묻는다. 니체가 소포클레스를 새로운 관점으로 특징지었듯이, 소크라테스도 그럴 것이다. 여기서 니체는 소크라테스 이후 근대 시기의 문화를 논의하기 위한 토대를 놓고 있는 셈이다. 니체에 의하면 소크라테스의 '성취'는 돌이킬 수는 없다. 우리가 단순히 역사를 역전시켜 아이스킬로스가 될 수는 없다. 그리스인들은 모방될 수 있는 모델들이 아니라, 그들이 자신들의 조건들하에서 성취한 것에서 사례(exemplary)이다(3절을 보라). 문제는 오히려 소크라테스적인 논리적 충동이 다시 예술충동과 결합할 수 있는지, '예술적 소크라테스'를 생각할 수 있는지 여부이다. 여기서 '예술적 소크라테스'와 다음 문단에서 나오는 '음악을 하는 소크라테스'는 근대성의 조건하에서 가능한 통합, 인간의 그 자신과의 통합을 잠정적으로 정식화한 표현이다.

니체는 여섯 번째 문단에서 이전에 논의되었던 바 경고하는 목소리인 다이모니온과 매우 유사하게 죄책감을 느끼는 소크라테스에게 반복해서 '음악을 하라'고 말해주는 꿈을 언급한다. 니체는 소크라테스가 야만족의 왕과 같이 신성모독을 막 저지르려는 것처럼, 이것을 '아폴론적인 통찰[101]'로서 파악한다. (물론 아주 비(非)-그리스적인 어떤 혈연관계(relations)를 갖고 있었고, 아폴론적이고 디오니소스적인 예술적 힘들을 아주 철저히 오해했기 때문에, 소크라테스는 신성모독적인 야만인이다. '야만적'이라는 용어는 이 책을 통틀어서 '비-예술적 충동들에 의해 지배되는'을 의미하기 위해 사용된다) 소크라테스의 꿈에 나타난 목소리가 하는 말들은 단지 '논리적 본성의 한계에 관해서 그에게 나타나는 어떠한 망설임을 암시하는 것일 뿐'이다. 이러한 논의를 통해 우리는 비판적 변증법은 그 자신의 한계들, 토대들 및 그 자신과 본능의 관계를 파악할 수 없다는 생각으로 돌아가게 된다. 니체는 논리학자와 학자란 예술적 통찰을 '교정제'로 필요로 한다고 언명하는 한 쌍의 수사학적 물음으로 결론을 맺는다. 이로써 근대 시기의 과제가 밝혀진다. 그것은 학문을 예술로 보충하는 것이다. 우리가 그리스 문화 시기에 대한 니체의 관심이 주도적이었던 1부에서 논의를 진행했다면, 이제부터는 이 책이 근대적 삶의 어려움들에 대한 것이라는 점이 분명

---

101 역자 주: 이는 소크라테스가 야만족의 왕처럼 고귀한 신상을 이해하지 못하고 이러한 몰이해를 통해서 신에게 죄를 지을 위험에 처해 있다는 사실에 관한 아폴론적 통찰이다.

하다. 소크라테스는 이 책의 두 번째 출발점이며, 바그너의 「트리스탄과 이졸데」에서 새로운 패러다임의 문화적 산물에 도달한다.

15절

결함 있는 예술 양식으로서 학문; 근대성의 대문에 서 있는 소크라테스

소크라테스는 단순히 하나의 역사적 사건이 아니었으며, 예술충동들과 대립하고, 그 이후 역사를 변화시키고 형성했던 힘, 새로운 문화적 힘을 가장 분명하게 표현했다. 소크라테스적 문화는 미래에 그림자를 던진다. 여기서 메타포들의 사용에 주의하라. 우선 플라톤적인 동굴의 메타포가 다시 소크라테스에 대항하여 사용된다. 둘째, 역사는 하루라고 가정되며, 후기(late) 근대성은 '저녁'이고, 저무는 해는 문화적 실체의 악화를 상징한다고 간주된다. 하루 내의 시간이라는 측면에서 시간을 개별적으로 지각하는 것이 역사 전체에 대한 이미지들로 옮겨지는 메타포는 니체가 특히 빈번하게 사용한 문체적 장치이다.[102] (여기서 이 메타포는 부자연스러운 것이다. 왜냐하면 저녁과 그림자는 '끝이 없기' 때문이다) 이 절 마지막에 등장하는 '예언적' 물음이 암시했듯이, 예술은 학문의 '필연적인 교정제'이기 때문에, 소크라테스적 문화는 예술이 영원히 새롭게 창조되기를 요구한다. 이 요구는 우리가 보았듯이, 곧장 감옥에 있는 소크라테스에서부터 시작하며, 플라톤적인 대화였던 최초의 소설에서부터 시작한다. 니체는 거의 자기 조절적인 충동

---

102 가령, 예를 들어 『선악의 피안』 296절. 및 『차라투스트라는 이렇게 말했다』의 '자정에'라는 시를 보라.

들의 재생과 교정 과정이 문화사의 형성에 포함되어 있다고 생각한다. 이런 식으로 동시대의 계몽주의 문화 — 소크라테스적 문화에 대한 가장 최근이자 아마도 최후의 표현 — 는 거의 자동적으로 이제 새로운 예술 문화에 의해 보강될 것이다. 이런 식으로도 또한 모든 예술은 그리스인들에게 의존한다.

　이를 파악하기 위해서 우리는 '진리를 존경하는 한 개인'이어야 할 것이며, 아테네인들이 당대 문화의 **건강**과 깊이 대립하는 어떤 것으로서 소크라테스에게 했던 것과 똑같은 방식으로 후기 그리스의 전반적인 문화유산을 (메타포적으로) 투옥하고 사형시켜야 할 것이다. (또한 순환적인 모티프(motif)도 주의하라. 우리는 아테네인들이 미래를 극복하려 했던 방식의 거울 이미지 속에서 과거를 '경험'해야 하고 극복하려고 해야 한다) 그리스 예술을 모방하려고 시도하거나, 혹은 심지어 스스로를 그리스 예술과 비교하는 것은 불가피하다. 그리스인들은 전부를 파괴하려고 하는 사악한 마부들과 같다.[103] 사실 두드러진 문화가 덧없으며, 단지 역사의 우연이었던 민족, 그러한 '건방지고 작은 민족'을 왜 모방하려고 하는가? 또 역사는 역전될 수 없다. 현재의 임무는 시계를 되돌리는 것처럼 그리스인들을 '모방하는 것'일 수는 없다. 대신 니체는 다음과 같이 주장할 것이다. 즉, 당대의 임무란 그리스인이 한 비극의 발명을 반복하되, 우리 자신의 시대 속에서 우리에게 이용 가능한 자원들을 갖고 **반복**하는 것이다.

　소크라테스 역시 스스로는 의식하지 못했으나 이런 예술적 만신전의

103　역자 주: 이와 관련된 원문은 다음과 같다. "그리스인들은 마부로서 우리의 문화와 모든 문화의 고삐를 손에 쥐고 있지만, 이 마차와 말은 거의 항상 너무 보잘 것 없는 소재로 되어 있어서 마부의 영광에 어울리지 않는다고, 따라서 그는 그런 마차를 골짜기로 떨어뜨리는 것쯤은 장난으로 생각하며, 그들 자신은 이 골짜기를 아킬레우스의 도약으로 뛰어넘는다."

일부이다. 왜냐하면 그가 개시한 학문 역시 그 자체로는 예술의 형태이
거나 혹은 적어도 불가피하게 예술을 상관자나 교정제로서 낳기 때문
이다. 이것은 논증의 독특한 경향이다. 학문은 현존의 정당화라는 의
미, 예술의 '가장 심오하고도 이미 형이상학적인 의미'에 일치한다. 학
문의 현존은 교정을 필요로 하고, 교정될 수 있다는 망상 아래서 전형
적으로 고통을 받고 있는데도, (니체는 자신의 청중을 '교정하려는'에
우리피데스의 경우에서 아주 분명히 이런 생각을 설명했다) 예술처럼
현존에 무한히 만족하고 있다. 예술과 마찬가지로 이 같은 만족은 염세
주의에 대항한다. 염세주의는 다른 요인들 가운데서도 특히 과학적 발
견 자체의 무익성에서부터 생겨난다. 그래서 나중에 니체가 제시하고
있는 유비, 땅을 관통해 구멍 파기의 유비가 등장한다. 즉, 우리가 깊이
팔 **수 있다**고 해도, 우리는 단지 다른 표면에 도달할 수 있을 뿐이다!
따라서 학문은 계속해서 자신의 한계에 도달하며, 다소간 무의식적으
로 스스로 예술로 변모한다. 그리고 니체가 주장하기에 처음부터 줄곧
이것이 바탕에 깔려 있는 모든 문화적 충동들의 목표였다. 마지막으로
예술처럼 학문은 베일로 감추어진 것보다 베일과 더 관련되어 있다.
(이 언급은 1절이 도입한 베일, 쇼펜하우어가 언급한 마야의 베일을 다
시 가리킨다) 니체는 베일을 벗기는 행위가 베일이 벗겨진 것보다 더
중요하고, 더 큰 자극제였던 인물, 계몽주의를 주도한 인물인 레싱을
인용한다. 그러한 후자를 근거로 또한 학문은 자신의 낙관주의가 학문
의 성공이 보장되기 때문에 지지된다고 생각한다. 학문은 베일이 벗겨
진 것이 실제로 벗겨진 것인지는 중요하지 않다는 점, 즉 학문이 실제
로 사물들의 진리를 발견했는지 여부는 중요하지 않다는 것을 알지 못
한다. 학문과 예술의 핵심적 차이는 전자가 의식하지 않는다는 점이다.
그래서 사실상 소크라테스적인 학문이 (플라톤에 있어서처럼) 예술에

대한 적대성을 흔히 드러낸다는 것 역시 부지불식간에 이루어진다. 이와는 대조적으로 현존에 대한 아폴론적 만족은 그러한 만족을 부여하는 현존과 아름다운 형태들의 가상적 특성에 대한 앎을 수반하며, 사실상 그러한 앎에 기초한다. 그래서 다음 절에서 니체는 단지 아폴론적인 것을 통해서만 현상으로서 현존에 대한 만족은 '진짜로(truly)' 발견될 수 있다고 주장한다.

이 낙관주의는 소크라테스가 죽음을 ('자연스런 두려움 없이') 추론에 기초해서 받아들이게끔 한다. '죽어가는 소크라테스'는 모든 학문을 위한 '문장(紋章)이 새겨진 방패'이다. 소크라테스적 문화는 가상들의 진리를 지나치게 믿음으로써 고통 받는다. 진리는 우상화된다. 그래서 다음 문단에서 니체는 (이러한 넓은 의미에서) 예술, 즉 소크라테스적 학문이 알지 못한 채 목표로 하고 있는 예술을 신화와 동일시한다. 그리고 이 책 마지막에서 핵심적 개념이 되는 것이 바로 신화이다. 여기서 니체는 플라톤을 언급한다. 많은 대화편에서 소크라테스라는 인물의 변증법적 추론이 그 최종 목표에 도달할 때, 신화적 이야기가 언급된다.[104] 니체의 주장은 다음과 같은 것이다. 즉 플라톤이 잘 몰랐음에도 이 신화적 이야기는 변증법의 대체물이 아니라, 변증법의 본질이자 목표이다.

이 모든 것들은 편견에 사로잡힌 근대 학문의 본성을 니체가 비판하는 맹아적 주제들이며, 여기서 처음 다루고 있고, 『차라투스트라는 이렇게 말했다』와 『선악의 피안』에서 완전히 전개된다. (또한 「자기비판의 시도」를 보라) 또한 여기서 학문은 궁극적으로 그 자신의 고유한 인식론적 토대들의 불완전성과 우연성을 깨달아야 할 것이라는 생각이

---

104 가령, 『파이돈』에서 소크라테스의 죽음 바로 전에 언급된다. *Phaedo* trans. G.M.A. Grube. Indianapolis, IN: Hackett, 1977.

미리 나타나고 있다. 왜냐하면 자연에 대해 접근하는 가운데 학문은 그 자신의 고유한 본능적 토대에 대한 오해를 기초로 삼고 있기 때문이다. 학문이 예술(그리고 종교)과 공유하고 있는 것은 바로 학문들의 본능적 토대이다. 이처럼 생각함으로써 결과적으로 니체는 철학적 탐구의 가능성들을 그 탐구에 예술적 요소들을 불어넣음으로써 확장시키려는 야심을 보여주고 있는 셈이다.

근대 철학의 창립자로서 소크라테스라는 개념이 여기서 제시된다. 소크라테스 이후, '철학의 한 학파는 파도 위의 파도처럼 또 다른 학파로 이어진다.' 소크라테스 시대 이래로 우리는 전 세계를 가로지를 뿐만 아니라, 또한 이전의 분리된 분과들을 가로지르는 보편성, 지식이 지닌 높은 정도의 보편성에 도달했다. 그래서 도덕성, 덕 및 감정의 현상들조차 탐구되고 변증법적 추론에서 도출될 수 있으며, 그러므로 또한 '교육될 수'도 있다. (에우리피데스와 그의 청중에 대한 논의도 상기하라) 그래서 '우리는 소크라테스를 이른바 세계사의 소용돌이이자 전환점으로 간주할 수밖에 없다.' 니체는 다음과 같이 주장한다. 즉, 이러한 전 세계적인 계몽의 기획이, 그렇지 않고 자유롭게 거닐도록 허용되었더라면, 유감스럽게도 대량학살과 같은 소름끼치는 관습을 초래함으로써 지구상을 지옥처럼 만들었을 인간의 거대한 에너지를 흡수했다는 것이다. 학문은 다시 또 예술처럼 삶 자체의 일부인 파괴적 충동들에 대항하여 삶을 방어하는 데 이용된다. 학문은 승화(sublimation)를 위한 도구이다.

소크라테스는 이 책이 시작하는 절에서 니체가 분석했던 그리스적 명랑성과는 대조적인 고요함, '새로운 형태의 그리스적 고요함'을 가르친다. 그러한 고요함은 스스로를 행위들(현존을 교정하는 행위들) 속에서 발산하고자 하며, 새로운 소크라테스적 천재들을 위한 '산파'

가 되는 가운데 자신을 발산하고자 한다.[105] 모든 현상을 포괄하고, 스스로를 '빈틈없이 촘촘하게' 짜기를 시도하는 그물, 소크라테스적 통찰의 '그물'이라는 메타포에 주목하라. 이 개념은 두 가지 새로운 생각을 지닌 베일의 변형이다. 우선, 붙잡고 쥔다는 생각이다. 이것이 소크라테스적인 것이 가진 보편화하는 경향이다. 모든 것은 변증법적 방법 아래 속한다. 모든 것은 이해될 수 있고, 이해될 것이다. 둘째로, 이 경우에, 베일을 발견하고 아마도 제거하는 것이 문제가 아니라, 진리의 가장 하에서 훨씬 더 완전하고 교정된 가상을 창조하기 위해 베일을 직조하기 시작하는 것이 문제이다.[106] 니체가 이 절 마지막 문단에서 우리에게 상기시켜 주듯이, 이 베일은 예술이다. 그러나 이것은 예술충동들을 오해하고 잘못 사용함으로써 낙관주의가 그리로 서둘러 향하는 자기 한계들을 의식하지 못하는 예술이다. 사실상 그런 예술은 이미 발생했다. '고상하고 재능 있는' 학자는 문제와 그 문제에 대한 추구 양자 모두가 지닌 본질적으로 무근거한(ungrounded) 본성이 드러나는 지점까지 한 가지 문제를 추구할 것이다. 학문의 원(circle)은 무한한 수의 점들을 포함하고 있지만, 그런데도, 그것을 둘러싸고 결정하며, 원의 중심(변증법적 추론)으로부터 진리의 진정한 기원이 아니라, 임의적인 양식의 문화적 산물을 만들어내는 **근원적 일자**와 관련해서는 유한하다. 칸트와 쇼펜하우어의 경우 계몽주의가 종말로 향해 갈 때만, 학문은 스스로 학문적 지식의 대상이 된다.(18절을 보라) 그래서 '논리는 자기 둘레를 돌며, 결국 자신의 꼬리를 문다.' 지식은 자신이 지닌

---

105 특히 『향연』(*Symposium*)을 보라.
106 학문과 그것이 연구하는 세계의 관계에 대한 이 같은 분석은 흔히 20세기 사유에서도 나타난다. 가령, 예를 들어 다음 문헌을 참조하라. Heidegger's 'The Question Concerning Technology' in David Farrell Krell (ed.), *Basic Writings*, San Francisco, CA: Harper, 1993.

고유한 가능성들의 원을 깨닫는다.[107] 『비극의 탄생』에서 지식의 원이 완성된다는 것은 지식이 자신에 대해서 알 수 있게 됨을 의미한다. 그래서 지식은 **비극적으로** 바뀐다. 사실상 이 지식이란 보호하는[108] 상징적(protective symbolic) 형태로 그것을 드러내는 것이 비극의 목적이었던 것과 동일한 종류의 지식이다. 비극적 지식은 오직 견디기 위해 **예술**을 필요로 한다. 니체는 자신의 고유한 한계들에 마주친 그러한 근대성을 비극적 문화로, 즉, 파국적 몰락을 통해 사물들의 진정한 본성이 다시 드러나게 하고, 비극적 예술을 요구하기도 하는 비극으로, 다시 말해 안쪽에서 파열하는 문화적 패러다임들의 역사적 수준에서 일어난 비극으로 간주한다.

『비극의 탄생』은 이제 그 배후에 그리스적 과거를 지닌 채 '현재와 미래의 대문'에 서 있다. 여기서 우리는 나중에 니체가 지속적으로 사용하게 되는 또 다른 일련의 메타포들과 마주치게 된다. 가령, '대문(gate)'과 '통로(gateway)'는 『차라투스트라는 이렇게 말했다』에서 중요한 이미지이다.[109] 이는 『비극의 탄생』이 제시하는 논변이 고전 문헌학과 역사적 인간학의 방법론에 의존하는 탐구로부터 그 당시 문화적 정치적 문제들에 개입하려는 공공연한 목적을 가진 혁명적인 논쟁으로

---

107   하나의 상징으로서 **꼬리를 무는 뱀**이란 자기 반성성(그래서 가령, 그것은 1812년 칸트의 유명한 이미지에서 사용되었다), 무한성, 혹은 순환적 회귀(이는 마치 후기 니체에게 나타나는 영원회귀의 경우에서와 같다. 『차라투스트라는 이렇게 말했다』, 3부, 2절, p. 137, '환영과 수수께끼'를 보라)를 의미한다.
108   역자 주: 그 지식을 알게 되는 사람을 보호한다는 의미로 보인다.
109   가령, 『차라투스트라는 이렇게 말했다』, 3부, '환영과 수수께끼', 2절, p. 136에 나오는 영원회귀로 들어가는 대문. 세 가지 시간 영역(과거, 현재, 그리고 미래)의 연쇄(concatenation)를 통한 혁명적 변형이라는 생각은 니체가 제시하는 가장 매력적인 개념들 가운데 하나이다. 현재는 이 구성에서 과거가 미래로 변형되는 전환점, 0시 혹은 정오의 순간(혹은 아마도 자정)이다.

변화하는 순간이다. 확실히 소크라테스적 학문은 자신을 항상 단지 예술 속에서만 완전하게 실현할 수 있지만, 이는 통찰이 아니라 무의식적 맹목성에 기초한 낮은 형태로서만 늘 이루어진다. 그러나 니체가 서 있는 당시의 문화적 풍경은 다르다. 그것은 위기 속에 있으며, 학문의 한계들이 학문의 일부가 되었기 때문에, 그러한 독특한 종류의 맹목성은 더 이상 가능하지 않다. 실러 및 클라이스트와 같이, 니체는 여기서 자신의 고유한 칸트적-위기(Kant-crisis)를 갖는다. 이러한 염세주의적이고, 뿌리가 없으며, 그 자체로 야만적인 동시대 삶의 형태조차 편안하게 하고, 치유할 수 있는 예술이 등장(**음악을 하는 소크라테스**라는 유명한 이미지)할 수 있을 것인가? 우리는 그 투쟁을 지켜보려고 하지만, '아 슬프도다! 이러한 투쟁들이 지닌 마법은 그것들을 지켜보는 자 역시 거기 참여해야 한다는 것이다!'[110] 니체는 여기서 고대 그리스 비극에서 합창단의 역할을 정의한 방식과 유사한 형태의 참여를 염두에 두고 있다. 즉, 이는 주의가 끌려서 비극적 공동체 안으로 들어온 구경꾼의 모습과 같다(7절). 니체가 당시 혁명적인 종류의 정치적 관여를 고대 비극의 모델 자체에서부터 도출하고 있는 사실에 주목하는 것은 흥미롭다.

16절

근대 음악 드라마의 미학. 주: 니체, 음악, 그리고 스타일
이 절은 우리가 니체의 근대 예술 미학으로 부를 수 있는 것, 특히 그의 음악 이론이 시작되는 지점이다. 이 근대 예술 이론은 『비극의 탄생』이

---

110   또한 서론에 대한 해설에서 예술가의 입장과 철학에 대한 논의를 볼 것.

보여주는 전체 성과 중 실질적 부분을 형성하며, 마지막 남은 열개 절 가운데 많은 부분이 이를 다룬다. 이러한 새로운 미학의 한 가지 핵심적 특징은 이 책 첫 번째 부분에서 나타난 비극의 미학이 신화 및 음악의 개념들을 통해 예견되기는 했으나 앞서서는 완전히 인식되지 못한 어떤 중심적 측면에서 개정된다는 점이다. (예를 들어 10절)[111] 니체는 '비극을 낳을 수 있는 것'은 오직 음악 '정신뿐'이라고 말한다. '비극의 재탄생'이라는 구절이 이제 도입된다. 비극의 재탄생을 가능하게 하는 조건들에 대한 탐구는 『비극의 탄생』 나머지 부분의 과제를 결정한다. 니체는 '내가 보기에 **비극의 재탄생**과 독일의 특성(character)을 위한 기쁨에 찬 몇몇 다른 희망들을 보증하는 것 같은 힘들을 거명하기'를 의도한다.

니체는 아폴론과 디오니소스 속에서 상징화된 두 힘들 사이의 전투적 관계가 지닌 본성을 반복하며, 미적 현상들을 단일한 원리로 추적하는 대신, 두 개의 원리가 있음을 강조한다. 우리는 **예술적인** 두 개의 충동 혹은 힘들이라고 제대로 강조해야 할 것이다. 왜냐하면 이 전 절들이 문화 전체의 풍경을 개괄하기 위해 예술충동들과 상호 작용하고 가끔은 적대적이기도 한 소크라테스적-학문적 충동을 포함하여 다른 충동들도 존재한다는 사실을 분명하게 했기 때문이다. 그런 후에 니체는 또한 쇼펜하우어와 바그너에 대해 동의하는 인용문을 요약하고, 현재의 책을 쓰라는 '나의 명령에서 작용하는 마법을' 지닌 것을 그들 덕분으로 돌리는 것처럼 보인다. 여기서 니체가 물리적 형태의 개념에 공을

---

111 신화가 가진 중요성의 증가는 '상징'이라는 용어 사용의 빈도가 아주 축소된다는 사실에 상응한다. 다른 것들 가운데서도 특히 언어의 이런 탄력성은 시대착오라는 전략적 인상을 창출한다. '상징화'는 고대 그리스와 관련하여 사용된 당시의 이론적 개념처럼 느껴지는 반면, 신화는 근대 세계에서 결정적으로 고대적인 것으로 감지된다.

들이고 있음에 주목하라. 아폴론적인 것은 물리적 자연(현상)과 관계한다. 디오니소스적인 것은 형이상학적 실재에 관계한다. 바그너는 미학에 대해서 전자(아름다운 형태들)의 기준들을 후자의 예술(음악)에 적용했다고 미학을 비판한다. 그러나 니체는 철학을 저술하고 있다. 그래서 그는 원래의 문제를 자신 영혼 앞에 '신체적으로(corporeally, leibhaft)' 즉, **형태**로 제시하기 위한 '마법'을 사용해야 한다. 이는 8절에서 나타나는 시적 '이미지'에 대한 설명과 비교되어야 할 것이다. 이처럼 형태들을 낳는 것은 바로 소크라테스적 학문처럼 단순한 '그림자-놀이'에 만족하는 전통적 미학보다 더 생산적이다. 요점은 니체는 검토 중인 주제의 **형이상학**을 다시 **방법론적으로** 재현해야 한다는 것이다. 그래서 (1절 시작 부분에서 언급된) '미학의 학문'에 대해서 니체가 한 기여는 단순히 학문에 새로운 내용이 부여될 뿐만 아니라, 학문이 소크라테스적 측면 대신 적어도 아폴론적인(아마도 또한 디오니소스적인) 측면으로 진행되어야 한다는 지적이다.

  주: 니체, 음악, 그리고 스타일

  우리는 니체가 쇼펜하우어의 형이상학 전체에 힘입고 있음을 이미 관찰했으며, 이것이 어떻게 넓은 의미의 비극 개념과 관계되는지 언급했다. 이 절에서 새롭게 나타나는 것은 근대 음악 미학 **자체**의 문제이다. 니체의 핵심적인 생각은 음악이 바탕에 깔린 의지라는 실재(**근원적 일자**)를 직접 표현하며, 그것에 대한 표상, 이미지 혹은 개념이 아니라는 것이다.[112] 이 주장은 니체가 제시하는 새로운 철학, 언어와 표현 철

---

112 '표현하다(express)'라는 동사는 여기서 *darstellen*이며, 연극과 관련된 함축을 가지고 있고, '표현(expressions)'은 그 밖의 곳에서는 '표현' 'Ausdrücke'으로 되어 있다. 이것은 아주 분명한 이유들로 인해 단연코 '대표하다' 혹은 '표상'으로 번역할

학의 기초들 가운데 하나로서 『비극의 탄생』의 논의에 스며들어 있고, (8절, 주: 니체의 언어 철학을 보라) 덜 효과적인 다른 형태의 미메시스를 비판하기 위한 기준으로 뿐만 아니라, 니체 자신의 고유한 철학을 위한 인식론적이고 도덕적인 명법으로도 이용된다. 니체는 '의지의 직접적 모사'로서의 음악이라는 쇼펜하우어의 정의를 자기 자신을 위한 요구로 적절하게 바꾼다. (우리는 니체가 음악 작곡가의 야망 역시 어느 정도 갖고 있다는 사실을 잊지 말아야 한다) 니체는 체념에 기초한 쇼펜하우어의 염세주의를 뛰어 넘고, 철학의 관습적인 언어를 능가하는 '새로운 스타일'로 삶의 긍정을 표현하고자 한다. (「자기비판의 시도」를 보라) 아마도 역설적으로 이러한 노력은 쇼펜하우어에게 그 기원을 두고 있을 것이다. 니체는 그들을 능가하려고 투쟁할 만큼 아주 많이 그의 역할 모델들에게 빚을 지고 있다. 동일한 것이 바그너에게도 해당한다.

『비극의 탄생』 두 번째 부분에서 니체는 이러한 새로운 글쓰기를 위한 모델을 확립한다. 니체는 이 모델을 바그너, 혹은 더 정확하게는 바그너의 오페라 「트리스탄과 이졸데」에서부터 도출한다. 음악적으로 가장 혁신적이고 선구적인 바그너의 작품들 가운데 하나로서 이 작품은 음악 작곡에서 모더니스트적인 혁명을 촉발시킨다. 니체가 선호한 음악적 장치들 가운데 하나는 스스로 언어적 작곡의 장치로 변화시킨 아이디어, '주도적 모티프(Leitmotiv)' 혹은 '선도적 모티프(leading motif)'라는 바그너의 생각이다. 사실 보트/바다/키잡이의 모티프는 오페라에서부터 이 책이 직접 받아들인 그러한 주도적 모티프들 가운데 하나이다. 신화적인 신의 쌍에서 도출된 낮/밤의 메타포들 역시 또 다

수 없다.

른 그러한 모티프이며, 베일, 조직, 그물, 직물 등등의 이미지들 역시
마찬가지이다. 바그너는 주도적 모티프라는 장치를 수많은 차원의 음
악적 캔버스를 구조화하는데 이용한다. 오페라의 음악에서처럼 모티프
는 니체의 텍스트에서 논의가 전개되는 상이한 전략적 순간들에 나타
나고 다시 등장하며, 논의의 진행이 바뀌는 동안 식별할 수 있는 의미
의 이정표를 형성함으로써 메타포적이고 구조적으로 논의를 지지한다.

「트리스탄과 이졸데」가 보여주는 또 하나의 핵심적인 음악적 요소는
단일하고, 화음적으로는 혼성인 반음계 코드이다. 이것은 **트리스탄 코
드**라는 이름으로 문학에 도입되었으며, 많은 작곡에서 모더니스트 운
동의 강령에 중심적인 것으로서 소중하게 참조된다. (가령, 아놀드 쇤
베르크의 세 개의 피아노 소품 작품번호 11(Three Piano Pieces Op.
11), (1909)과 알란 베르크의 서정 모음곡(Lyrical Suite), (1926)) 그
러므로 니체가 바그너의 오페라를 새로운 시대의 미적이고-철학적인
패러다임이라는 위치로 끌어 올렸을 때, 그는 여론의 추이에 귀를 기울
였던 셈이었다.[113] 1906년 쇤베르크의 실내 교향곡 작품번호 1(No. 1)
은 '자유로운 무조'에서부터 연속적인 12음 작곡으로 이르는 작곡 실
험의 흐름을 개시한다. 「트리스탄과 이졸데」의 전개부(developmental

---

113 다음을 보라. Georges Liébert, *Nietzsche and Music*, Chicago, IL: University
of Chicago Press, 2004; Brian McGee, *The Tristan Chord: Wagner and Philosophy*,
Holt, 2002; and the 1996 special issue of *New Nietzsche Studies*, ed. Babich and
Allison, New York: Fordham University Press, 1996. Thomas Mann, *Doctor Faus-
tus: The Life of the German Composer Adrian Leverkuhn, as Told by a Friend*, New
York: Modern Library, 1966. 이 소설은 아도르노의 『신음악의 철학』(*Philosophy of
Modern Music*)에서 음악 이론의 내용을 수용하고 있으며, 불협화음에 관한 긴 문장
들을 포함하고 있다. 다음을 보라. James Schmidt, 'Mephistopheles in Hollywood',
in Cambridge Companion *to Adorno*, Cambridge: Cambridge University Press,
2004.

arch)는 이러한 화음상 불협화음인(unresolved) 코드에 의존하고 있으며, 이는 전체 오페라를 최소주의적인 화음으로 상징하는 역할을 한다. 이러한 음악적 씨앗에서 오페라라는 거대한 건축물의 화음적이고 드라마적인 구조가 생겨난다. 해결(불협화음에서 협화음으로의 이행)은 또 다른 불협화음이 뒤따르는 불협화음의 장치에 의해 연기된다. **트리스탄 코드**는 이런 식으로 구성된다. 이것은 두 개의 불협화음을 포함한다. 각각의 해결에서 단지 하나의 불협화음만 해결되며, 다른 불협화음은 열린 채 남겨진다. 네 시간의 오페라가 지속하는 동안, 긴장이 완전히 해소되는 것을 미룸으로써 바그너는 해결을 위한 욕망이 연장되어 형성된 것으로 청중의 경험을 전환시키며, 그럼으로써 그들의 부정한 사랑이 절정에 이른 가운데 그 커플의 최종적인 비극적 파멸에 대한 감정적(sensual) 효과를 음악적으로 상승시킨다. 이런 식으로 바그너는 새로운 음악적 맥락 안에 비극을 결부시킴으로써 비극을 재생시켰을 뿐만 아니라, 또한 그의 오페라는 철학적 통찰을 음악적으로 표현한다. 「트리스탄과 이졸데」에서 열망(sehnen)은 직접적으로 음악적 형태로 변화된다. 열망은 음악으로 상징된다.

트리스탄 코드는 지금까지 '고전주의 음악'(가령, 하이든, 모차르트 및 베토벤을 포함한 첫 번째 비엔나 학파)과, 브람스와 브루크너까지 내려가는 낭만주의 음악에서 사용되어 왔던 방식과는 다르게 불협화음을 취급한다. 전통적으로 불협화음은 음악적이거나 음악 외적인(가령, 심리학적인) 계기들(moments), 예외적이고 극한적인 계기들을 묘사하기 위한 장치의 역할을 했다. 가령, 하이든에게 헌정된 여섯 시리즈 가운데 마지막 작품, 즉 모차르트의 현악 4중주 19번 C장조 KV 465(1785)는 불협화음 사중주로 알려지게 되었다. 왜냐하면 길고 느린 도입부(22마디)가 지배적인 음조의 화음적 균형으로 구불구불 완만히

흐르는 화음적 마찰과 병렬에 전적으로 기대어 성립한 이후에 첫 번째 악장 C 장조의 기본 음조가 도달되기 때문이다. 고전적 전통은 불협화음을 외적이고 무관한 장치로 여겼으며, '확장적 반음계주의(extensive chromaticism)'는 주로 화음적 안정성의 불가피함을 확인하려는 대조를 목적으로 '근본적인 화음적 구조의 표면에 놓여 있는데도 화음적 안정성의 의미를 방해하는 요소'로서 사용되었다.[114] 이에 대한 사례들은 바그너의 시대까지 이른 주도적인 작품들에서 발견할 수 있다. 가령, 그런 작품들로는 브람스 혹은 브루크너의 교향곡(특히 9번 3악장) 혹은 심지어 최소한 8번까지 이르는 말러의 교향곡들이 있다. 이런 작품들에서 불협화음은 더욱 확대되어 사용되었으며, 심지어 중심적으로 사용되기도 한다. 물론 이는 아직은 대조를 위해서 그리고 지연하는 전략으로서 사용된 것이기는 하다. 아도르노가 말러와 관련하여 획기적 **약진**Durchruch(breakthrough)[115]이라고 부른 것이 불가피하게 드디어 일어난다. 화음적 안정성은 불협화음에도 그 때문에 항상 이긴다. [그런데] 바그너의 **트리스탄 코드**는 근본적으로 다르다. 왜냐하면 이 코드는 불협화음 자체를 음악적 활동의 중심으로 변화시키기 때문이다. 이런 식으로 바그너는 불협화음을 해방시켰다고 말할 수 있다. 여기서부터 고전적이고 낭만적인 화음의 체계는 무너진다. 처음에는 반음계주의에 기초해서 고정된 조성의 제한을 넘어서고, 나중에는 쇤베르크의 12음 기법과 같은 원리들, '비화음적으로(disharmonic)' 구조화하는 새로운 원리들에 이르렀던 탐색, 음악 표현의 범위를 확장하기 위한 탐

---

114   Charles Rosen, *The Classical Style. Haydn, Mozart, Beethoven*, London : Faber and Faber, 1997, p. 348.

115   Theodor Wiesengrund Adorno, *Mahler: A Musical Physiognomy*, Chicago, IL : Chicago University Press, 1996, p. 7.

색이 계속된다.

니체의 이 책은 바그너의 아이디어를 텍스트로서 구성하는 방식으로 적용하고자 추구한다. 이 책은 바그너의 새로운 멜로디적이고 화음적인 원리들을 거기에 미학적으로 공명하는 새로운 스타일의 철학적 비판의 원리들로 '전환'시킨다. 바그너의 오페라적 실험과 일치하여 우리는 니체의 문체를 '반음계적'이라고 부를 수 있다. 이 문체는 생각들(주도적 모티프들)을 이루는 부분들의 마찰과 몽타주에 기초하고 있으며, 이 생각들은 문장, 문단 및 더 긴 저술 단위들 안에 형성된 항목들과 이미지들로서 상이하게 병렬되고 끊임없이 새로운 결합들을 만들어낸다.[116] 이 텍스트가 보여주는 문체적 특수성의 비밀은 (아이디어, 모티프, 용어들 등의) 변주를 이끌어내기 위해 반복을 사용함으로써 그 안에 야기된 긴장에 있다. 엄격하게 논리적인 설명 노선을 따르기보다 아이디어의 전개는 뉘앙스와 관점의 미묘한 전이를 통해 일어나며, 따라서 논변은 의미의 이정표들로서 안에 던져진 반복되는 **주도적 모티프들**을 지닌 선, 하나의 길고, '파동치는' 선(21절 바그너의 멜로디적인 선들에 대한 니체의 묘사와 비교하라)을 형성한다. 그러므로 우리는 이러한 글쓰기를 통해서는 합리적으로 절이 구분되어 주제가 전개되는 방식을 경험할 수 없다. 대신 이 텍스트는 재료의 구성성분들 사이에서 '복잡한 관계들의 망'(이 구절은 다윈의 것이다)을 보여준다. 그리고 이는 '오르내리는 베틀 위에서 짜이는 섬유'이다.(21절 「트리스탄과 이졸데」와 관련한 니체의 입장) 바그너가 「트리스탄과 이졸데」에서 화음적 해결을 음악적으로 가능한 한 미루는 것과 같이, 니체는 자신이 구성한 갈등에 대한 논리적 해결을 바로 최후의 순간까지 끊임없이 미룬

---

116 「디오니소스적 세계관」의 마지막 장, '말의 연속'에 대한 논의를 보라.

다. 아이러니하게도 니체는 결국 『비극의 탄생』 논의를 인간학적 의미를
가진 미학적 범주로서 불협화음에 대한 논의로 '해결'하며, 그럼으로써
바그너의 음악 드라마가 그것과 함께 시작되고, 비극적 서스펜스로 구성
된 오페라 진행의 바탕이 된 예술적 장치를 신격화하면서 자신의 첫 작
품을 마무리하고 있는 셈이다. 그래서 『비극의 탄생』은 철저한 바그너
적 글쓰기의 일종으로 읽힐 수 있다. 반음계주의와 불협화음의 연기된
해결은 양 매체가 사용한 주요한 문체적 장치이다. 『비극의 탄생』 복사
본을 보내준 것에 대해 니체에게 감사하는 코지마 바그너의 편지는 이
책에서 일어난 것과 같은 효과들을 '그 대가' 이외의 다른 어느 누군가
가 산출하는 것이 가능하다고 그녀가 생각하지 않음을 말해준다.[117] 니체
는 더 나아가 21절과 24절에서 바그너의 작곡기법들을 논의할 것이다.

* * *

특수한 근대 음악 미학 쪽으로 나아가기 위해 니체는 비극에서 아폴
론적인 것과 디오니소스적인 것의 일시적 결합이라는 그리스적 문제를
다음과 같은 물음으로 다시 던진다. '음악은 어떻게 이미지 및 개념과
관계하는가?' 이 물음에 답하기 위해 니체는 『의지와 표상으로서의 세
계』에 나오는 아주 긴 인용문을 통해 쇼펜하우어의 음악 이론을 상세
하게 검토한다. 니체가 쇼펜하우어를 인용하는 또 다른 중요한 이유는
두 충동들의 **혼합물**이라는 측면이다. 여기서 니체는 쇼펜하우어 논의
의 두 번째 주요 흐름에서 자극을 얻으며, 첫 번째는 음악이 물리적 현
상 세계를 현상들의 '내적 정신'과의 직관적 유비에 의해 해석한다는
것이다. 음악은 보편적 언어인데, 이는 추상적 개념의 보편성이라는 의
미에서가 아니라, 오히려 이 음악이 바탕에 놓여 있는 의지의 '가장 내

---

117 다음과 비교하라. *Zeit-und Lebenstafel*, Nietzsche Werke, ed. Karl Schlechta,
Munich: Hanser, 1956, vol III, pp. 1361-64.

적인 핵심'을 표현하는 한해서 그렇다. 음악은 그것이 직접적이고 직
관적인 유비이기는 하지만, 시 속에서 그리고 그보다 훨씬 못하지만 개
념들 속에서 특정한 사물 혹은 행위들을 나타내는 어떤 종류의 낭랑한
(sonorous) 이미지가 아닌 경우 진정으로 표현적이다. 후자는 극히 매
개적이고, 심지어 임의적인 표상들, 동일한 '핵심'에 대한 표상들이다.
그래서 쇼펜하우어는 음악이 '의식적 의도를 통해 유발된 개념에 의한
모방'에 기초하는 경우, 그 음악을 성공적이지 못하다고 판단하는 시
야를 열어준다.

음악은 '모든 현상의 물자체'를 두 가지 방식으로 나타낼 수 있다.
쇼펜하우어는 암묵적으로 절대 음악 — 그는 무한하고 표상할 수 없는
표현(presentation)의 가능성들을 가진 심포니의 예를 든다 — 과 '응
용된' 혹은 '구체적인' 음악으로 불릴 수 있는 것을 구분한다. 음악적
작곡의 보편성을 시와 같은 '지각적 표현'의 구체적 표상과 결합하는
것이 가능하다. 왜냐하면 두 가지는 단지 '세계의 동일한 내적 본성'에
대한 아주 상이한 표현들일 뿐이기 때문이다. 우리가 보게 될 것이듯
이, 이러한 구분은 본질적으로 혼합적이며, 반(反)심포니적인 니체의
음악 드라마 개념에 있어서 매우 중요하다. 위에서 언급된 의미에서 응
용된 음악은 '음악의 보편적 언어에 대해서 인간 삶의 특수한 '개별적
그림들'을 설정한다. 쇼펜하우어는 여기서 이 두 요소들을 결합하고
있는 음악 형식들, 음악에 시, 발레, 혹은 오페라를 덧붙이는 것과 같은
다양한 비 심포니적인 음악 형식에 관해 말하고 있다. 니체는 나중에
(19절 이후부터) 음악 형식과 장르의 이러한 구분을 다룬다.

니체는 이제 고유한 예술충동들의 체계에 비추어 쇼펜하우어가 제시
한 음악 미학의 원리들을 그려본다. 디오니소스적인 것은 의지를 직접
적으로 표현하는 형이상학적인 저류(undertow)이다. 이와 결합된 어

떠한 '이미지와 개념'도 '고양된 의미'를 얻는다. 니체는 이런 식으로 고양된 이미지나 개념을 '신화'라고 정의한다. 달리 말해 이미지와 개념들, 즉 그 자체로는 단순히 가상이거나 혹은 가상으로부터 만들어진 추상들일 뿐인 그러한 것들은 음악의 영향을 통해 직접 표현하는 것과 유사한 수준으로 고양될 수 있다. 이것이 니체가 상징적인 것이라고 부르는 바이다. 작곡가와는 다른 방식으로 시인과 시적인 철학자는 음악성이 포함된다면 또한 '세계의 동일한 내적 본성'에 관한 어떤 종류의 접근을 이룰 수 있을 것이다. 이것이 음악 자체가 신화와 제휴한 혼합적 형태로서 근대 오페라의 이론적 토대이다. 이것은 또한 새로운 형태의 철학적 글쓰기를 위한 토대이기도 하다.

니체가 (심포니와 같은) 절대 음악에 대한 어떠한 논의에도 시간을 보내지 않고 있다는 점에 주의하는 것은 흥미롭다. 쇼펜하우어처럼 니체는 다른 것과 연합을 이루는 음악 유형, 즉 가상에 기초를 둔 예술 형식들에 더 관심이 있다. 그의 관심은 근대의 혼합적 음악 형식들에 있으며, 대개는 혼합된 오페라라는 매체에 있다. 이에 대한 한 가지 이유로는 바그너적인 오페라 프로젝트를 적절한 근대 음악 미학으로 지지하려는 것이 니체의 의도이기 때문이다. 그는 또한 자신을 작곡가이자 동시에 시인으로 간주한 젊은 철학자로서 음악적 혼합성의 형식들에 대해 원래부터 관심을 갖는다. 니체는 여기서 서정시인(아르킬로코스, 6절)에 대한 자신의 앞선 논의를 언급한다. 서정시는 음악과 아폴론적인 이미지를 통해 어떤 디오니소스적인 지혜를 표현하는 한에서, 비극을 선취한다. 그래서 앞선 분석은 상징적으로 표현되는 디오니소스적인 지혜에 대한 이러한 새로운 설명을 지지해준다.

우리는 니체가 여기서 1절에서 3절까지 제시되었던 상징화의 공리를, 신화를 통해 다시 표현함으로써 전개시키고 있음을 볼 수 있으며,

이러한 입장은 근대 미학 이론의 토대들 중 하나이자, 하이데거, 신-칸트주의(카시러), 프랑크푸르트학파(아도르노, 크라카우어, 벤야민), 모더니즘 및 그 후 미학 이론에서 반향되는 획기적인 전략이다. (4절 수용과 영향을 보라) 니체는 쇼펜하우어가 '지각적 표현'으로 부르는 것에 맞추어, 사물들의 현상을 '세계의 내적 본성'에 대한 묘사들로서 제시하는 이미지 혹은 예술적 직관 언어로 된 구체적이고 실질적인 표현(manifestation)으로 상징적인 것의 개념을 다시 그려낸다. 니체의 주장에 의하면, 상징의 개념은 관객이 비극을 지켜보는 가운데 쾌락을 느끼는 이유를 우리가 이해할 수 있게 해준다(특히 8절과 비교하라). 비극 속에서 개인의 파멸은 파괴할 수 없는 의지에 대한 통찰을 위한 상징적 수단이다. 이 절은 '어떤 의미에서는 거짓'인 아름다운 현상에 대한 아폴론적 만족과의 또 다른 비교로 마무리된다. 그러나 디오니소스적인 것은 '내가 존재하는 것처럼 존재하라!(be as I am!)'고 말하는 목소리, '참되고, 가장되지 않은 목소리'를 낸다. 이 요구는 중요하다. [왜냐하면] 디오니소스적인 것은 단순히 형이상학적 진리 혹은 경험 혹은 느낌이 아니라, 그것은 현존의 양식, 즉 지금까지 오래도록 무시되어 왔던 인간적인 것의 가능성이기 때문이다.

17절

비극의 죽음으로서 신화의 죽음

이 절에서 니체는 주로 신화의 측면에서 이루어지는 재생, 비극과 음악 미학에 대한 자신의 근대적 재생(recasting)을 예증하기 위해 그리스에서 일어난 비극의 죽음을 짧게 취급한다.[118] 이 절은 가장 명확하고, 기운차며, 아름다운 디오니소스적 통찰의 표현들 중 하나로 시작한다. 현존에 대한 근본적이고 생식적인 욕망은 가상 속에서 형태들을 끊임없이 창조하고 파괴하기를 필연적으로 만든다('현상'은 여기서 이중적 의미를 갖는다. 즉, 우선 아폴론에 의해 찬양된 아름다운 이미지이다. 그러나 이것은 좀 더 특별하게는 학문의 실재적 대상으로 간주된 현상들을 의미한다). 이것은 '현존에 있어서 측정할 수 없고, 원초적인 기쁨'과 함께, 모든 예술의 본질인 형이상학적 위안을 '필연적으로 만든다.' '공포와 연민'에 대한 언급은 아리스토텔레스의 『시학』[119]에 대한 것이며, 따라서 관객이 비극을 지켜보는 가운데 왜 기쁨을 느끼는지 하는 문제(니체가 믿기에 자신이 결국 풀었던 문제)와 관련된다.

두 번째 문단은 신화를 논의한다. 그런데 이 신화란 ('영원한 아이'였던, 즉 자신들이 무엇을 하고 있는지 알지 못했던, 심지어 그리고 특히 그들이 알고 **있었다고** 믿었던 소포클레스로부터 시작하는 그러한)

---

118   니체까지 이르는 독일 문화 이론에서 신화가 한 역할을 매우 유용하게 개괄하고 있는 것으로는 다음을 참조하라. George S. Williamson, *The Longing for Myth in Germany: Religion and Aesthetic Culture from Romanticism to Nietzsche*, Chicago, IL: Chicago University Press, 2004. 다음 사실을 깨닫는 것이 중요하다. 즉, 니체가 지력을 요구하는 신화의 문제나 문화적 가능성들을 숙고한 첫 번째 인물은 전혀 아니었다는 점이다. 많은 인류학자들과 더불어 니체는 다음 두 가지 사례에 의해 영향을 받았다. 가장 흔히 헤겔의 것으로 여겨지곤 하는 문건, 1790년대 단편인 「독일 관념론에서 체계를 향한 가장 오래된 프로그램(The ʿOldest Program towards a System in German Idealism)」은 이성과의 일치를 통해서이지만 신화의 재생에 대해 말하고 있다. (다음 번역과 해설을 보라. David Farrell Krell, *The Tragic Absolute. German Idealism and the Languishing of God*, Bloomington, IN: Indiana University Press, 2005); 또 마찬가지로 셸링이 1842년에 쓴 『신화 철학에 대한 역사적-비판적 입문』 (*Historical-Critical Introduction to the Philosophy of Mythology*, trans. Mason Richey and Marcus Zisselsberger, Albany, NY: State University of New York Press, 2008.)도 참조하라.

119   *Poetics*, 49b25-27.

그리스인들에 의해 실행되었으나 제대로 이해되지 못했으며, 지금까지의 근대 미학에 의해서도 이는 마찬가지이다. 고대 비극 드라마와 좀 더 최근의 근대 비극 드라마에서, '신화는 분명 구어로 적절하게 객관화되지 않는다.' 니체는 '자신이 행한 것보다 더 많이 피상적으로 말하는' 셰익스피어의 『햄릿』을 언급한다. 니체는 (이제는 물론 근대 음악 드라마의 관점에서) 그리스 비극의 가장 중요한 구성요소로서 음악의 요소를 도입한다. 물론 니체는 우리가 그리스 비극에 대해서는 단지 추측만 할 수 있을 뿐이라는 점을 인정한다. 고대 비극 가운데 우리는 단지 말로 된 부분만 갖고 있다. 그래서 이러한 드라마 작가들이 또한 (사실상 우선적으로 그리고 중요하게도) 음악가들이었다는 사실을 잊기 쉽다.[120] 오직 이미지들, 음악, 구조에 대한 숙고 속에서만 그리고 층을 이루고 있는 비극이라는 이런 인공물 전체에 대한 숙고 속에서만 신화의 참된 의미가 드러난다. 이것은 '학자의 수단'에 의해 '거의' 일어날 수 있으나, 확실하게 일어날 수 있는 것은 분명 아니다. 이것은 니체가 바로 새로운 미학 이론을 제안하고 있는 것이 아니라, 문화적 인간학으로 다시 고안되고, 그 조건으로서 미적 감수성을 요구하는 새로운 방법의 미학적 **탐구**를 제시하고 있다는 사실을 보여주는 또 다른 짧은 언급이다. 이 모두는 다음을 함축한다. 즉, 비극적 신화를 재창조하는 음악적 가능성들을 의식하고 있다는 측면에서 근대인들은 그리스인들

---

120 이 언급에서 니체의 문헌학적 양심이 전면에 드러난다. 그는 역사적 사료가 부족한 곳에서는 사변을 삼간다. 그는 고대 음악 이론과 실제 분야에 대해서 매우 정통했다. 이에 대한 증거는 니체의 사적인 참고 문헌 도서관에 있는 논문, 즉 아주 상세하고 학술적이지만, 여전히 대체로 화제 중심으로 된 다음 논문의 복사본이다. Rudolph Westphal, *Geschichte der alten und mittelalterlichen Musik* (History of Ancient and Medieval Music), Breslau: Leuckart, 1865. 여기에는 니체가 여백에 **빽빽**하게 쓴 주가 달려 있으며, 밑줄이 그어져 있다. Shelf mark C216, Nietzsche Estate, Herzogin-Anna-Amalia Library, Weimar.

을 앞서 있다는 것이다.

니체는 비극의 역사적 전개에서 뚜렷한 역사적 간격을 언급한다. 신화의 몰락 이후에 즉, 니체가 두 문단 뒤에서 시에 관해 이야기하고 있듯이, 그 '고향이 없어'지게 된 이후에, 음악 정신과 디오니소스적인 세계관에는 무엇이 일어나는가? 이러한 문화적 현상들이 '보편적인' 예술충동들에 의존한다는 점이 전제된다면, 이 충동들은 자신들이 억압되는 시기에 스스로를 어떤 식으로 표현하는 것인가? 니체가 말하는 바에 의하면, 디오니소스적인 것은 적어도 기독교적인 중세에 신비주의와 신비극(mystery plays)으로 숨어 들어가게 된다. (13절 끝 부분에 있는 신비주의에 관한 언급을 상기하라) 디오니소스적 세계관은 가끔씩 '좀 더 진지한 본성을 지닌 사람들(natures)을 매혹했으며', 니체는 이 세계관이 언젠가 '그 신비적 깊이로부터', 즉 그에 대한 무시와 '단순한' 신비주의라는 오해에서부터 벗어나 예술로서 다시 등장할 수 있을 것이라는 바람을 말한다. 이론적 세계관과 비극적 세계관의 '영원한 투쟁'은 전자가 그 한계를 깨달았을 경우에만 비극의 재생을 허용할 수 있다. 이것이 다음 절의 주제이다.

이 절 나머지 부분은 비극이 죽는 시기가 보여주는 세 가지 핵심적 특징들을 논의하고 있으며, 이전보다 더 명확하게 이 특징들을 신화 개념의 측면에서 해석한다. 이 문단들은 부분적으로 겹치는 언급, 즉, 12절의 에우리피데스에 대한 언급과 나란히 읽어야 할 것이다. 이 셋 중 첫 번째는 (합창단의 '원래' '디오니소스적인 디티람보스'와 대립되는) '신 아티카 디티람보스'이며, 이것은 아이스킬로스와 소포클레스의 경탄할만한 비극들을 대체했으며, 에우리피데스가 '마음대로 쓴' 음악 형식들이자 음악에 말을 붙인 형식들이다. 여기서 음악은 '더 이상 내적 본질, 즉 의지 자체를 표현하는 것이 아니라, 단지 현상들을 부

적절하게 재생산할 뿐이었다.' 이는 쇼펜하우어가 부르고 있듯이, '모
방적 음악'이다. 니체는 '음화(tone painting)'를 신 디티람보스의 등
가물로 간주한다.[121] 이는 현상 세계를 그것이 존재하는 것보다 훨씬 더
빈약하게 만든다. 이 논의는 본질적으로 『국가』에 나타나는 시에 관한
플라톤의 논의와 같다. 대조적으로 디오니소스적인 음악은 '개별적 현
상을 풍부하게 하며, 확대하고, 그것을 세계의 이미지로 만든다.' 즉,
이 음악은 신화를, 상징적 통찰의 가장 중요한 예이자 담지자로서 신화
를 창조한다. '비-디오니소스적인 정신'에 의해 공격을 받은 또 다른
결과는 소포클레스에서부터 시작된 현상, 즉 비극에서 '심리학적 세련
됨'의 점진적인 도입이다. (소포클레스가 비극의 정점(high point)이
자, 비극 종말의 시작임에 주의하라) 이는 우리가 심리학적 리얼리즘
이라고 특징지어 부르는 것을 의미한다. 니체에 의하면 다음과 같은 점
은 분명하다. 즉, 아리스토텔레스가 염두에 둔 종류의 '보편성'은 개념
의 보편성이지, 신화적 상징의 보편성이 아니라는 것이다.[122] 에우리피
데스 및 신아티카 희극에서부터 인물들은 '영원한 유형으로 확장될'
자신들의 능력을 상실해버렸다. 이 인물들은 단일한 심리학적 유형의
특징들을 지닌다.

---

121 이에 대한 예들은 베토벤 6번의 폭풍우 반복 진행 혹은 로시니의 「세빌리아의 이
발사」(*The Barber of Seville*)가 될 수 있을 것이다. 그렇지만 아마도 니체는 '색채 음
악'과 '교향시' 사이를 구분했을 것이며, 후자는 베를리오즈가 행한 교향악 형태를 통
한 실험의 결과로서 19세기와 20세기 유럽 음악에서 넓게 퍼졌다. 많은 방식에서 바
그너의 음악적 스승이었던 리스트는 「파우스트 심포니」(*A Faust Symphony*), 「오르페
우스」(*Orpheus*), 「타소」(*Tasso*)와 같은 작품들을 통해 이 장르에서 탁월함을 보였다.
예를 들어 슈트라우스는 『차라투스트라는 이렇게 말했다』를 통해 이런 전통을 이어가
며, 쇤베르크와 바르토크(Bartok) 역시 마찬가지이다. 니체가 한 작곡 목록에는 세 편
의 교향시가 있다. 다음과 비교하라. Janz, *Zugänge*, p. 19.
122 Aristotle, *Poetics*, 54a 16ff.

끝으로 니체는 '형이상학적 위안'(니체는 이에 대한 '가장 순수한' 예를 소포클레스의 『콜로누스의 오이디푸스』에서 발견한다)을 제공하는 것에서부터 '비극적 불협화음에 대한 세속적 해결'을 제시하는 것으로 비극의 대단원이 변화했음을 본다. '형이상학적 위안'은 우리를 이 절 첫 번째 문단의 주제로 돌아가게 한다. 세속적 해결이란 그것이 고통의 행위와 동일한 형이상학적 수준(이론적 문화가 그것을 이해한 방식대로 이해된 현상)에서 발생함을 의미한다. 이들 나중 비극들에서 모든 것은 표면 위에 존재하며, 현재 관심의 영역에 머물러 있다. 영웅은 이제 '훌륭한 결혼을 함으로써 혹은 신들에 의해 존중받음으로써 당연한 보상'을 받는다. 이 절은 '아폴론적 문화의 꽃'이었으며, 심연을 아름다움으로 진정시킨 '그리스적 명랑성' 혹은 '고요함'(9절의 주제)과 '노쇠하고 비생산적인'(11절에서 이미 도입된) 새로운 형태의 명랑성 사이를 대조하면서 끝을 맺는다. 후자 가운데서 어떤 형태들은 다른 것들보다 더 '고상'하며, '이론적 인간'의 명랑성이 가장 고상하다. 니체는 여기서 분명 '고상함'이라는 말로써 이론적 인간이 단순히 품위가 없거나 타락했거나 비지성적이지는 않음을 의미한다. 즉, 이론적 인간이 어떤 방식에서 존재의 힘겨움을 **단순히** 알지 못하고 있는 것은 아니라는 것이다. (18절 첫 번째 문단을 보라) 그는 결국 성취할 수 있는 능력이 있으며, 따라서 전적으로 비생산적이지는 않다. (니체는 여기서 기독교의 비천한 측면들을 염두에 두고 있을 수 있다) 이런 의미에서 이론적 인간의 상대적 고상함은 14절 및 15절과 같이 소크라테스에 관한 절에서 논의된다. 니체는 비교적 고상한 이런 명랑성이 그럼에도 어떤 방식으로 철두철미하게 반-디오니소스적인지를 우리에게 상기시킴으로써 마무리한다.

18절

소크라테스적 근대의 위기. 주: '교양(Bildung)'에 관하여

이 절은 니체의 근대성 이론을 상술한다. 자신의 사상적 여정 가운데 이러한 최초의 단계에서 니체는 '근대적'인 것의 개념을 정확한 정의를 결여한 채 사용하고 있다. 니체는 이 개념을 나중에 분명히 하며, 가장 뚜렷하게는 『선악의 피안』과 『도덕의 계보』에서 그렇다고 할 수 있다. 다음 절에서 우리는 야콥 부르크하르트가 쓴 『이탈리아의 르네상스 문명』[123]의 반향을 들을 수는 있지만, 전반적으로 여기서 근대에 대한 니체의 견해는 당시의 논쟁들, 특히 중세에서부터 14-15세기 이탈리아 르네상스 문화로의 이행에 있어 근대적 시기의 발단에 관한 물음들에 대한 논쟁들에 의해 거의 영향을 받지 않은 채 있다. 니체에 의하면 『비극의 탄생』에서 '근대적 인간'이란 주로 르네상스 이래 근대적 역사와 관련되는 것이 아니라, 오히려 기독교 시대 이전부터 쭉 서구 역사를 지배해 왔던 소크라테스적인 혹은 알렉산드리아적인 문화들과 연관된다. 그러므로 이런 의미의 '근대성'은 사실상 매우 일찍 시작된다. 니체는 또한 근대적이라는 것을 이밖에도 두 가지 의미로 사용한다. 가끔 이 개념은 바이마르 고전주의(실러와 괴테), 독일 관념론(칸트), 음악과 문학에서 고전주의적이고 낭만주의적인 시기(베토벤)를 포함한다. 그러나 니체가 가장 비판적으로 부여한 '근대적인 것'의 의미는 그가 19세기 독일과 유럽이라는 자신이 처한 당시의 문화적 상황을 특징짓는 일련의 환경을 언급할 때 생긴다. 가장 최근의 이 시기는 깊은 위기를 드러낼 뿐만 아니라, 쇼펜하우어 및 바그너에게서 완전한

---

[123] Jacob Burckhardt, *Civilization of Renaissance in Italy*, trans. S.G.C. Middlemore, London: Penguin Classics, 1990.

실례를 발견하게 되는 새로운 희망의 가능성들을 보여준다.

우리가 『비극의 탄생』을 점점 더 읽어 들어갈수록, 우리는 문화 이론을 위한 이 책의 일반적 원리들이 당시 근대 문화의 상황에서부터 도출되었음을 더 많이 깨닫게 된다. 이 절의 관점에서 볼 때, 그리스 문화를 다루는 이 책의 첫 번째 절반은 두 가지 방식으로 새로운 적절함을 얻게 된다. 우선 첫 번째 부분은 2부에서 동시대 문화를 탐구하기 위한 역사적이고 이론적인 제한들을 제시한다. 둘째, 첫 부분은 이제 분명하게 되듯이, 『비극의 탄생』이 이론적으로 구성하기를 주요 목표로 하는 순환적 모델의 첫 번째 절반 부분으로 이용된다. 그래서 이 책은 그 구성적 원리들을 직접적인 역사적 현재에 대한 평가로부터 도출하는 근대적 역사 이론을 기획한다. 그래서 이 책은 역사적 과거란 당대에 대한 역사적 과거의 개입을 상술하지 않고서는 물을 수 없다는 깨달음에 기반을 둔 방법론적 혁명, 역사 편찬상의 방법론적 혁명을 위한 길을 닦는다.[124] 이런 식으로 『비극의 탄생』은 랑케 이래 독일 역사학파가 주장하고 있는 바 '사료에 기반한' 실증주의에 대항한 비판, 니체의 반–역사주의적 비판의 토대들을 제시하고 있는 셈이다.

니체는 이 절에서 근대적 대중문화 이론을 제안하고 있다. 이 문화는 모든 종류의 방향으로 찢겨져 있으며, 자신과 갈등을 빚고 있는데, 그 이유는 지식에 대한 계몽주의의 추구라는 주도적 패러다임이 손상되었으며, 아직 새로운 문화적 패러다임에 의해 대체되지 못한 채, 여위어 가고 있기 때문이다. (후기 작품에서 니체는 이 상황을 니힐리즘으로 진단한다) 니체에 의하면 당시의 문화로서 근대 문화는 세 가지 특징을 갖는다. 이 문화는 불순하며, 상이한 기원들을 가지고 공존하는 문

---

124 이 개념은 딜타이 이래 철학적 '해석학'을 구성하는 요소이다. 다음을 보라.
Hans-Georg Gadamer, *Truth and Method*, London: Continuum, 2006.

화 형태들의 혼합이다. 둘째로 이는 동시대의 문화가 '분열(fracture)'의 표시를 갖고 있음을 의미한다. '행위의 인간'이 이론적 인간을 대체한다. 예술가는 다시 부상하는 중에 있으며, 계몽주의 문화의 합리주의적 토대들을 손상시키는데 자기 몫을 투여한다. 덧붙여 사회 영역에서 계급 대립이 등장한다. '더 고상한 본성들'과 '노예 계급' 간의 분열이 생긴다. 대중문화는 전통적으로 확립된 형태의 고급문화들을 위협하고 있다. 이론적 인간은 자신이 지닌 조정력을 더 이상 유지할 수 없다. 그래서 셋째로, 당시의 문화는 비논리적으로 바뀐다. 왜냐하면 지금껏 엄청난 힘을 발휘한 계몽주의적 낙관주의의 추진력이 질식시키는 자기 앎과 자기 의심에 의해 손상되기 때문이다. 역사의 노선을 따라 지금까지 이어진 이러한 모든 문화가 환상과 편견에 기대고 있었다는 섬뜩한 확신이 퍼지고 있다.[125]

니체의 근대성 개념은 그리스 비극에 대한 설명에서 이미 본질적인 혼합성이라는 보충적 개념과 밀접하게 연관되어 있다. 니체는 이 개념을 (14절에서 논의된) 소설, (다음 절에서 다루는) 오페라 그리고 대부분의 바그너 오페라(21절)와 같은 근대 예술에서는 물론이고, 당시 사회 영역의 구조에서도 발견한다. 혼합성은 예술충동들의 상징적 목표를 성취하는 경우 성공적이다. 역으로 혼합성이 소크라테스적인 것에 봉사하는 경우 성공적이지 못하다. 예술 영역에서 소설과 초기 오페라는 (니체가 나중에 두 형태에 대해 용인한 것에서 알 수 있듯이, 여기서는 주로 비판적 대조와 논의의 일관성을 위해) 니체가 거부한 잘못된 유형의 혼합성을 대표하는 것들로 종합적인 미적 형태들이다. 그러

---

125   여기서 니체가 '근대적인 것'과 동일시한 이러한 세 번째 요소와 '포스트-모던'의 20세기 개념들 사이의 일치에 주목하는 것이 도움이 될 수 있을 것이다. (다음을 보라. 4장, 수용과 영향)

나 '음악 드라마' (21절)라는 새로운 이름하에서 바그너 식의 오페라는
수용할 수 있고, 바람직한 국면의 예술적 혼합을 제공한다. 불순한 요
소들의 종합적이고 문화적인 혼합으로서 근대성을 가끔은 내키지 않게
니체가 인정하는 것이 어떤 약점을 갖든 간에, 사회나 문화의 유기적이
고 조화로운 전체 상태로 사회나 문화가 복귀한다는 어떠한 생각도 총
체적으로 불가능하다는 사실에 주의하는 것이 중요하다. 물론 『비극의
탄생』에서 니체가 '독일의 민족적 특성'의 다시 출현하는 통일성이라
는 전망에 자주 사로잡힌 것처럼 보이기는 하지만 말이다. 니체의 이론
은 본질적으로 '분열', 즉 이행하고 전개되는 상태와 불완전한 과정들
에 기반을 두고 번성하는 문화사에 관한 이론이다. 이는 아직 초기의
미성숙한 근대성 이론이며, 그래서 니체 자신과 바그너의 후계자들 몇
몇이 고안한 퇴행적 유토피아들, 가령 체임벌린(Houston Stewart
Chamberlain)의 『19세기의 토대들』[126] 혹은 슈펭글러의 『서구의 몰
락』[127]에서 나타난 유토피아들과 본질적으로 상이할 뿐만 아니라, 독일
관념론의 규범적 고전주의 및 낭만주의적 전통과도 마찬가지로 본질적
으로 다르다. 『비극의 탄생』은 니체 자신이 점차 근대성을 세련되게 설
명해가는 출발점이자, 더 일반적으로는 모더니스트(modernist) 미학,
예를 들어 벤야민과 아도르노의 미학에 이르는 독일 근대 문화 이론의
시작을 나타낸다.

이 절은 당면한 현재에 나타난 문화적 혼합물로서 특정한 혼합(mix)
을 범주화하기 위해 이전 절에서 도입된 '알렉산드리아적' 문화라는

126 Houston Stewart Chamberlain, *The Foundations of the 19th Century*, trans.
John Lees, New York: Adamant Media Corporation, 2003.
127 Oswald Spengler, *The Decline of the West*, trans. Charles Francis Atkinson,
abridged, Oxford: Oxford University Press, 1991.

개념에 의존한다. (아폴론, 소크라테스, 디오니소스에 의해 대표되는) 세 가지 가장 중요한 충동은 자신들을 예술적, 소크라테스적, 비극적 문화로 객관화시킨다. 역사적 예증을 사용하자면 이것들은 이제 각각 헬레니즘, 알렉산드리아, 및 불교문화로 불린다. 이것이 좀 더 빈번하지만 특히 '고상한' 것과 대조적인 충동과 유형이라는 의미에서 '평범한', 즉 좀 더 평범한 다른 많은 충동들과 문화적 유형들을 가리킨다는 점은 말할 필요조차 없다. 문화적 양식들로서 이들 세 가지는 모두 '환상들(illusions)'이다. 즉, 이 환상들은 항상 바탕에 깔린 의지의 단순한 객관화들인 **형태들**을 형태들로서 창조한다. 마찬가지로 그러한 세 가지 충동은, 비록 고상한 개인들로서 우리가 어떤 방식으로 '존재의 힘겨움'을 감지했음에도, '삶을 꾸려갈' 수 있게 삶이 자극될 수 있는 방식이라는 점에서 '탐욕적 의지'에 봉사한다. 중요한 것은 니체가 이러한 문화 형태들이 항상 거의 공존하는 것으로 생각한 것 같다는 점이다. 그래서 불순하고 혼합된 우리의 근대 문화는 악화된 상태이며, 전적으로 새로운 어떤 것은 아니다.

니체가 가장 넓은 의미로 이해된 소크라테스적 문화에 대신해 선호하는 명칭으로 '알렉산드리아적인'이라는 명칭을 채택했음에 주의하라. 즉, 니체가 선호하는 이 명칭은 단순히 어떤 일상적 의미의 학문뿐만 아니라, 또한 유사한 형이상학적 기초를 가진 어떤 형태의 문화적 산물이든 그것을 가리킨다. 니체가 들고 있는 핵심적 예들은 다음 절에서도 논의할 오페라와 그 이후 절에서 논의하게 될 교육이 될 것이다. '알렉산드리아적인'은 근대성의 특징을 표시하기 위해 두 가지 방식으로 이용된다. 한 가지 의미에서 이 명칭은 가장 최근의 근대적 시기를 특징짓는 혼합, 경쟁하는 문화적 기원들과 모순적인 특징들의 혼합을 나타낸다. 그러므로 이런 측면에서 후기 근대 시기는 알렉산더 대왕이

원정한 결과로서 발생했던 문화들의 혼합과 비교될 수 있다. 이 말의 두 번째 의미는 이 말이 알렉산드라아적인 도서관의 이념을 도입한다는 것이다. 우리 근대인들은 위축된 감각들을 지닌 삶의 사서들이며, 지나간 삶의 표상들을 단순히 목록으로 매김으로써 삶의 실체를 살아낸다. 이 후자의 이념은 계몽주의의 백과전서 기획을 암묵적으로 참고하고 있는 듯하다.[128] 이 지점에서 주의할만한 흥미로운 두 가지가 있다. 우선 '고상한' 이라는 용어이다. '성격의 고상함' 이라는 니체의 생각, 즉 후기 작품의 중심적 요소가 여기서 만들어지고 있다. 또 다른 의외의 사실은 비극적인 것과 불교적인 것의 동일시이다. 이것은 21절에서 좀 더 분명하게 설명된다. 니체는 자신의 생각들을 형성하기 위해서 비-기독교적 형태들의 종교에 대한 선호를 이용한다. 이에 대한 또 다른 예는 『차라투스트라는 이렇게 말했다』에서 나타나는 가짜-배화교(faux-Zoroastroism)이다. 분명히 여기와, 나중의 작품들에서 미슐레와 부르크하르트가 시작한 논쟁들, 르네상스에 관한 논쟁들로부터 나온 것이 확실하지만 재생이라는 이념 자체는 이러한 가장 초기 텍스트에서도 초-역사적인 불교적 측면을 분명히 갖는다.

 니체에게 괴테가 차지하는 진정한 중요성이 이 절에서 분명하게 된다. 칸트가 철학적 비판을 통해서 그랬듯이, 괴테는 계몽주의가 지닌 어떤 지적 전제들의 타당성에 대해 도전한다. 칸트가 공간, 시간 및 인과성에 관한 진리들, 겉보기에 절대적인 진리들이 마음에 의존하는 본성을 증명했던 반면, 괴테는 지식에 대한 인간적 추구 자체의 타당성을 의문시한다. 괴테의 『파우스트』는 근대적 인간의 시대가 그 자신의 한계들에 대한 감지를 통해 끝나가고 있음을 우리가 깨닫게 만든다(다시

128 『반시대적 고찰』에서 '골동품적(antiquarian)' 이라는 개념을 보라. *Untimely Meditations*, p. 67.

또 바다, 항해 및 해변이라는 주도적 모티프들에 주의하라). 한계들의
승인(cognisance)이라는 주제는 적어도 14절부터 줄 곧 전개되어 왔
다. 괴테가 또 니체에게 나폴레옹에 대한 숭배를 불어 넣었다는 점은
분명하며, 이는 니체가 그 시대 많은 다른 유럽의 거주민들, 가령 칼라
일과 칼라일의 미국인 본보기(paragon) 에머슨과 공유하는 특징이다.
나폴레옹을 통해 니체는 하나의 이념을 대표하는 역사적 인격들의 전
시장에다 '행위의 인간' 이라는 또 다른 유형을 덧붙인다. 나폴레옹은
근대성에 대해서 '놀라운' 어떤 것, 즉 '비-이론적 인간' 의 의지-유형
을 대표한다. 파우스트와 나폴레옹 양자 모두 '본래적으로(inherently)
이해할 수 있음'에 주목하라. 즉, 그들은 신비주의가 소크라테스적인
것에게 그렇게 **보였을**지도 모르듯, 자의적인 혹은 단순히 비합리적인
형태의 현존이 아니다. 예술가와 마찬가지로 '행위의 인간' 은 이론적
인간과 대립해 있다.

　이 문단은 근대적 계급투쟁에 대해 니체가 가진 반-민주주의적인
견해의 청사진을 포함하고 있다. 니체의 주장에 의하면, '알렉산드리아
적인 문화는 오랜 기간 존재하기 위해 노예계급을 필요로 한다.' 가령,
이는 니체 자신이 떠나고 있던 대학 체계의 엄청난 배타성 및 고정성
(detachment)[129]에 관한 언급이다. 그러나 뿌리가 깊으며(inbuilt) 한계
를 모르는 낙관주의, 이 문화의 낙관주의는, 모든 이가 행복과 부의 열
매를 공유할 수 있는 '보편적 지식 문화가 가능하다'고 주장한다. 이것
은 매우 칸트적인 혹인 헤겔적인 이율배반 혹은 반정립이다. 이런 방식
으로 실질적 가치가 저하된 결과는 '소멸' 일 수밖에 없다.[130] 니체의 비

129　역자 주: 이는 사회에 대한 배타성 및 사회로부터 고립되어 있음을 의미할 것이다.
130　역자 주: 이는 이론적인 알렉산드리아적인 문화가 번성하기 위해서는 노예계급이
필요하다는 사실을 그 문화가 낙관주의로 인해 스스로 부정한 결과 인간의 존엄이나

판은 여기서 사회주의와 공리주의라는 당시 이론들에서 논의되고 있는 바와 같은 사회적 평등 개념들을 향한다. 니체는 '자신의 현존을 부당하다고 여기기를 배웠던 야만적인 노예계급'을 일깨우는 것으로서 사회주의 혁명과 인간 평등의 유토피아에 대한 전망을 비아냥거린다. [모든 종교의 필수 전제인]신화와 더불어 종교 또한 불구가 됨으로써 종교는 오직 '학자들'을 위한 종교일 뿐이다. 다시 말해, 종교 역시 그런 식으로 노예계급과 대립하는, 동시에 그 계급에 의존하게 되며, '우리 사회의 파멸'은 거의 완성된다. 우리가 여기서 니체가 하고 있는 동시대의 문화 비판에 대해 최소한 말할 수 있는 것은 다음과 같다. 즉, 그러한 비판은 경제에 관한 더 심오한 어떠한 지식에도 근거하고 있지 않으며, 사회조직의 정치적 형태들에 관한 그의 지각은 전개되지 않은 채 남아있다는 것이다. 『도덕의 계보』에서 니체는 도덕적이고 심리학적인 가치들을 창조하는 힘을, 경제적 현상들, 가령 화폐 가치의 창조로 귀속시키는 마르크스주의적 입장에 더 가까워진다. 어쨌든 우리는 니체가 착취당하는 계급이 스스로 정치적 혁명의 행위를 통해서 상위 계급에게 복수하는 것에서부터는 평등이 결과할 수 없다고 주장하고 있음을 분명히 해야 한다. 니체에 의하면, (사실상 바람직한) 해방을 위한 방식은 오직 교육과 문화적 혁명의 길을 통하는 것에 놓여 있다.

이 모든 측면에서 볼 때 근대는 병에 걸려 있다. 우리는 이미 괴테를 논의했다. 이제 칸트와 쇼펜하우어는 학문의 한계들을 보여주기 위해 학문의 도구들을 이용했다는 점에서 니체의 존경을 받는다. 니체는 다음과 같이 말한다. 우선, 칸트는 학문의 법칙들이 '전적으로 무조건적인 법칙들'이 아니라, 단순히 현상에 대한 오해일 뿐임을 보여주었다.

노동의 신성함과 같은 선전 문구의 효과가 소진되었을(exhausted) 때 알렉산드리아적인 문화는 소멸할 수밖에 없음을 뜻한다.

그러므로 인과법칙은 우리가 현상 배후를 관통하게끔 허용하지 않을 것이다. 둘째로, 니체는 논리나 이성의 본성 안에 구축된 기만적 낙관주의가 존재한다는 통찰을 칸트의 공으로 돌린다. (칸트는 이성의 자연적인 가상들에 관해 언급하고 있다)[131] 이러한 두 가지 위기('노예계급의' 정치적 위기. '논리가 자신의 꼬리를 물게 하는' 지적 위기. 5절과 비교하라)에 대한 두 가지 반응이 있다. 첫 번째는 '축적된 경험들로 침잠'해서 다양한 형태의 위안 혹은 방어를 시도하는 것이다. 그래서 가령, 니체가 이 절 끝 부분에서 조롱하는 강박, 역사적 스타일의 문화적 산물을 부활시키려는 강박이 생겨난다. 두 번째 반응은 그가 '비극적'이라고 부르는 새로운 유형의 문화 형성에 있다. 이로써 그는 과거의 이론적 전능이라는 망상들이 벗겨진 후에 새로운 지혜가 '학문을 대신해서' 최고의 목표로서 설정될 수 있음을 뜻한다. 그러한 지혜는 (부당하게) 보편화된 세계의 일부 대신 전체로서의 세계에 '움직이지 않는 시선'을 돌리고, 세계를 그 고유하고 영원한 고통의 영역으로 포괄하는 것으로 특징지어진다. 이것은 학문의 폐기(이것은 불가능하다)를 포함하는 것이 아니라, 오히려 스스로 비판적 한계들 내에서 유지되는 학문, 우리가 이렇게 부르기를 원한다면, 아마도 더 넓고 깊은 지혜에서부터 자양분을 얻는 염세주의적 학문을 포함한다는 것에 주의하라. 뒤따르는 것은 우리가 스스로에게 부여하는(혹은 아마도 하나의 '자라나는 세대'가 자신에게 주는) 교육 혹은 훈련에 기반을 둔 혁명에 관한 니체 자신의 진정한 비전이다.[132] 비극적 문화 속에 살고 있고, 이

---

131 간단한 설명을 위해서는 다음을 보라. Burnham and Young, *Kant's* Critique of Pure Reason, Edinburgh: Edinburgh University Press, 2007, pp. 138–42.
132 소크라테스 이후 인간 현존 양식이라는 개념은 '자유정신'과 '위버멘쉬(초인)'의 아이디어를 위해 니체가 하는 후기 작업 속에서 전개될 것이다.

문화를 생산하는 그러한 새로운 세대는 자신이 지닌 지혜의 깊이를 반영하는 새로운 유형의 예술을 요구한다. 비극적 문화는 두 가지 이유로 이렇게 명명된다. 우선, **비극이 발생**한다. 비극적 문화는 위기에 처해 있으며, 몰락할 운명이다. 비극적 문화는 이 사실을 의식하고 있으며, 그 모든 성취에도 불구하고 무력하다.[133] 그러나 둘째로, 이 문화는 그에 상응하는 예술에 대한 자신의 심오한 필요를 (훨씬 더 학문적인 낙관주의보다는 오히려) 비극의 재생으로 충족시키는 문화이다. 그것은 음악을 하는 소크라테스의 문화이다.[134]

'교양(Bildung)'에 관한 주

우리는 1절 세 번째 문단 해설에서 니체가 아폴론이라는 이름의 어원을 사용하고 있는데 대해 논의했다. 아폴론을 상징화 및 이미지 만들기와 동일시하는 것은 어원학을 이용할 또 다른 기회를 창출한다. 독일어로 **상**('이미지', Bild)이라는 말은 『비극의 탄생』을 위해 아주 중요한 다양한 용법으로 쓰일 수 있다. **상**은 단지 이미지만 의미할 뿐만 아니라, 또한 '상징적인 것(symbolic, bildhaft)' 속의 특징들 역시 의미한다. **상**의 또 다른 용법은 **교양**(Bildung) 개념 속의 상(Bild)에서 만들어진다. 이 교양이란 정확히 번역하기 어려우며, 느슨하게 말해 '성격 훈

---

133 비극적인 것의 측면에서 그 자신의 고유한 조건을 사유하는 탈-계몽주의적 사유 경향에 대한 논의를 위해서는 다음을 참조하라. David Farrell Krell, *The Tragic Absolute*.

134 넓게 보았을 때 니체의 생각들이 플라톤적 형이상학을 넘어서 어느 정도 진정한 진보를 이루었는지 하는 물음은 매혹적인 것이다. 마찬가지로 니체가 염두에 두었던 새로운 비극적 문화가 어느 정도 그리스 비극이 경험한 죽음을 피할 수 있을 것인지 하는 물음도 그렇다. 니체는 분명 「자기비판의 시도」에서 그가 실패했다고 느낀다. 하이데거와 샐리스(John Sallis)는 특히 이와 관련해서 풍부한 논의를 제공한다. Martin Heidegger, *Nietzsche* and John Sallis, *Crossings: Nietzsche and the Space of Tragedy*

련(character training)', '온전한 개인의 교육' 혹은 '교육을 통한 영혼의 형성'을 의미한다. **교양**이라는 용어에 대해 두 가지 점을 주의해야 할 것이다. 이 뿌리가 이미지 혹은 형상이기 때문에, 이것은 어떤 것에 적절한 형태 혹은 모양을 부여하는 것을 의미한다. 둘째로, 다른 측면, 즉 소위 인간 삶의 다양한 산물들로서 단순히 이해된 문화라는 측면이 있다. **교양**은 그러한 통상적 의미의 문화가 상호적으로 인간들을 (넓게 말해 교육을 통해) 형성하고, 인간들에 의해 형성되는 방식과 관련된다. 이 관계는 영어로 볼 때 더 분명하다. 문화는 배양한다. (cultivate) **교양**의 다른 측면은 그것이 독일의 민족적 이데올로기에서 확고한 위치를 차지하고 있다는 점이다. 가령, 실러는 『독일인들의 위대함』(Deusche Grösse)(1797)에서 프랑스인들은 그들의 정치, 영국인들은 그들의 제국을 가졌으며, 양자 모두 국립 극장들, 박물관들(그는 제국 건설(empire-building)[135]의 약탈품을 포함하고 있는 대영 박물관을 선택한다)이 있는 수도들을 갖고 있다고 주장한다. '독일인들'은 이 모든 것 없이 지낼 수 있다. 왜냐하면 그들은 자신의 내적 가치들, 지성, 도덕성 및 언어를 갖고 있기 때문이다. 그러므로 **교양**이란 서구 유럽의 성취들을 단점으로 전환시킴으로써 그 성취들을 보상하기를 돕게끔 의도된 요소, 독일 민족 이데올로기의 중심 요소이다. **교양**은 다른 민족들이 단지 삶의 표면에서 살뿐인 반면, 독일인들은 영혼의 깊이를 갖고 있음을 암시한다. 마르크스는 '시민(das Bürgertum)' 혹은 '부르주아지(bourgeoisie)'라는 더 넓은 범주 내의 특별한 지적 하층 계급(sub-class)을 표현하기 위해서 **교양시민**(Bildungsbürgertum)이라는 용어를

135　역자 주: 정치학에서 제국 건설이란 자신들의 크기, 권력 및 부를 확대하기 위해 국경 밖에서 자원, 영토 및 경제적 영향을 획득하려는 국가와 민족의 경향을 가리킨다.

사용한다. 영어로는 구어체 용어인 재잘거리는 계급(chattering class-es)이[이 용어와] 가깝다. 니체는『비극의 탄생』에서 낡은 스타일의 독일적이고 인문주의적인 개념, 더 협소하고 좀 더 최근에 나타난 이상으로서 교양 개념에 대해서 근본적으로 비판적이다. (또한 20절과 22절을 비교하라) 니체가 생각하기에 이런 종류의 **교양**은 '탈-근대적' 대중문화의 문제들을 풀 수 없다. 왜냐하면 그러한 교양은 치료가 아니라 질병인 알렉산드리아적인 문화를 강화하는 데만 봉사하기 때문이다. 필요한 것은 미래 인류의 탄생을 개시할 수 있는 **교양**의 새로운 형성이다.

* * *

이 문단은 원죄에 대한 니체 식 주장인 바, '근대 문화의 원래 질병'을 또 다르게 환기시킴으로써 끝난다. 이 시기의 예술은 혁신에 대한 자신감의 이러한 위기를 표현한다. 이 시기는 역사주의적으로 변질되었으며, 지나간 시기의 양식과 특성들의 모든 방식을 모방하게 된다. '알렉산드리아적인 인간'은 '도서관 사서이자 교정자(proof-reader)가 되었으며, 안타깝게도 자신의 통찰을 책 먼지와 활자의 오식들을 위해 희생시킨다.' '모든 사람'은 이러한 '분열'에 동의한다. 심지어 깊은 문화적 위기조차도 그들에게는 단지 또 다른 이야기 거리일 뿐인 '일상적 인간(everyman, Jedermann)'에 대한 조롱을 암시하는 것 이상이 있다. 단지 소수만이 이러한 '분열'의 바닥을 보며, 그보다 더 소수가 여전히 대응을 구상한다. '비평가' 그리고 '사서'(알렉산드리아적인 인간)는 현존의 '해변을 따라 불안하게 우왕좌왕하는' 것밖에는 어떤 다른 대응도 알 수 없다. 그 밖의 어떤 것도 '비논리적'일 것이며, 무의미하고, 이해할 수 없는 것일 것이다. 그러나 우리는 서론(fore-word)에서부터 그리고 여기 이 절에서도 '놀랍고' 새로운 형태들의 현존이 넓게 말해서 비합리적인 것이 아니라, 오히려 **로고스** 영역의 절대적 보편성을 부정한다는 점을 보아왔다.

19절

소박한 것과 감상적인 것; 초기 오페라 – 재료가 되는 요소들의 부조화
이 전 절은 예술에 대한 사회학적 관점으로 끝이 난다. 즉, 이 관점이란
예술은 그 테마, 기술 및 스타일들에 있어 사회-역사적 상황들의 '실재
(realities)'를 반영한다는 생각이다. 이러한 접근은 근대의 사회적 조
건들을 가리키는 글로서 오페라의 역사에 대한 짧은 에세이인 19절까
지 이어진다. 니체가 음악에 대해 매혹되어 있다는 사실은 이 페이지들
을 통해 두드러지게 나타난다. 우리는 음악적 구조, 비율 및 형식의 응
집, 공연의 실용성(practicalities) 문제, 스타일과 역사적 전개의 문제
들에 몰두해 있는 작곡가로서도 역시 말하고 있는 비평가가 여기에 관
여하고 있음(involvement)을 느낄 수 있다. 사회적이고 미적인 오페라
의 특징들을 문화적으로 혼합된 역사적 시기를 대표하는 혼합적 형식
으로서 정확히 규정하는 가운데, 니체는 근대성에 대한 자신의 비판적
관심의 심장부에 다시 도달한다. '오페라는 우리의 알렉산드리아적인
문화와 동일한 원리들에 기초해서 구축되었다.' 니체는 '오페라'에다
자신이 보기에 알렉산드리아적인 문화와 결정적으로 갈라진 바그너를
포함시키지 않는다.

　이 문장(passage)은 역사적이고 이론적인 음악적 세부사항(detail)
에 대한 날카로운 분석이 초기 오페라를 철저히 부정적으로 평가하기
위해 제시되어 있다고 보이기는 하지만, 새로운 음악 비평에 대한 니체
의 생각이 예를 통해 드러나는 부분이다. 니체는 바그너의 새로운 독일

오페라를 찬양하기 위해 초기 이탈리아 오페라를 부정적인 라틴 풍(foil)으로 개조한다. 그러나 니체는 당시에는 단지 드물게만 알려져 있던 자료에 대한 지식을 증거로 보여준다. 예를 들어, 명시적으로 언급되고 있지는 않지만, 니체는 특히 1609년에 출판된 몬테베르디(Claudio Monteverdi, 1567-1643)의 「오르페오」(Orfeo)에서 발견되는 이 형식의 초기 전통에 정통하고 있는 듯이 보인다. 이것은 **재현 양식**(stilo rappresentativo)[136]으로 된 최초의 완숙한 오페라였으며, 그리스 비극의 재생은 부분적으로 15세기 플로렌스에 있는 신플라톤주의 인문주의적 철학자, 예술가들 및 과학자들의 모임에서 시작되었다. 그러나 「오르페오」(Orfeo)에 대한 근대적 관심은 음악학자 아이트너(Robert Eitner)가 이탈리아어 악보를 출판함으로써 1881년에 시작되었다.[137] 그리고 최초의 근대적 오페라 공연은 파리에서 1904년에서야 열렸다. 니체의 판단은 부정적일지 모르지만, 그 관심의 깊이와 비판적 평가의 세부사항 자체는 초기 제2제국(Second Reich)의 거의 속물적인 학문적이고 문화적인 환경에서 볼 때 긍정적인 현상이다. (나중에 니체가 바그너로부터 돌아섰을 때, 오페라를 포함하여 이탈리아와 프랑스 예술, 문학 및 음악에 대한 그의 평가는 근본적으로 변화한다. 비제의 「카르멘」이 선호되는 자리를 차지한다) 근대 초기 음악에 대한 니체의 외도(foray)가 가끔씩 당시의 고정관념이 가진 단점들 때문에 아무리 많이 퇴색하더라도, 우리는 여기서 일종의 빈틈없는 역사-사회학적 오페라

---

136 역자 주: 17세기 초 몬테베르디 등이 사용한 극적 표현양식으로 말의 리듬·강세·억양을 닮은 자유로운 음악 처리를 특징으로 했으며, 여기서는 언어에 음악이 의식적으로 종속되며, 성악과 기악이 최초로 계획적으로 결합되었다.

137 다음과 비교하라. John Wenham (ed.), *Claudio Monteverdi, 'Orfeo'*, Cambridge Opera Handbooks, Cambridge: Cambridge University Press, 1986, here particularly Nigel Fortune 'The Rediscovery of Orfeo', pp. 78-118.

비평을 목격하고 있는 것이며, 아도르노와 1920년대 「악보대와 **지휘봉**」(Pult und Taktstock)(Lectern and Baton) 및 「여명」(Anbruch)(Dawn)과 같은 저널에서 전개된 다른 이들의 음악 사회학 스타일을 때때로 선취하는 일종의 선구적 음악 비평을 마주하고 있는 셈이다. 알렉산드리아적인 문화는 ('예술들'을 포함하여) **모든** 형태의 문화적 산물을 지배했으며, 학문에만 관련된 것으로 좁게 이해될 수는 없다. 그래서 겉보기에 대칭적으로 대립된 문화적 형태들의 경계들을 넘어서서 이 시기에 연관 관계들이 드러난다. 예를 들어, 「오르페오」(Orfeo)의 선구적인 등장은 과학 혁명의 가장 위대한 선구자들 가운데 하나인 갈릴레오의 작업과 완전히 동시에 일어난다.

니체는 기독교적 중세로부터 15세기와 16세기 이탈리아에서 일어난 고전 고대 인문주의의 재생으로 진행된 문화적 이행의 산물로서 오페라를 도입한다. 그는 팔레스티나(1526-94)의 숭고하고 성스러운 고딕 양식이, 최고의 드라마적 효과를 위해 말과 음악이 서로서로를 지지하는 재현양식, 서창에 기반을 둔 낭독이라는 연극적 스타일인 **재현양식**과 나란히 평가될 수 있다는 점에 주목할 만하다고 생각한다. 확실히 '오락에 굶주린' 청중들에게 피상적인 사회적 원인이 있다. 그러나 좀 더 불길한 힘이 작용한다. '서창의 본성 속에 있는 어떤 예술 외적인 경향'이 팔레스티나보다 우위를 차지하기 위해 밀고 나온다. 달리 말해, 이것은 예술충동들에 대항하는 소크라테스적 투쟁의 또 다른 사례이다. 부르크하르트와 유사하게 니체는 이 절에서 르네상스를 중요하고 새로운 역사적 시기로 인정하는데 근접한다. 그는 실제로 이 용어를 한 번 사용한다. ('르네상스의 교육받은 인간') 그러나 니체는 오페라의 부흥이 소크라테스적 경향의 연속을 나타낸다는 주장을 통해 르네상스 문화의 배후에서 르네상스에 관해 더 많은 것을 보게 된다. 그래서 우리는 니체가 소크라테스와 플라톤에 몰두한 것을 역사적으로 좀 더 차별화되고 정확한 시대적 범주들을 결정하는 데서 그가 비교적 변하지 않은 이유들 가운데 하나로 확인할 수 있다. 더욱이 시대와 스타일들에 대한 아담 식의 명명(Adamic naming)을 조롱하는 부분이 포함된 이전 절 끝부분[138]은 니체가 그러한 시대 구분을 근대성의 징후로 보았을지도 모른다는 점을 암시한다.

니체가 **재현양식**을 예술적 실패라고 생각하는 이유는 무엇인가? 초기 오페라는 음악과 텍스트를 특별하게 섞은 결과이지만, 이 혼합물은 왜곡되었다. 왜냐하면 이것은 음악 정신에 대한 잘못된 이해에 기반을 두고 있기 때문이다. 니체는 여기서 암묵적으로 16절에서 인용된 바 있는 쇼펜하우어의 분석, 즉, 음악과 텍스트의 관계에 관한 쇼펜하우어의 분석에 의존하고 있다. 초기 오페라에서 이 관계는 상호 보충하도록 유도하는 대신 한 요소가 다른 요소를 마비시키는 데로 이른다. 가수는 노래하기보다 더 많이 말함으로써 '노래 가운데서 말을 분명히 들으려는' 청중들의 필요를 만족시킨다. 이것이 **서창** 스타일이다. 그러나 동시에 작곡가 혹은 가사 작가는 가수가 서정적 문장들 속에서 스스로 가수(virtuoso singer)의 '임무를 이행'하도록 돕는다. 이러한 변경은 불안정하고 임의적이기 때문에, 타이밍조차 실패할 수 있음을 의미한다. 가수는 '잘못된 시간에 음악이 지배적이 되게끔 만들 수도 있다.' 그래서 니체의 첫 번째 논변은 다음과 같다. 즉, 이해와 음악, 서사 스타일과 서정 스타일 사이의 이러한 변동은 아주 부자연스러운

---

138 역자 주: 해당 구절은 다음과 같다. "근대인을 위로하기 위해 그의 주위에 '세계문학' 전체를 끌어 모으고, 아담이 동물들에게 이름을 붙인 것처럼 모든 시대의 예술 형식과 예술가 각각에 이름을 붙일 수 있도록 그를 가운데 앉혀 보았자 소용없는 짓이다."

것이며, 아폴론적인 것이나 디오니소스적인 것과 무관하다. **재현양식**은 단순히 비예술적이다. 음악과 텍스트를 혼합할 수 있는 근본적 가능성에 대한 쇼펜하우어의 지침은 초기 오페라에서 실현되지 못했으며, 사실상 이탈리아의 18세기 후반 무렵 서창에 기반을 두고 있으며 헨델과 모차르트까지 이르는 다양한 오페라, 거기 기술적 명칭을 붙이자면, **진지한 오페라**(opera seria)(오페라 세리아, serious operas)에서도 실현되지 못했다. 음악과 텍스트는 이런 혼합물(mixture)에서 융합되지 않았으며, 서로서로 외적으로 남는다.

초기 오페라 발명자들이 범한 이런 오류 배후에 놓여 있는 것은 그들이 **재현양식**을 통해 고전 고대의 정신을 다시 창조했다고 생각했다는 점이다. 사실상 그들은 근대적 삶의 변덕에서 탈출하려는 강력하고 결정적으로 비-예술적인 시대의 필요를, 인류가 목가적인 행복 속에서 자신 및 자연과 하나라고 상상할 수 있는 지점으로 시간상 돌아감으로써 표현했을 뿐이었다. 니체는 다음 사실을 확인한다. 즉, 이러한 통속적이고 일반적인 잘못된 생각에서부터 '호메로스적 세계는 자신의 원래 상태에 있는 세계였다.' 라는 사실이 도출되었다는 것이다. 니체는 오페라를 이 책이 대항하고 있는 바로 그 고전주의의 선구자로 간주한다. 니체는 '그 시기의 인문주의자들'이 신학적인 원죄에 대한 중세의 관점에 반대하기 위해 이러한 전원적인 이미지를 사용했다는 점을 인정한다. 오페라는 그런 이미지를 대립하는 도그마로 보충하고, 그럼으로써 또한 — 이는 모든 문화의 일반적 기능들 중 하나인데 — 염세주의에 대항한 '위안'을 제공한다. 그러나 이는 거의 중요하지 않다. 왜냐하면 자신을 스스로 양자에서 표현하고, 각각의 경우에 스스로를 비-예술적 수단을 통해 표현하는 것은 동일한 알렉산드리아적인 문화이기 때문이다. 더욱 중요한 것은, 플로렌스의 신 플라톤주의자들로부터 홉스와 루소에 이르기까지의 사상에 스며들어 있는 모델, 시대에 뒤진 소박한 정치적 역사 철학의 모델을 이 책이 반박하는 데는 또 다른 단계가 있다는 점이다. 이 모델은 인간의 자연적 현존이라는 원래 상태를 소외된 인간적인 사회적 삶의 현재 조건들을 변화시키게 강제하는 방편으로 구성한다. 그래서 니체가 오페라와 사회주의 간의 관계, 겉보기에 불합리한 관계를 끌어들이는 경우 놀랍지 않다. 이 관계란 양자가 인간이 본질적이고 원래부터 선하다는 잘못된 인간학적 견해에 토대를 두고 있다는 점에서 성립한다.

다음으로 니체는 오페라의 등장이 알렉산드리아적이라는 자신의 입장을 지지하기 위한 두 번째 논변을 제시한다. 오페라는 평민들이 지닌 대중문화의 오락적 필요를 충족시켜주며, 그들은 자신들이 말을 이해할 수 있어야 한다고 다시 요구했다. 왜? 왜냐하면 마치 정신이 신체보다 더 '고상한' 것이라고 주장될 수 있듯이, 말이 화음보다 더 고귀한 것이었기 때문이다. 또 에우리피데스의 손에서 비극의 경우가 그랬듯이, 거기에는 '음악의 디오니소스적 깊이'에 대한 오해가 존재한다. 이러한 깊이는 '이성에 의해 통제된 열정의 수사학'으로 변형되는 한편, 음악은 단순한 '감각적 쾌락'으로 환원된다. (우리는 다음 사실에 주의해야 한다. 즉, 이성이 통제한 열정이란 '병리학적(pathological)'이라는 용어를 문자 그대로 번역한 한 가지 용어일 수 있다) 어떠한 황홀한 환상도 없기 때문에, '극장 기술자와 무대 장식가'는 어울리지 않는 중요성을 떠맡는다. **기계장치로부터 등장하는 신**이 다시 돌아온다. 비-예술적 '예술가'는 음악이 로고스(첫 번째 논변의 이성에 의해 통제된 수사학)에 의해 전달되는 열정 혹은 감정들의 체계로 환원될 수 있다고 믿는다. 왜냐하면 그는 '열정이 노래와 시를 창조하기에 충분했던' 전원적인 상태, 원래의 상태를 꿈꾸고 있기 때문이다. 다시 한 번 니체의 요점이란 모두 감정들에 대한 오해와 그 감정들의 위치 설정 잘못(mis-positioning)에 관한 것이라는 사실에 주의하라. 우리가 이 책 첫 번째 부분에서 보았듯이, 서사시, 서정시 및 사실상 또한 비극에 대한 니체의 분석은 개별적 느낌에 대해 '병적으로' 초점 맞추는 것을 무시한다.

니체가 제시하는 정당화의 두 길(인간의 원래 상태와 선함에 대한 믿음에 기초한 스타일들의 변경. 말의 고상함에 대한 평민들의 믿음)은 또한 실러에게서 나온 용어들을 사용함으로써 연결될 수 있다(또한 3절의 논의를 보라).[139] 앞서 언급된 실러의 『소박 문학과 감상 문학』에 의하면, '자연과 이상적인 것'은 회복할 수 없이 상실되고 도달할 수 없는 것으로 표상되는 경우 슬픔을 유발하거나(감상적 ; 애수적인 ele-giac 시), 실재적이고 현재하는 것으로 표상되는 경우 찬양된다.(소박한 ; 전원시) 니체의 주장에 의하면, 오페라는 전자, 즉 감상적인 요소의 어떤 것도 갖고 있지 못하다. 오페라는 알렉산드리아적인 낙관주의를 지닌다는 점에서 순수한 전원적 경향을 보여준다. 그리스 전원시는 상실되지 않았으며, 최악의 경우 그것은 단지 '지나친 학습의 덫들을 제거함'으로써 회복될 필요가 있을 뿐이다. 감상적이라는 범주는 이론적 문화가 소크라테스 이전의 전-의식적 문화를 대체했다는 의미를 제외하고는 니체와 관련이 있어 보이지 않는다. 그래서 우리는 근대적인 것이 위기에 처해 있고, 위기에 처해 있음을 의식하고 있는 한해서만, 근대적인 것을 감상적인 것과 동일시할 수 있을 것이다. 아폴론적인 것과 디오니소스적인 것을 각각 괴롭히는 상실, 개별성의 상실 혹은 전체성의 상실에 대한 기억 혹은 예견은 실러가 논의한 상실 혹은 도달 불가능성의 개념과는 형이상학적으로 아주 상이하다는 점이 더욱 중요하

139 좀 더 완전한 논의를 위해서는 다음을 참조할 것. Nicholas Martin, *Nietzsche and Schiller. Untimely Aesthetics*, Oxford: Clarendon Press, 1996.

다. 실러는 쇼펜하우어의 의지 개념 대신 칸트의 선험적 이념들에 대한 분석에 토대를 두고 있다. 애수적인 상실과 비탄은 '자연의 두려운 무게(gravity)'를 지닌 채 살아갈 필요라는 실존적 문제로 대체된다.

니체는 이제 오페라에 대한 반대 입장을 제시하기 위한 장면을 준비한다. 다섯 번째 문단은 주로 니체가 지금껏 발견했던 것을 열정적으로 요약하고 있는 부분이다. 우리는 알렉산드리아적인 명랑성을 단순히 '야유'하고 쫓아버릴 수는 없다. 왜냐하면 그 뿌리에는 전체 삶의 양식이 놓여 있기 때문이다. 끝에서 두 번째 문단에서 니체는 '아이스킬로스적 인간이 알렉산드리아적인 세계의 쾌활한 정신으로 변형'된 것의 '역전 과정', 즉 **디오니소스적인 정신의 점차적인 깨어남**을 예견한다. 그는 '바흐에서 베토벤, 베토벤에서 바그너'로 진행된 독일 음악의 전개들을 잘 평가해 볼 때 이 사건이 임박했다는 것을 스스로 확신한다. 다음에 주목하라. 즉, 니체는 위 목록에 올라있는 바흐와 베토벤이라는 두 영웅의 작곡 스타일 가운데 핵심 요소들임에도, 당혹스럽게도 '푸가와 대위법적 변증법이라는 주판'[140]을 오페라와 함께 비난하는 것처럼 보인다. 그러나 니체는 나중에 아름다움과 숭고함에 대해 말하는 문단에서와 마찬가지로, 이것들이 음악을 이해하는 데 있어서 비평가들이 사용할 수도 있는 '공식들'이라고 말하고 있다. 이러한 범주 혹은 공식들은 아이스킬로스적인 비극이 소크라테스에게 그랬듯, 알렉산드리아적인 문화에서 '두렵고 설명할 수 없는 것'으로 나타나는 현상들을 포착하는 '그물들'이다. 그래서 이 범주들은 '빈곤해진 감수성'에 의한 봉쇄(containment) 전략들이다. 진정한 음악적 예술가는 공식들

---

140 역자 주: 이 책 원문에는 "the fugue and the dialectic counterpoint"로 되어 있는데, 이는 독일어 원문과 좀 다르다. 독일어로는 "der Fuge und der contrapunktischen Dialektik"이다. 그래서 여기서는 독일어 원문으로 번역했다.

로부터 작곡하지 않는다(이 참조는 칸트의 세 번째 『비판』과 개념 없는 판단의 이념에 대한 것이다[141]). 아폴론적인 예술가조차 연금술사처럼 공식들을 따르는 방식을 통해서는 아름다움에 도달할 수 없다. 아름다움은 예술의 형이상학적 기능의 결과이다.

이 절은 독일 음악(이 절)과 독일 철학(이전 절)의 협력(alignment)에 주목함으로써 결론을 맺는다. 이 둘은 '새로운 형태의 현존'을 가리키며, 이는 새로운 문화적 형태들을 산출하고, 더 이상 개별적이지 않은 다른 충동들에 의해 지배되며, 그 감정과 반응의 체계들이 더 이상 '병리적'이 아닌 인간 형태이다. 그래서 우리는 '역순으로' 그리스인들에서부터 비극의 새로운 시기로 움직이고 있다. 이러한 거꾸로 가는 운동 혹은 거울-이미지의 운동은 이 책에서 몇 번, 가령 15절에서 예견되었다. 이것은 물론 전-소크라테스적 그리스의 **반복** 혹은 **모방**은 아니다. 그리스인들은 바탕에 깔린 문화 충동들 간의 동일한 투쟁을 경험했으며, 그래서 그리스적 형태들은 단지 우리를 위해 지침을 주는 '유비들'일 뿐이다. 역사는 바탕에 깔린 충동들 사이의 '아주 동일한' 투쟁들 및 그것들의 '혼합'이라는 면에서 순환적인 구조를 갖는다. 그러나 각각의 '반복'은 의지의 객관화들이 상이한 현상적 환경 안에서 드러나는 만큼 상이하다. 그래서 탈-근대성의 상황에 **특수한**(그리고 좀 더 지역적으로는 독일에 특수한) 재생이 될 어떤 것이 등장하고 있다.[142] 철학과 음악의 협력은 니체가 개인적이고 창조적으로 두 활동에 몰두했다는 것과 (여기서 윤곽이 잡히고, 그 후 18년간 계속 더 추구

---

141 다음을 보라. See §§7-9 of *Critique of Judgement*. 이전 논의를 위해서는 다음 저술의 1장과 2장을 보라. Douglas Burnham, *An Introduction to Kant's* Critique of Judgement.

142 3절 주 '니체, 독일 헬레니즘, 그리고 횔덜린'을 보라.

된) 음악에 의해 영감을 받은 철학적 글쓰기를 위한 언어나 전략을 발견하려는 니체의 프로그램을 감안한다면, 니체 자신에게는 이 책의 정점(high point)으로 보였던 것임에 분명했다. 독일 철학과 음악의 협력은 외부(특히 '라틴'. 그러나 '동맥'의 메타포를 15절과 비교해보라)에서 부과된 형태들에 의해 너무 오랜 동안 규정되어 왔던 독일 정신의 해방을 위한 민족주의적 외침이 되었다. 우리가 보았듯이, 일반적으로 변증법의 덫에 대해 혐오하는 니체는 이 지점에서 스스로 헤겔주의로 빠지는 (아마도 아이러니한) 실수를 범한다. 왜냐하면 그는 재생이란 헤겔의 절대정신이 프랑스 혁명에서 자신에게로 복귀하는 것과 일치하여 '독일 정신의 자기 자신에게로의 복귀를 의미'한다고 주장하고 있기 때문이다.

20절

독일 교육; 혁명적 출현

이 절은 알렉산드리아적인 문화에 대한 훨씬 더 현대적인 사례를 탐구한다. 이 사례란 고대 그리스를 모델로 했던 '자기 배양(self-cultivation), 교양(Bildung)'의 형식으로 된 교육의 몰락이다. (18절 주: '교양'에 대하여 참조) 이 절의 어조는 기쁨과 '권고'의 어조로 무장한 채 갑자기 예기치 않게 들어올리기 직전 절망으로 떨어진다. 니체의 모든 작품에는 역사의 근본적인 순간적 전환이라는 이념이 존재하며, 이것은 『차라투스트라는 이렇게 말했다』[143]와 『도덕의 계보』[144]에서 분

---

143 다음과 비교하라. Part III, section 2: 'On the Vision and Riddle', pp. 134-38.
144 다음과 비교하라. 세 번째 논문, 27절 끝: '모든 위대한 것들은 자기 자신을 통

명하게 서술된다. 이 순간 — 이것은 거의 '메시아적'이라고 불릴 수 있으며, 혁명적 출현의 순간이다 — 은 그 순간을 예견하는 텍스트가 그것이 발생하도록 방아쇠를 당기는 최종 지점(final tipping point)인 것처럼 니체의 작품들에서 항상 바로 막 일어날 듯하다. 그래서 니체는 '유럽의 다음 2세기를 위해 준비된 장면, 백 개의 행위로 된 그러한 위대한 장면, 즉 모든 장면 중에서 가장 두렵고, 가장 의문스러우며, 또한 아마도 가장 희망적인 장면'[145]을 예견한다. 출현의 순간에 이어지는 이러한 혁명적 장면에서 '폭풍이 낡고, 썩었으며, 시든 모든 것을 움켜잡아, 붉은 먼지의 휘몰아치는 구름 안으로 감아 넣어, 그 모든 것을 마치 독수리처럼 하늘 안으로 옮겨 간다.[146] 이러한 세속적 구원의 전망은 니체 사상의 심장부에 놓여 있다. 20절 이 마지막 문단은 이에 대한 가장 강력한 시적 표현들 중 하나를 포함하고 있다. 이와 같은 문장들에서 니체는 나중에(「자기비판의 시도」와 비교하라) 디티람보스적이고 디오니소스적인 목소리가 엄습하고 있다고 생각한다.

위대한 혁명적 순간의 전망을 준비하는 가운데, 니체는 괴테, 실러 및 빙켈만조차도 그들이 아무리 열심히 '그리스인들에게서 배우'고자 시도했음에도, 그리스적 세계에 관해 결정적인 어떤 것을 놓치고 있다는 논변을 제시한다. 비극으로서 괴테의 『이피게니아』가 실패했다는 것은 이 사실을 증명한다. 이는 독일 고전주의의 핵심적 텍스트들 가운

해서, 자기 말살의 행위를 통해서 멸망한다.' p. 117.

145 *Genealogy*, p. 117.

146 이 문장과 발터 벤야민이 쓴 '역사 철학에 대한 아홉 번째 테제' 사이의 접점이 존재한다. 혁명적 변형에 관한 환희로 가득 찬 니체의 견해와, (1939년 히틀러-스탈린 조약의 관점에서) 혁명적 개입을 점차 불가능하게 만드는 역사 진행에 관한 벤야민의 암울한 관점을 비교해 보라. '…이것이 사람들이 역사의 천사를 그리는 방식이다.' 'Theses on the Philosophy of History' (1940), in *Illuminations*, Hannah Arendt (ed.), London: Fontana, 1972, pp. 245–55, 여기서는 p. 249.

데 하나가 (그것이 비극을 회피한다는 점에서) 지닌 약점을 니체가 초기에 뚜렷하고 빈틈없이 비판적으로 평가하고 있음을 말한다. 여기서 다시 니체는 자신의 비상한 문학적 감수성을 보여준다. 니체가 '높이 솟은 천재의 범용한 모방자'를 의미하는 '에피고넨'이라는 용어를 사용하는 것은 흥미롭다. 세기의 가장 재기발랄한 목격자들, 가령 칼라일, 에머슨, 하이네 및 플로베르는 19세기 자체를 독창성과 진정성이 결여된 에피고넨의 시대로 보았다. 요점은 감상적이라는 범주 속에서 실러가 근대성을 평가한 것과 관련되어 있다. 그리고 다시 이 전 절처럼 니체는 이 평가(그래서 그는 에피고넨이라는 용어를 사용하는데)에 동의할지 모르지만, 거기 함축된 염세주의적 체념을 거부한다. '희망'과 '믿음'이라는 용어는 이 절을 결론짓는 문단들에서 여섯 번 사용된다.

니체의 주장에 의하면, 독일고전주의자들은 그리스 문화를 '교양 (Bildung)'의 예로 설정했던 반면, 이러한 고전적인 교육 이상은 19세기가 진행됨에 따라 시들게 되었다. 이어서 '그리스인들의 천재'를 파악하는데 실패할 수밖에 없는 학문적이고 역사 서술적인 접근과 아름다움과 숭고 개념들의 잘못된 적용을 포함하여 동시대 미학과 그리스에 대한 연구들에 관한 설명을 니체가 요약하고 있는 부분이 나온다. 이러한 문장들은 대학에 있으며, 곧 그의 옛 동료가 될 많은 사람들을 겨냥하고 있다. 니체는 실제로 문헌학 교수를 사임하는 편지를 쓰고 있다. 우리는 이제 교육의 임무가 선생과 교수들의 손에서 벗어나 '저널리스트들'의 손으로 넘겨졌던 가장 저급한 문화적 쇠퇴기에 있는 듯하다. 니체는 이 후자에 의해 정기적으로 발간되는 학술 저널들에 글을 쓰고, 당시 화제가 되는 것이면 무엇이든 이러쿵저러쿵 논쟁하며, 학문적 지식을 점점 더 보태면서 나비처럼 가볍게 주제를 건드리고 날아가

버리는데서 주로 자신들의 임무를 발견하는 학자들을 의미한다. 이런 식으로 **교양**의 적절한 임무는 포괄적으로 오해된다. 니체는 그러한 저널리스트들을 22절에서 등장하는 좀 더 일상적인 영국적 의미의 언론 저널리스트들과 한 묶음으로 묶는다. 니체가 자신의 새로운 '민주적' 매체들을 지닌 근대 대중문화에 대해 부정적으로 반응한다는 점은 여기서 분명하다. (모든 의미의 저널리스트들에 대한 비난과 조롱은 니체의 저술들에서 일반적으로 나타나는 현상이다)

어쨌든 고전적인 인격 훈련이라는 그리스적 이상의 전파와 독일 음악의 정신으로부터 비극의 재생 사이에는 어떠한 직접적인 인과 관계도 없다. 혁명적 순간을 위한 조건들을 준비한다고 간주할 수 있는 발걸음들(문화사의 배후 힘들에 대한 좀 더 근본적인 설명에 기초해서 **교양** 자체의 본성을 재고하기. 달리 말해 『비극의 탄생』을 쓰기)이 존재할 수 있는 반면, 그런 순간을 의도적으로 유발할 수는 없다. 괴테와 실러조차 '그리스라는 마의 산에 이르는 매혹적인 대문을 열었다고 인정받지 못했다.' (여기서 '대문'이라는 메타포의 반복과(15절과 비교) 이 문장에서 토마스 만의 유명한 소설 『마의 산』의 제목에 대한 참조가 등장함에 주목하라) 역사는 통제될 수 없다. (그런 환상은 소크라테스적 문화의 일부이며 그것과 한 덩어리이다) 대신 우리는 역사가 도래해서 '축제 행렬[147]을 동반하는' 순간을 이용할 수 있을 뿐이다.[148]

니체는 '당대 문화의 증가하는 불모성과 소진에 대한 가장 화려한 그림'을 그린다. 알브레히트 뒤러(Albrecht Dürer)가 만든 「기사, 죽음

---

147   역자 주: 디오니소스 축제 행렬을 말한다.

148   이 개념은 알랭 바디우(Alain Badiou)가 말하는 '충실(fidelity)' 개념과 큰 유사성을 지닌다. 다음을 보라. Part V of *Being and Event*, trans. Oliver Feltman, London: Continuum, 2006.

그리고 악마」(Knight with Death and Devil)라는 구리 에칭은 '우리의 쇼펜하우어와 비교된다. '쇼펜하우어는 모든 희망을 결여하고 있었으나, 진리를 원했다.' 이 말은 쇼펜하우어에 대한 칭찬이며, 이는 이제 그와 같은 누구도 없기 때문이다. 그러나 그 말은 또한 그의 염세주의에 대한 비판이기도 하다. 그래서 '누구도 우리의 믿음을' 즉, '음악이라는 불의 마법을 통해… 어느 누구도 우리의 희망 혹은 재생을 사라지게 하도록 하지 말자.' (마법의 불 음악(magic fire music)을 참조한 것으로 이는 바그너의 「발키리」(Valkyrie)에 나온다) 이미 언급된 혁명적 순간에 대한 시적 환기는 흥미로운 특징을 갖는다. 즉, 이것은 니체가 독자에게 직접 말하려는 시도이다. '좋다, 나의 친구들이여, 내가 디오니소스적인 삶과 비극의 재생에 대해 그러듯이, 믿어라.' 고전 수사학을 상기시키면서 이러한 새로운 양식의 설명은 차라투스트라의 연설을 미리 보여준다. 니체는 계몽주의의 모토인 '알기를 **감행하라**'(sapere aude)를 장난스럽게 실존주의적으로 변형시킴으로써 다음과 같이 독자에게 촉구한다. 즉 '비극적 인간이 되게끔 감행하라.'

21절

근대 오페라 – 미적 패러다임으로서 바그너의 「트리스탄과 이졸데」
니체는 이제 문화적 재생을 위한 새로운 '희망'에 초점을 맞추기 위해 위기에 봉착한 근대 분석을 잠시 뒤로 미룬다. 이 절은 새롭게 강조된 음악, 신화 및 근대라는 측면에서 비극 이론을 처음으로 완전하게 다시 언명하는 부분이다. 이 절은 또한 여전히 (쇼펜하우어 및 바그너에 대한 숭배와 거기서 함께 울리는 민족주의적 감상들에도 불구하고) 『비극의 탄생』이 문화에 대한 근본적으로 새로운 접근을 제공하고 있음을 다시 보여준다. 『비극의 탄생』은 역사나 예술 양자 모두에서 순수하거나 절대적인 상태들의 거부를 기반으로 미학과 역사에 대한 이론을 구축한다. 미셸 푸코는 「니체, 계보학, 역사」라는 에세이에서 니체가 역사 개념에서 이룬 획기적인 전환에 주목했다. 니체가 염두에 두고 있는 것은 **기원들**이 아니라 **유래(descent)**의 개념들이다.[149] 그래서 그리스 문화 속에서 『비극의 탄생』은 '인도와 로마 사이에 놓인' 문화, 역사적으로 혼합된 형태의 문화에 초점을 맞춘다. 이는 마치 『비극의 탄생』이 상이한 예술 장르들, 가령 음악과 드라마가 융합한 산물로서 오페라라는 예술 형태를 다루는 것과 마찬가지이다. 니체의 문화이론은 갈등하는 기본적 힘들의 **상호작용(interplay)**에 기반을 두고 있다.

비극은 단순히 가장 최고이자 가장 심오한 미학적 성취일 뿐만 아니라, 가장 위대한 문화적 산물이기도 하다. 비극은 또한 '한 민족의 가장 내적인 삶의 기반'에 있는 건강을 산출하거나 아마도 증명할 것이다. 기원전 5세기 초 몇 십 년 간 페르시아 제국에 대해 주목할만한 군사적 승리를 거두었던 그리스인들은 또한 동시에 디오니소스적 '경련들'과 비극적 비밀제의(祭儀)(Mysteries) 양자를 모두 가진 그리스인들이었으며, 이러한 역사적 사건들은 짧게 존재했지만 다른 것들을 치유하고 유지시키는 비극과 모두 관련되어 있다. 그 시기는 그리스인들을 소진시켰으며, 따라서 예술적인 것 혹은 정치적인 것의 '또 다른 번성을 누가 기대나 했었겠는가!' 우리는 다음 문단에서 신들의 사랑을 받는 자들은 비록 그들이 또한 영원히 살기는 하지만 일찍 죽는 자라는

---

149 Michel Foucault, 'Nietzsche, Genealogy, History', in Paul Rabinow (ed.), *The Foucault Reader*, London: Penguin 1991, pp. 76-100. 특히 다음과 비교하라. pp. 76-90.

점을 떠올리게 된다. 문화적 성취는 (가죽처럼) 지속성으로 측정되지 않는다. 그러나 그리스인들을 그 자체로 독립시켜 고려해 볼 때 그들에게는 예외적인 어떤 것도 없었다(이는 니체가 반복해서 우리에게 상기시켜주는 바와 같으며, 그래서 또한 동일한 힘들이 유럽 중앙에서 발견될 수 있다는 희망, 독일 정신에게 주어진 '희망'이 존재하는 것이다). 오히려 그리스는 비극 속에서 '새로운 형태, 세 번째 형태'를 창조한 문화적 힘들의 주목할만한 혼합이 발생했던 다소 우연적인 장소였다.

디오니소스적인 힘은 독자적으로 정치적인 것의 약화로 나아가며, 허무주의적 불교로 진행한다(그리고 우리는 드디어 이 전 절들에서 니체가 불교와 인도에 대해 한 언급들에 대한 설명을 얻게 된다).[150] 물론 디오니소스적인 것은 심지어 거기서도 '독자적으로' 있지 않다. 디오니소스적인 것은 정치에 대한 '적대감'을 보이기 때문에, 정치적인 것에 대한 충동 역시 현재했음에 분명하다. 다시 한 번 말하지만 어떠한 순수 형태들도 없다. 우세하게 허용된 아폴론적인 것은 정치적인 것을, 로마에서 예증되는 권력에 대한 세속적 욕심을 지향하는 경향이 있다(다시 또 아폴론적인 것은 심지어 여기서도 자신의 '생존'에 대한 위협을 의식하며, 그래서 마찬가지로 독자적으로 존재하지 않는다). '정치'라는 용어는 도시를 의미하는 그리스어 폴리스에서 나온 것이다. 고대에 도시는 기본적인 민족적 단위였다. 왜냐하면 도시는 독립 국가였기

---

150   Robert G. Morrison, *Nietzsche and Buddhism, A Study in Nihilism and Ironic Affinities*, Oxford: Oxford University Press, 1999. Freny Mistry, *Nietzsche and Buddhism, Prolegomenon to a Comparative Study*, Berlin: deGruyter, 1981. 또 다음을 보라. Part III, Nietzsche and the Gods, pp. 87-136. 동양 사유에 대한 관심은 19세기 유럽에 널리 퍼져 있었으며, 쇼펜하우어와 니체도 예외는 아니다. 그러나 이용 가능한 번역과 해설들의 제약 때문에, 오해가 적지 않게 만연했다. 여기서 불교는 니힐리즘으로 지나치게 단순화되고 있다.

때문이다. 그에 따라 니체는 '정치적'이라는 용어를, 한 집단에게 목적의 통일성과 '조국'을 부여함으로써 그 집단을 함께 모으거나 강제하고, 하나의 집단으로서 그들의 성취들을 가능하게 이끄는 무엇이든 거기에 사용하고 있는 듯이 보인다. 아폴론적인 것에서 정치적인 것은 '개별적 인격성(personality)의 긍정'에 기반을 두고 있다. 그래서 니체는 이러한 힘들의 지배적인 형태들에 관한 핵심적 사례들을 역사적이고 지리적으로 위치시키고 있으며, 근대성이 그 자체로만 독립시켜 열심히 흉내 내고자 하던 어떤 것도 인도와 로마 둘 가운데 그 어디서도 발견하지 못한다. 중요한 것은 양자가 알렉산드리아적인 문화의 한계들을 **메타포적**으로 나타낸다는 점이다. 즉, 인도는 알렉산더 정복의 지리적 **한계**이기 때문에 그렇다. 로마는 그것이 알렉산더 **이후** 세기에 권력의 중심이었기 때문에 그렇다.[151] 이 문장은 다른 이유로 중요하다. 이 문장은 니체가 당시 오페라와 교육에 대해 그랬듯이, 문화적 힘들에 관한 이론을 통해 해석될 수 있는 영역들을 정치적 형태로 확대시킨다. 확실히 여기서 소크라테스적/알렉산드리아적인 충동은 논의되지 않지만, 이것은 니체가 지금 이미 지배적인 이런 충동의 정치적 본성을 18절에서 논의했고, ('노예 계급'에 관한 논의와 비교하라) 23절에서 그것을 다시 다룰 예정이기 때문이다.

　　이 문장은 우리를 세 번째 문단으로 데려가며, 이 문단은 22절을 통

151　소크라테스적 문화는 아폴론적인 것의 지나친 일방적 승리라고 보는 그러한 니체 해석자들은 그리스의 몰락에서부터 이어지는 로마를 다루는 이 절을 지적할 수 있다. 그러나 니체는 실제로 이 점을 결코 암시하지 않았을 뿐만 아니라, 그는 또한 거기에 대해 단지 예들, 특히 (예술적이라기보다는) **정치적인** 예들을 거명하고 있을 뿐이다. 이 예들은 또한 지리적이고 역사적인 훌륭한 메타포(인도와 로마 '사이'의 그리스)를 제공한다는 측면에서 굉장한 이점을 갖는다. 끝으로 니체가 본질적으로 역사의 순환적인 본성을 주장한다는 점을 감안하면, 연대기 자체는 거의 유용한 증거가 아니다.

해 확장되고, 이 책에서 가장 지속된 이론적 문장들 가운데 하나가 시작되는 부분이다. 우리가 암시했듯이, 이어지는 부분은 이 책의 첫 번째 부분에서부터 비극 이론의 핵심 요소들을 함께 모으며, 신화와 음악에 대한 쇼펜하우어의 설명을 사용하여 그 요소들을 다시 개정한다. 『비극의 탄생』은 분명 반(反)-교향곡적인 근대 음악 이론을 제시한다. '순수한' 혹은 절대적인 음악으로서 교향곡은 '사물들의 내적 본성'과의 디오니소스적인 연결이며, 그 외의 다른 목적을 갖지 않는다. 초기 오페라가 의지를 인정하는데 너무 인색한 것과 마찬가지로, 근대 교향곡은 의지와 너무 가까워서 의미를 가질 수 없다. 교향곡의 표상들은 상징적으로 읽힐 수 없다. 어느 편이냐 하면 교향곡은 **모든** 것을 가리킨다. 더욱이 교향곡은 개별적 청자에게 어떠한 의미도 가질 수 없다. 왜냐하면 교향곡의 '의미'란 그 개별자의 파괴이기 때문이다. 비극에서(그리고 우리가 보게 되듯, 바그너적인 음악 드라마에서) 음악과 시 사이에는 '노동 분업'이 존재한다. 비극적 신화와 비극적 영웅의 시적 요소들은 신화나 영웅이 그 '보편타당성'을 전달하고 구체화하는 비극의 음악[과 우리의 가장 강력한 음악적 흥분]사이에서 매개하는 임무를 갖는다. 니체는 고대 비극에 대한 분석에 기초해서 고대 비극과 근대 오페라 사이의 구조적 친근성을 보여주고 있는 듯하다. 실제로는 우리에게 다음과 같이 보인다. 즉, 니체는 이와는 다른 방식으로 작업을 하고 있다는 것이다. 왜냐하면 이는 특히 니체가 고대 비극에 나타난 음악에 대한 우리의 지식이 기초적인 것 이상이라는 점을 일찍이 인정했기 때문이다(17절). 음악 및 시에 관한 이러한 새로운 이론의 요람에 위치해 있는 것이 바로 오페라이며, 니체가 고대 비극과 관련하여 음악과 시의 협동에 관해 말할 때, 우리는 그 배후에서 바그너의 총체 예술(Gesamtkunstwerk), 즉 상이한 예술 분과를 가로지르는 소재들을 함께 융합해서 주조된 '총체 예술'을 발견할 수 있다. 니체가 제안하는 음악적이고 미적인 것은 바그너의 프로그램에 따라 만들어져 있다.

비극은 비극적 신화 ─ 말, 이미지, 개념 및 비극적 영웅의 성격 (character) ─ 를 통해 의지의 이해할 수 없는 음악적 표현들을 구체화하고 형태 안으로 끼워 넣는 '숭고한 상징적 외관(likeness)'을 청중에게 제공한다. 그래서 비극 속에서 청중은 자비로운 예술적 가상에 종속된다. 니체는 이를 '고상한 기만'이라고 말하는데, 그 이유는 의지를 표현하는 최고의 매체인 음악이 실제로는 '단지 신화의 조형력(Plastic) 세계를 생기 있게 만드는 최고의 표현(presentation) 수단'인 것처럼, 달리 말해서 음악이 시에 종속된 것처럼 보이기 때문이다. '신화는 음악으로부터 우리를 보호한다.' 그러나 역설적으로 그래서 또한 음악과 신화의 결합은 음악적 요소 자체의 완전한 잠재력을 해방시키는 것을 돕는다. '비극은 음악에 최고의 자유를 처음으로 부여한다.' 비극 속에서 음악은 그렇지 않고 (순수한 음악으로서는) 불가능했을 방식으로 '광란도취의(orgiastic) 자유로운 느낌'을 충족시킨다. 마찬가지로 신화 역시도 음악과의 협동에서 이득을 얻는다. 왜냐하면 음악적 잠재력의 해방에 대한 보답으로 음악은 오직 말과 이미지들을 통해서(즉 시를 통해서)만으로는 성취될 수 없는 두 가지를 신화에 부여하기 때문이다. 첫째, 음악은 커다란 형이상학적 의미를 부여한다(17절을 보라). 또한 관객이 (개별적인 관객과 개별적인 비극적 영웅의) 파괴를 통해 도달된 기쁨(현존으로 기세 좋게(lustfully) 쇄도하는 의지의 영원한 즐거움)에 대한 (니체가 디오니소스적인 지혜라고도 부르는) '선견'을 얻는 것은 바로 음악을 통해서이다.

21절이라는 유리한 지점부터 이 책의 첫 번째 부분에서 전개된 바

디오니소스적인 것과 아폴론적인 것의 관계는 새로운 측면을 띤다. 그리스 비극에 대한 구체적이고 비판적인 분석으로부터 도출되어, 이제 음악과 시적 텍스트 사이의 관계로서 이 관계는 근대적 조건들에 들어 맞게 다시 정식화된다. 그것들의 협동은 각기 독립된 예술 형태들로서 그 지위를 박탈하지 않는다. 반대로 아폴론적인 것과 디오니소스적인 것의 공유된 임무는 오직 그것들이 개별적 형태들로서 별개로 남아 있을 경우에만 작동할 수 있다. 그것들의 혼성(hybridity)은 (초기 오페라에서처럼) 역기능적(dysfunctional) 타협이 아니다. 반대로 오직 상호작용과 협동의 제한 내에서 작동함을 통해서만 양자는 자신들의 가장 충분한 잠재력을 실현할 수 있다. 사실상 고대 비극은 바그너를 주요 초점으로 삼고 있는 이 절을 도입할 목적으로 기획되었으며, 여기서는 부차적인 중요성을 가진 단순한 사례 연구로서 이용된다. 이어지는 부분에서부터 우리는 이제 상징적 표상이론의 본질이 근대 오페라에 대한 분석에서부터 도출된다는 점을 알게 된다. 사실 하나의 단일한 오페라가 이 모델로 사용된다.

그래서 니체는 이제 자신이 고안한 혼합된 형태들의 미학 범주들을 **유일한** 근대 오페라 자체로 간주했던 바그너의 「트리스탄과 이졸데」에 '적용'한다. 혹은 오히려 독자들은 니체가 이 범주들을 이 오페라**로부터** 어떻게 도출했는지를 아주 명확하게 알 수 있다. 니체는 평생 「트리스탄과 이졸데」에 의해 감명을 받았다. 그가 바그너와 사이가 틀어졌다는 사실도 이 작품에 대한 니체의 애정을 변화시키지 못했다.[152] 이 오페라에 대한 니체의 분석은 『비극의 탄생』이라는 바

---

152 다음을 보라. Janz, *Zugänge*: '1888년 12월 27일 정신적 붕괴 열흘 전에 니체는 바그너에 관한 책을 쓰고 있던 칼 푹스(Carl Fuchs)에게 다음과 같이 적고 있다. '결코 「트리스탄과 이졸데」를 무시하지 말아라. 이것은 핵심적 작품이며 다른 모든 예술

로 이 텍스트의 개념, 언어들 및 일정 정도 '작곡(compositional)' 기술 역시 제공한다. (16절 주: 니체, 음악 그리고 스타일을 보라) 니체는 자신의 '친구들'이 「트리스탄과 이졸데」라는 예를 통해 자기가 하는 설명을 이해하도록 '촉구'한다. 이런 식의 '친구들'에 대한 호소는 20절 마지막에서 시작되었으며, 앞으로 계속될 것이다. 친구들이란 니체가 말하는 것의 진리 및 특히 바그너 음악의 (탈) 근대적인 심오함과 위대성을 감지할 수 있는 기질을 갖추고 있거나 그렇게 만들어진 사람들이다. 친구들은 니체의 저술들과 바그너의 작품들을 통해 발견되거나 창조되기도 할 것이다. 여기서 자신의 적절한 청중을 '창조하는'에 우리피데스와 일치점이 존재한다. 그러나 니체는 「자기비판의 시도」에서 『비극의 탄생』의 배타성, 즉 이 책이 개종된 자들에게만 설교한다는 사실, **새로운** 친구들을 창조하는 데 실패한 것에 대해 부정적으로 평가한다.

니체는 「트리스탄과 이졸데」 3악장을 단순히 순수 음악의 일부로, 즉 하나의 교향곡으로 듣는 사고 실험을 제안한다. 니체가 강조하듯이 이것은 가능하지 않다. 아마도 이 음악은 음악**으로서**(qua) 아무런 의미도 없을 것이다. 결국 많은 사람들은 베토벤의 것과 같은 교향곡들을 듣지만, 이것은 오직 형식적 아름다움에 관한 부당한 범주들의 매개를 통해서만 가능하다. 이 경우에 청자는 음악의 디오니소스적인 힘으로부터 차단되는데, 그러나 이는 아폴론적 신화에 의해서가 아니라, 오히려 알렉산드리아적인 오해와 미적 둔감성에 의해 그런 것이다. 혹은 아마도 청자는 직접적으로 '동요될' 것이다. 디오니소스적인 지혜는 매개되지 않는 경우 현자의 파괴를 유발한다. 그래서 니체는 그의 친구들

과 비교할 수 없을 정도로 매력적이다.' p. 28. (저자의 번역).

에게 다음과 같이 스스로 묻기를 제안한다. 즉, 바그너의 오페라를 '하나의 전체로서' 지각할 수 있는 것이 어떻게 가능한가? 그 청자들의 '개별적 현존'을 인정함으로써 사물들의 내적 본성에 대한 환상을 우리에게 제시해주는 것은 **혼합된 작품**(compositum mixtum)이다. 상징화는 시적 의미의 영역에서 음악적 보편성들의 표상들을 발견하는 것을 의미한다. 즉, 그런 표상들이란 비극적 인물들(트리스탄), 이미지들(바다), 개별적 행위들(열망), 특정한 감정들(쿠르베날(Kurwenal)의 환희)이다. 음악과 의지에 적절한 보편성의 양식은 구체적 이미지나 개념의 보편성 속에서 상징된다. (16절을 보라)

상징들은 몇 가지 수준에서 기능한다. 우리는 시적으로 구성된 이러한 상징적 구체화들(concretizations)(물론 비록 우리의 아폴론적인 의식을 통해 우리는 그것들이 무대 위의 단순한 이미지들일 뿐이라는 점을 의식하고 있기는 하다)에 대해 강력한 '연민'(Mitleiden)(이는 '동정(compassion)'과 마찬가지로 문자 그대로 함께 따라 느끼거나 감정을 갖는 것을 의미한다)을 갖는다. 이러한 연민은 세계의 '원초적 고통'에 빠지는 것으로부터 우리를 구해준다. 더욱이 상징들은 '세계의 이념'을 상징하고, 따라서 그 이념에 대한 철학적 통찰을 제공하지만, 우리를 그 이념에게 드러내지는 않는 개념들을 이용함으로써 인지적으로 기능한다. 끝으로 상징들은 '소리의 바로 그 영역'이 **정확히 이러한** 개별적 형상들로서 보이게 되는 것처럼, 형상적(imagistically)으로 기능한다. 이 모든 것은 쇼펜하우어의 경우에 우리의 일상적 사유와 말들이 우리를 무의식적 의지로부터 구원하고, 우리가 그 의지를 객관화하고, 개념화하며, 그래서 그 의지를 다루도록 허용하는 것과 **꼭 마찬가지로** 일어난다. 인간적이고 문화적인 우리의 보호 메커니즘들이 붕괴할 수 있는 위험이 항상 배경에 도사리고 있다. 그러므로 예술에서 상징화가 성공한다는 것은 명령이다.

여기서 니체가 사용하는 언어에 주목하라. 이미지들은 가장 섬세한 직물(옷이라는 의미의 '직물(fabric)'과 훨씬 더 일반적으로 '물질' 혹은 '실체' 양자를 의미하는 **재료들(Stoffe)**)로 짜인 형상들처럼 **보일 수** 있게 된다. 이러한 비유는 베일이라는 주도적 모티프를 계속 이어가는 것이며, 앞으로 나올 문단들에서 니체가 '조직(tissue)'이라는 개념을 사용하게 될 것을 예견한다. 가령 상징적 가시성(visibility)이라는 아이디어는 나중 문단들에서, 즉 '정신화된(spiritualized) 눈'이란 용어가 포함된 문단들에서 채택된다. 또한 위 문단에 나타난 '정확히 이러한'에 대해 우리가 강조한 점에 주목하라. 니체가 조금 뒤 우리에게 상기시켜 줄 것이듯이, 많은 이미지들이 같은 음악을 상징할 수 있을 것이다. 세계의 의지에 대한 직접적 표현으로서 음악은 실제로 모든 것을 의미할 것이다. 비극적 신화에는 음악을 통해 최고의 중요성이 부여된다. 그래서 '정확히 이러한' 이미지, 감정, 개념 및 인물들이 존재할 수밖에 없다는 결과가 나온다.

신화의 텍스트와 연결됨을 통해서 음악은 현상 세계와 '사물들의 내적 본성' 사이의 관계를 제공한다. 그런데 이는 한 영역이 다른 영역과 동일하게 된다거나 다른 영역과 혼동될 수 있다는 것(이것은 알렉산드리아적인 문화의 '병리적' 혼동일 것이다)을 의미하지 않는다. 대신 음악은 비극적 신화 텍스트와의 연결을 통해서 관객이 두 영역 사이의 차이를 인정하게끔 만든다. **차이**에 대한 이러한 인정은 디오니소스적인 지혜에 대한 '선견(foreknowledge)'이라는 형태를 띤다. 분명 여섯 번째 문단은 아폴론적인 것의 성취를 모두 기만인 듯이 표현하지만, 니체는 이를 이 절 마지막 문단에서 교정할 것이다. 아폴론적인 상징화를 구성하는 힘들의 목록에 '윤리 학설'이 포함된 사실에 주목하라. 이는 소크라테스와 에우리피데스가 그렇게 오해한 문제, 아이스킬로스에게 나타나는 정의의 문제를 우리가 다시 주목하게 한다. 이것은 또 22절에서 나타나는 바 비극에 대한 단순히 도덕적인 해석에 관해 니체가 비판하는 것과 훌륭한 대조를 이룬다. 여기서 핵심은 도덕성이 미적인 것의 기원이나 혹은 그 대체물이라기보다는 오히려 미적인 것의 한 구성요소라는 사실이다.

다섯 번째 문단이 비극적 신화를 구성하는 말과 이미지들의 다양한 요소들에 관해 논의했다면, 일곱 번째 문단은 비극적 음악을 상징들로 만들어주는 요소, 비극적 음악의 두 가지 핵심적 측면을 다룬다. 이 둘 사이에는 '예정조화'가 존재한다. (니체는 심신문제에 대한 라이프니츠의 해결책을 참조하고 있다.[153] 따라서 니체는 바로 이 문제를 이 문단 끝에서 논의한다) 다시 말해, 드라마는 단지 음악을 통해서만 '완전히 실현되게' 된다. 음악은 드라마를 통해 상징화될 뿐만 아니라 실현되게 된다. 여기서 니체는 다음과 같은 바그너의 시도를 서술하고 있다. 즉, 바그너는 음악과 드라마적 행위 사이의 새로운 심리학적 관계를 구축하고자 한다. 그리고 그런 관계란, (양 측면이 단지 교대로만 발생했던) '초기 오페라'에서 시도되었고 가능했던 것보다 훨씬 더 밀접하게 양자가 서로서로 붙어다니는 관계이다. 음악은 무대 위 개별자와 대상들을 미리 결정한다. 특히 음악은 선율의 선(melodic line)을 통해 개별자들의 행위를 예시하며, 행위의 관계들을 화음을 통해 구조화한다. 무대 위 인물들은 '단순화된다'.(니체가 이미 언급했던 바에 따르면, 비극의 인물들은 이상적이며, 에우리피데스의 경우에서처럼

---

153 가령 다음을 보라. 'A New System of Nature', in G.W. Leibniz, *Philosophical Essays*, Roger Ariew and Daniel Garber (ed. and trans.), Indianapolis, IN: Hackett, 1989.

생생하고 아주 세련된 심리학적 존재들이 아니다) 왜냐하면 그 인물들은 멜로디와, 즉 음표들의 '파동치는(undulating) 선'으로서 멜로디와 일치하기 때문이다. 그리고 이러한 인물들 간의 관계는 다시 이번에 이러한 음표의 연쇄들이 서로 맺는 동시적 관계들, 즉 화음으로 된다. 전면적인 강조는 확고하게 화음에 놓인다. 인물들은 원래 개인들이 아니며, 그들의 본질은 관계들을 통해 결정되고 드러난다. 멜로디는 화음의 전개로서 시작된다. (니체는 「트리스탄과 이졸데」의 음악적 구조를 생각하고 있다) 파동치는 선율들과 그들 간의 '수직적인' 화음 관계들에 대한 이 생각은 니체가 '섬세한 섬유(zartes Gespinnst)'의 메타포를 사용하게 하며, 베일, 그물, 섬유(fabric) 등등의 주도적 모티프를 계속 이어가도록 한다. 이런 식으로 드라마는 '말을 사용하는 어떠한 시인'이든 그가 바랄 수 있는 것보다 더 심오하고 통찰력이 있게 된다. 우리는 무대가 '무한히 확장될'(왜냐하면 무대 위의 이미지들은 **근원적 일자**에 대한 통찰의 상징들이기 때문이다) 뿐만 아니라 또한 '내부에서부터 비추어짐'(그 이미지들의 최고 의미까지 고양됨)을 **본다**. 또한 이 절과 다음 절을 통틀어서 니체가 쭉 사용하고 있는 메타포, '확장된' 혹은 '관통하는(penetrating)' 환상이라는 메타포에 주의하라.

　흥미롭게도 니체는 음악이 우리에게 '말의 발생'을 해명할 수 있다고 덧붙인다. 니체는 여기서 언어(말, 이미지, 개념들)가 세계에 대한 원초적 개입에서부터 점차적으로 거리를 둠으로써 형성된 과정을 암시한다. (니체의 언어 철학에 관한 주를 보라.) 음악적으로 영감을 받은 상징은 우리를 그 원초적 경험 쪽으로 데려갈 수 있을 뿐만 아니라, 거리를 두는 과정 자체를 드러낼 수 있다. 이것이 방법론적 요점이다. 우리는 줄곧 니체가 비극, 음악 및 등등에 대한 설명이 그 자체로도 흥미롭고 중요하지만, 동시에 또한 철학을 위한 새로운 방법론에 대한 설명이라고 믿는 방식을 강조해 왔다. 여기서 철학은 음악적 도구들을 사용함으로써 언어의 발생을 탐구할 수 있다.

니체가 여덟 번째 문단에서 주장하고 있는 바, 우리는 아폴론적 기만이 그 자체로 긍정적이거나 의미 있는 것이며, 우리가 단순히 '부담'으로 이해한 디오니소스적인 것을 경감시켜 준다고 생각해서는 안 된다. 오히려 모든 의미와 중요성은 음악에서부터 나온다. 음악의 통찰과 관련하여 보면, 아폴론적인 형태들은 우연적이다. (동일한 음악에 대해 다른 형태들이 있을 수도 있다) 적절한 형이상학적 분석은, 숨겨진 마음에는 단지 하나의 신체만이 대응하고, 그 신체는 그 마음을 표현한다는 식으로 우리가 마음과 신체를 파악하게끔 하지 않는다. 이러한 잘못된 점에서부터 출발하면, 우리는 (초기 오페라에 대한 이론가들이 그랬듯이) 심지어 말이 마음이고 음악이 신체라고 생각할 수 있을지도 모른다. 오히려 적절한 형이상학적 분석은 칸트적인 것이거나 혹은 쇼펜하우어적인 것이다. 즉 현상과 물자체이다. 후자의 경우에는 어떠한 실재적 대응이라는 아이디어도 무의미하다. 왜냐하면 '대응'의 두 반쪽이 완전히 다른 의미로 존재하기 때문이다. 음악이 표현을 그렇게 만들지 않는다면, 어떠한 표현도 없다.

그러나 여전히 아폴론적인 것이 디오니소스적인 것에 대해 '완전한 승리'를 얻은 것처럼 보인다. 이것은 단지 이야기의 반일뿐이며, 상징들의 내적 조명이 지닌 한 가지 효과일 뿐이다. 그러한 관점은 다음 사실을 무시한다. 즉, 아폴론적인 드라마는 오직 음악을 통해서만 완전히 실현되고, 형이상학적으로 유의미하게 되며, 신화가 된다는 것이다. 더욱이 이 관점은 디오니소스적인 기쁨에 대한 '선견'을 무시한다. (이 생각은 다음 절에서 더 논의된다) 분명 아름다운 아폴론적 '조직(tissue)'이 있다. 그러나 '전체적으로 고려할 때' 비극은 아폴론적인 것의 가능성들을 넘어선 효과, 즉 여기서 그 자신과 자신의 '가시성'을 부정하는 아폴론적인 것으로 묘사된 효과를 갖는다. 이것이 『비극의 탄생』의 논변이 처음부터 곧장 향하고 있던 지점, 즉 그 '파동치는 선율'의 끝이다. (니체는 이처럼 전체적 입장을 점진적으로 전개하는 가운데서 바그너의 작곡 기법을 적용했던 셈이다) 음악적 비극 혹은 오페라에서 양자는 동일한 언어를 말하는 것이 아니라, **각자 서로의 언어**(each other's language)를 말한다는 점에 주목하는 것이 중요하다. 니체의 언급이 여기서 암시하듯이, 예술의 실질적 승리는 디오니소스의 속박 아래 아폴론이 종속하는 것이다. 왜냐하면 '결국 디오니소스의 언어를 말하는 것이 아폴론이기 때문이다.' '언어'는 여기서 메타포적으로 사용될 수도 있을 것이다. 니체가 방금 말했듯이, 디오니소스적인 것은 그 자체로는 어떠한 언어도 갖고 있지 않으며, 그래서 대신 그 전 문장은 '디오니소스적인 지혜로 말한다.'고 언급한다. 그렇지만 똑같이 마찬가지로 니체는 언어 자체를 변형시키는 효과를 언급하고 있다. 음악의 영향하에서 언어는 그렇지 않았더라면 본질적으로 배제되었을 진리를 말하는 가능성을 얻는다. 비극 혹은 바그너적인 오페라에서 '신성(神性)들의 어려운 관계'는 '형제의 유대로 상징될 수 있을 것'이다.[154]

22절

미적 청중

이 절은 7절 및 8절과 대응하며, 개정된 음악 미학을 관객의 문제, 혹은

---

[154] 이 텍스트의 한 가지 모순은 여기서 메타포적 상징화의 수준에서 지적될 수 있다. 여기서 두 신성들은 상징적으로 형제들로서 연결되어 있는 반면, 이보다 더 초기에 이 신성들은 반대의 성을 가진 것으로 나타난다.

이 경우 근대적 '청중'의 문제와 연결시킨다. 이를 하기 위해서 니체는 이 전 절 끝에서 도입된 아이디어, 아폴론적인 것의 '부정'이라는 생각을 세부적으로 설명해야 한다. 니체는 들은 사람으로서 '친구들'을 다시 불러내며, 그들은 들었던 것을 이제 이해할 것이고, 따라서 니체를 위해 증언할 수 있다.

이 절은 더 이상 표면을 보지 않고, 사물들의 심장을 관통하는 전지한 눈에서부터 시작한다. (이전 절 끝에서) 환상의 배후를 보는 눈은 부정되었다. 달리 말해 이는 티레시아스(Tiresias)와 같은 눈 먼 예언자의 눈이다. (여기 이 문장들에서 '마치 무엇처럼(as if)'의 많은 사례들에 주목하라. 환상의 언어는 단순히 음악 드라마에 의해 주어진 '통찰' 양식을 상징하는 것일 뿐이다) '친구들'이 깨닫게 되는 것은 가시성의 아폴론적 힘들이 '그 최고의 정점'에 있지만, 발생하는 것은 진정한 아폴론적 예술가의 '정태적이고, 만족스러우며, 의지가 없는 관조'가 아니라는 점이다. 즉, 이 과정의 목표는 단순한 형식, 아름다운 것에 대한 쾌락과 서사시에 특징적인 냉정한 무관심, 달리 말해 특히 아폴론적인 미적 현상으로 정당화된 세계가 아니다. 아폴론적인 것의 특성들이 빠져 있는 것은 아니지만, 그 특성들이 파괴되는 과정에서 그 특징들은 소위 그것들이 표현하는 것을 관통시켜 보이며 따라서 표현하는 그것을 위해 가치 평가된다. 니체는 이것이 어떻게 일어날 수 있는지 묻는다. 이 물음은 이전 절에 나온 물음, '작품은 어떻게 전체로서 지각될 수 있는가'라는 물음과 아주 잘 맞아떨어진다. 후자의 경우 답은 아폴론이듯이, 여기서 답은 아폴론적인 것을 자기를 위해 봉사시키는 디오니소스적인 것이다.

핵심어는 '한계들'이다. 디오니소스적인 것은 '현상들의 세계가 스스로를 부정하는 한계들까지 이르게 한다.' 이는 익숙하게 들려야 할 것이다. 이것은 칸트, 괴테, 그리고 쇼펜하우어의 통찰들 때문에 발생한 위기, 알렉산드리아적인 인간의 위기와 동일한 구조이다. 여기서 중요한 관건은 무너졌을 때 비극적 문화를 향한 길을 여는 소위 알렉산드리아주의의 보편성과 낙관주의가 아니다. 오히려 여기서 니체는 아폴론적인 이미지들이 디오니소스의 언어를 말하게 되는 비극 현상 자체 **내부**의 과정을 묘사하고 있다. 디오니소스적인 지혜의 상징화는 비극 안에서 기능을 한다. 왜냐하면 말, 이미지, 혹은 개념들(현상들)은 현상들로서 자신들의 고유한 한계들과 마주하고 그들 스스로를 부정하게 되며, 그런 부정 속에서 처음 디오니소스적인 상징들로 되기 때문이다. 그래서 비극/오페라라는 세계란 현상 세계의 한계들을 가리키는 것을 통해 의지로 존재한다는 깨달음으로 관객들에게 강한 인상을 준다. 이는 위기에 처해 있고, 비극의 재생을 기다리고 있는 후기 근대성이 '비극적 문화'라고 불려야 하는 또 다른 이유를 우리에게 제공한다. 이처럼 [비극에서 발생하는 것과] 동일한 상징적 부정이 일어난다. 여기서 니체는 분명 언어의 기원 및 예술을 통한 그 기원의 발견 가능성에 대해 그가 한 설명을 기초로 논의를 진행하고 있다. (8절 논의를 보라)

이제 니체는 아리스토텔레스와 에우리피데스의 원래 오류들을 결코 없앨 수 없었다고 자신이 비난하는 동시대 미학을 간헐적이기는 하지만 대부분 아주 매섭게 연속해서 공격하게 된다. 아리스토텔레스의 전통은 『시학』에서 한 '카타르시스'에 대한 설명으로 인해 공격받는다. 비극의 기능은 청중에게 있는 연민과 공포의 감정을 정화 혹은 순화시키는 것이다.[155] 니체가 믿기에 이 기능은 미적이지 않다. 왜냐하면 그것은 병적이기 때문이다. 즉 그 기능은 기본적 현상들로서 열정과 감정

---

[155] Aristotle, *Poetics*, trans. Richard Janko, Indianapolis, IN: Hackett, 1987.

들에 사로잡혀(obsess over) 있기 때문이다. 에우리피데스는 (이름을 거명하면서는 아니지만) 비극에 대한 도덕주의적 견해로 인해 비난받으며, 이 견해란 역시 단순히 미적이지 않으며 좀 더 최근 등장한 실러에 의해 역시 반복되는 것이다. 그래서 중심 비난은 다음과 같다. 즉 동시대 비평가와 예술 철학자들은 (반–바그너적인 합리주의 비평가 게르비누스(Gervinus)[156]처럼) 예술이 등위(backside)에서 자신들을 자극했는지 예술에 관해 알려고 하지 않는다. 그들은 단순히 어떠한 미적 느낌도 갖지 못한다. 니체는 '결코 어떤 생생한 병적 관심 없이는 어떠한 비극적 상황이든 그 상황을 예술적으로 취급하는데 성공하지 못했기' 때문에 자기 작품에서 비극적인 것을 회피한 괴테를 인용한다. 우리의 기억대로라면, 니체는 앞서서(18절) 괴테의 『이피게니아』를 비극적인 것에 대한 작가의 제한된 기호를 보여주는 사례로 지적했다. 괴테는 그들이 '가장 강력한 파토스의 주체들'을 취급할 때조차 그 상황이 그리스인들에게 '미적 유희를 위한' 문제였을 수 있었는지 묻는다. 물론 우리가 미적인 것을 진지한 것과 대립되어 있다고 생각하지 않는 경우에 말이다. (서론(Foreword)을 보라) 니체는 [앞의 물음에 대해]강하게 긍정적으로 답한다. 우리 근대인들은 '음악적 비극'의 진가를 인정할 때 '우리 자신을 병리학적이고–도덕적인 과정을 넘어 고양시킴으로써' '유희'의 수준으로 나아갈 수 있다.

이것은 비극의 재생이 동시대 문화에서 **미적 청중**의 재생이라는 보충적 과정을 동반함을 의미한다. 그러한 미적 청중이란 도덕적인 심성을 지닌 사람들의 일부와, 학자적인 비평가의 일부를 대체한다. 니체는 실제로 미적 청중에 의해 대체되는 이들이란, 결핍된 교육, 강단적(ac-

---

156 역자 주: 게르비누스(Georg Gottfried Gervinus, 1805-1871)는 독일의 문학사가이며, 유명한 셰익스피어 연구가였다.

ademic) 글쓰기에 전형적인 접근 및 언론으로 인해 그러한 귀머거리 청중들이 되기 쉬운 전체 대중임을 지적한다. 예술가는 그러한 귀머거리 청중들에 대해서 무엇을 했는가? 그것은 문외한들과 마주친 르네상스 작곡가들이 한 것과 똑같은 것이다. 즉 예술가는 자신들이 단순히 영합하고 있다는 사실을 간과할 만큼 아주 성공적으로 일반인들에게 영합한다. 그래서 일상적이고 대중적인 감정영역(sphere), 즉 '현재의 정치적이고 사회적인 사건들', 민족주의, 전쟁, 의회 당파주의, 범죄 등을 자극하는 드라마와 오페라들이 존재하게 된다. 혹은 도덕적이거나 종교적인 에너지들을 자극하는 좀 더 고상한 드라마들이 있다. 이들 드라마적이거나 혹은 음악적인 작품들 가운데 어느 것도 실제로 **예술**이 아니다. 대중들의 이러한 관심은 단지 '강력한 예술적 마법의 대체물'일 뿐이며, 심지어 '경향성의 숭배'로 이어질 수도 있다. 그러한 비평은 사회성의 한 형태, 즉, 어떠한 **교양**에 대해서든 그 바탕에 깔린 조건**이어야** 하는 형태, 인간적 상호작용, 대화, 상호 자극의 형태를 창조한다. 그러나 여기서 사회성이란 '빈약하고 독창적이지 못하다.' 베토벤 및 셰익스피어의 작품과 대면하여, 비판력을 소진한 대중들은 그 작품들의 깊이에서 벗어나 있다. 니체가 비극에 부여했던 **정치적** 중요성(21절의 시작 부분)을 떠올린다면, 이러한 빈약한 사회성은 하나의 민족이 될 수 없는 '민족'에 대한 정치적 비판과 맞먹는다. (18절 주: '교양'에 관하여 참조)

그러나 '좀 더 고상하고 더 섬세한 능력들'을 갖고 있으며, 이른바 바그너의 「로엔그린」에 의해 잠시 감동을 받았으나, '그들을 잡아줄 손'을 결여하고 있었던, 다시 말해 그들을 안내할 니체를 결여하고 있던 몇 몇 동시대인이 있다. 그러한 안내 없이는, 심지어 그렇게 비상한 경험조차도 [짧게 빛났다가 사라진 수수께끼 같은 별처럼]사라질 수밖에 없을 것이다.[157] 니체 철학의 본질적 기둥 하나가 여기서 등장하는데, 이는 교육학에 대한 그의 개념이다. 그가 구상하고 있는 문화혁명은 미래 주역들이 실천하지 않고서 (미래 주역들의 훈련을 돕는 그런 방식으로)성공할 수 없다. 니체는 아주 빈번하고 직접적으로 독자들에게 말하는 새로운 양식의 글쓰기를 발전시켰으며, (이 절들에서 '친구들.' 마찬가지로 차라투스트라는 연설을 통해 청중과 의사소통을 한다) 독자의 훈련에 대해 니체가 가진 일반적 관심은 새로운 문체에 대한 관심으로 이 책 안에 내장되어 있다.

23절

아직 흐트러지지 않은 독일 정신의 통일

이 부분은 아마도 『비극의 탄생』 전체 가운데 가장 덜 모험적이고, 가장 덜 확신에 찬 절일 것이다. 니체는 이 책 몇 몇 지점에서 이미 스스로 비스마르크 제국의 전쟁 문화와 거리를 두기는 했지만 당시 호전적인 독일 민족주의에 양보할 수밖에 없었던 것처럼 보인다. 분명 『비극의 탄생』은 독일 문화보다는 스위스 정신을 더 많이 흡수하고 있다. 니체는 그 특유한 아카데믹한 분위기와 선구자들(바호펜, 부르크하르트) 및 귀족적(patrician) 전통들(대중 강연)을 지니고 있는 바젤 시절에서 직접적인 영감을 얻는다.[158] 니체는 바그너와 강한 사회적 접촉을 시작

---

157 여기서 짧게 빛났던 별(역자 주: 정확하게는 수수께끼 같은 별이 짧게 빛난 후 사라진 것처럼 비상한 경험도 그렇게 사라졌음을 비유하고 있음)이란 아마도 에타 카리나 성운(*Eta Carinae*)을 가리킬 수 있으며, 이는 1870년에 빛을 발했던 아주 변화무쌍한 별이다.

158 다음과 비교하라. David Marc Hoffmann (ed.), *Nietzsche und die Schweiz*,

했는데, 이는 니체가 1868년 파티에서 처음 그를 만났던 독일에서가 아니라, 바젤에 도착한 후 당시 바그너가 살고 있던 뤼케르네(Lu-cerne) 호수 부근의, 트립셴(Tribschen)에서 1869년부터였다. 이후 몇 통의 편지에서 니체는 자신을 스위스인으로 여겼다.[159] 니체는 바젤에서 그가 부름을 받았을 때 자신의 독일 여권을 포기했지만, 스위스 시민권도 원한 적이 없었으며, 따라서 형식적으로 말하자면 니체는 거의 평생 동안 무국적이었다. 그러므로 여기서 니체는 독일적 특성[160]이 지닌 미덕들을 칭찬함으로써 비일관성의 위험을 무릅쓰고 있는 셈이다. 니체는 또한 외국 영향들이 지배하고 있는 층들(layers)에서부터 밝혀낼 수 있는 핵심, '순수하고 정력적인 독일적 특성의 핵심'에 호소함으로써 혼합(mixed) 상태, 사이에 있음(in-betweenness) 및 기본적 충동들의 다수성으로 이루어진 자기 미학이 지닌 타당성을 손상시킨다. 그런 문장을 읽으면, 그것을 말하는 방식에서 볼 때 니체가 자신이 여기서 말하고 있는 것을 전적으로 확신하지 않고 있다는 인상을 받는다.

첫 번째 문단은 독자들이 '미적 청중'인 정도를 재는 실험에 스스로 참여하고, 비극 드라마 혹은 음악 드라마에서 일어나는 '기적'에 대한 그들 고유의 반응을 검토하도록 유도한다. (니체는 여기서 기적들에 대한 흄의 유명한 논의를 참고할 수 있으며, 또한 사실상 그렇게 하는 것이 당연하다.[161]) 우리는 기적을 보는데 아마도 전적으로 실패할 것인

Zürich: Strauhof, 1994. 또 다음 문헌이 있다. Andrea Bollinger and Franziska Trankle, *Nietzsche in Basel*, Basel: Schwabe, 2000.

159 *Nietzsche in Basel*, p. 20.

160 역자 주: 여기서 역자가 특성(character)으로 번역한 것은 독일어로 Wesen이다. 이는 본질로도 번역될 수 있으나, 니체가 본질주의를 철저하게 비판했다는 점을 감안하여 본질이라는 개념을 피했다.

161 *Enquiries Concerning Human Understanding*, ed. P.H. Nidditch, 3rd edn., Oxford: Oxford University Press, 1975.

가? 혹은 에우리피데스와 소크라테스처럼, 오직 기적이 심리학적 원리들과 모순된다는 점만을 보고 단순히 기적을 이해하는 데 실패할 것인가? (오히려 에우리피데스와 소크라테스의 경우에는 [이해의 그런 실패가 기적] 경험이 사라져서라기보다는 기적을 그들의 원리에 따라 **적극적으로** 폐기해 버렸기 때문이라는 사실을 제외한다면 [기적을 이해할수 없는] 상황은 새롭게 태어난(nascient) 미적 청중의 [상황]과 유사하다[162]) 혹은 우리는 또 기적을 인정하기는 하지만, 단지 아이들이 믿는 어떤 것으로서(혹은 어느 정도 동등하게 우리가 고대인들은 믿었으나, 우리는 더 이상 믿지 않는다고 학식을 통해 알고 있는 어떤 것으로서) 혹은 그 밖의 다른 어떤 것으로서 인정할 것인가? 미적 청중은 무엇보다 '매개하는 추상들'(가령, 미적 공식이나 종교적 개념들) 없이 신화를 이해하도록 되어 있다. 이는 우리가 1절 첫째 문단에서 나오는 '직관'에 다시 주목하게 한다. 다음으로 이 문단은 실험에서 신화의 역할에 대한 서술로 전환한다. 즉 신화(1)만이 오직 예술(심지어 아폴론적예술)의 목적 없는 떠돎을 막을 수 있으며, (2) 젊은 사람들의 적절한 **교양**에 이용되고, (3) 삶과 세계를 해석하는 첫 번째이자 직접적인 방식을 제공하며, (4) 문화와 국가의 '강력한 불문율들'을 형성한다.

　이 문장의 중심적인 메타포는 유목적 현존('떠돎', '방랑', '추구', '추적')과 안정된 현존('기원의 장소', '화로의 신들') 사이의 대조이다. 신화가 없다면 '모든 문화는 건강하고, 창조적이며, 자연적인 에너지를 상실한다.'(즉 모든 문화는 '굶주리게' 되며, 따라서 쓸데없이 전세계와 고대에서부터 지식과 문화적 형태들을 수집한다) 더욱이 신화

162　역자 주: 니체는 바로 전 22절에서 이해할 수 없는 어떤 효과를 경험한 미적 청중의 탄생을 언급하고 있으며, 이 구절은 그러한 미적 청중의 상황과, 기적을 경험했으나 이해하지 못하는 자의 입장이 유사하다는 점을 기적하고 있는 듯이 보인다.

라는 지평만이 오직 '문화적 운동'을 통일한다.(즉, 집을 부여한다) 이런 후자의 요점을 통해 우리는 21절에서 언급된 정치적 요점으로 돌아가게 된다. 니체는 우리에게 다음을 상기시킨다. 즉, 소크라테스주의는 신화를 파괴하게끔 정해져 있으며, 이러한 근대적 곤경으로 우리를 이르게 한다는 것이다. 이 곤경은 고대 세계(물론 특히 그리스 이후의 세계. 알렉산더와 로마의 시기)를 재발견하고 거기에 대해 열정적 관심을 지닌 르네상스 시기 동안에 가속화되었다. 그렇지만 니체가 암시하는 바에 의하면, 독일에서 이 곤경은 최근까지 정당하게 저항을 받았다. 여기서 니체는 루터, 특히 루터식의 합창곡을 인용한다.[163]

근대 독일은 '문명화된' 프랑스와 대조된다. 니체는 그 압도적인 특징들의 풍부함이 아니라, 그 결함들, 독일이 다른 민족들과 비교해서 결여하고 있는 것(이 경우, 다른 문화들에 대한 학문적인 지식과 평가 및 문화와 국민의 정체성)에 기반하고 있는 독일의 문화적 민족성의 우월함에 관한 오래된 논변을 수정한다. 독일 민족의 위대함은 프랑스의 경우처럼, '외적' 문명의 높은 수준에 있는 것이 아니라 오히려 독일어와 문화에서 드러나듯이 깊이에 대한 잠재력에 놓여 있다. 니체의 주장에 의하면, 프랑스에서는 이전에 '국민과 문화의 정체성'이 있었으며, 그 국민의 깊이는 외적 문화에서 나타난 표현들(manifestations)과 상응했다. 이제 그 문화는 자신의 근대적 표현들 속에서 뿌리를 상실하게 되었으며, 그 국민들은 남들이 하는 대로 한다. 이런 측면에서 독일적 후진성은 이러한 '두려운' 결과를 피한다. 왜냐하면 독일적 정체성의 핵심은 근대 문화의 부패들에 의해 영향을 받지 않은 채 남아

---

163 루터에 대한 니체의 관점은 복잡하다. 『선악의 피안』에서 루터는 근대 독일어의 주요 창시자로서 칭송된다. (248절). 그러나 다음을 보라. 『즐거운 학문』 358절과 『도덕의 계보』, p. 106. '농부인 루터는…'

있기 때문이다. 니체는 다음과 같이 쓴다. '우리의 이런 의심스러운 문화는 여전히 아직 우리의 민족적 특성이 지닌 고상한 핵심과는 아무런 공통점이 없다.' '원한'에 기초를 둔 이러한 옹호, 독일적 후진성을 미래의 위대함과 위대함을 이룰 수 있는 잠재력으로서 다른 민족들에 비해 갖는 이점으로 옹호하는 것은 니체가 이 책에서 젊은 시절 독일적인 문화적 쇼비니즘이라는 상투어를 고수하고 있다는 가장 분명한 표시이다. 니체는 나중 저술에서 이러한 틀에 박힌 논변을 단호하게 거부하고, 그것을 독일 문화의 편협성과 후진성에 대한 강력한 비판으로 대체한다. (가령, 「자기비판의 시도」를 보라)[164]

네 번째 문단은 주도적 모티프들의 빠른 연속처럼, 다시 비극을 중점적으로 분석한다. 세 가지 언급이 필요하다. 우선 니체의 주장에 의하면, 예술은 신화의 삶을 연장시키며, 그것이 파괴되는 것을 막는다. '모든 그리스 예술 그리고 특히 그리스 비극은 신화의 파괴를 연기했다.' 신화의 몰락 및 그와 함께 종교 및 올바른 민족적 정체성의 몰락은 반(anti)-미적인 소크라테스적 충동에 의해 촉진되었다. 둘째 우리는 관건이 외적 영향에서부터 벗어난 독일적 특성의 **순수함**이라면, 그리스인들이 어떻게 '우리의 빛나는 지도자들'이 될 수 있는지 물어야 할 것이다. 니체의 대답은 그리스인들의 모델을 따르는 것과 그들의 문화적 형태들을 모방하는 것 사이에는 차이가 있다는 것이다. (3절 주: 니체, 독일 '헬레니즘' 그리고 횔덜린을 보라) 우리가 강조했듯이, 우리는 역사를 되돌릴 수 없고, '그리스인이 될 수 없다.' 그런데도, 이 문단 전체는 이 절 나머지 많은 부분이 보여주는 노골적인 민족주의를 완화시키는 데 도움이 된다. 셋째로 니체는 여기서 '영원한 것'(이로써

---

164   가령, '독일 정신의 황폐함…', 『도덕의 계보』, p. 115.

그는 형이상학적인 것, 디오니소스적인 것을 의미한다)의 각인을 '역사적인 것' (이는 소크라테스적/알렉산드리아적인 문화와 결부된 많은 것들을 의미한다. 즉 여기에는 저널리즘, 고대 세계에 대한 학문적 접근, '세속성(worldliness)', '현재의 경솔한 신성화' 등이 포함된다)과 대조한다. 이 논의는 10절과 비교되어야 할 것이다.

『비극의 탄생』은 그리스 고대 문화와 당시 독일 문화의 유비를 구축한다. 문화적 전선의 측면에서 프러시아 전쟁의 전선을 본뜸으로써 니체는 라틴 문화를 적으로 선택한다. 그러나 니체는 여기서 매우 잠정적으로 타진하고 있는 듯이 보이며, 전체 문장은 그가 마치 요구대로 하나의 공식을 되풀이하고 있는 것처럼 제한들로 가득 차 있다. 니체는 독일 정신에 호소함으로써 다음과 같이 과감하게 말한다. 즉 라틴 문화의 영향에 대한 거부는 [독일 정신이 자신으로 복귀하기 위한 투쟁의] 시작일 것이며, 프러시아 전쟁이란 '외부로 드러난 어떤 준비'일지 모른다고 우리 중 몇 몇은 아마도 '믿기 쉬울 것이다.' ('라틴'이라는 용어는 루터가 그에 대항하여 싸웠던 프랑스와 가톨릭 교회 양자 모두를 가리키기 위해 조심스럽게 선택되며, 이는 물론 그리스인들과의 대조를 통해서이다) 이 후자의 주장은 직접 제한이 가해진다. 우리가 '화로의 신들(Hausgötter, gods of hearth)'과 조율된 미적 청중이 아니라면 투쟁에는 어떠한 중요성도 없다.[165] (그리스 신화에서 헤스티아(Hestia)는 결코 신들의 집을 떠나지 않는다. 그래서 이 헤스티아란 가정적인 신화, 뿌리박힌 신화를 의미한다) 이는 니체가 비스마르크 식의 전쟁 흐름을 내키지 않는 칭찬을 통해 비난하는 것처럼 읽힌다. 외국의

---

[165] 역자 주: 이 부분의 원문은 다음과 같다. "그러나 독일 정신은 고유한 화로의 신들 없이, 즉 자신의 신화적 고향 없이, 다시 말해 모든 독일적인 것의 '재생' 없이 유사한 투쟁들을 수행할 수 있다고 믿어서는 안 될 것이다."

것에 대한 거부는 독일이 전쟁에 개입하는 열기 속에서가 아니라, 독일
의 문화적 역할 모델들에 의거하여 추동되어야 한다.

24절

미적 현상으로서 세계의 정당화(Radicalized)가 급진화된 결과 ─
음악적 불협화음 이론

이 절에서 니체는 환상의 정교한 메타포(21절에서 나오는 것)를 완성
시키기 위해 비극에 대한 설명을 마지막으로 다시 한 번 고치며(re-
cast), 새로운 음악 범주인 불협화음(dissonance)을 도입한다. 여기서
명시적 목표는 '미적 청중' (혹은 '관객')의 새로운 개념을 사용하여, 16
절에서 나오는 비극적 쾌락의 문제를 종결시키는 것이다. 그렇게 하기
위해 니체는 예술 형태들의 이상적 혼합으로서 '음악 비극' 속에 있는
'아폴론적 기만' 의 개념을 상세히 논의한다.

  그래서 첫 번째 문단과 두 번째 문단은 아폴론적 기만의 측면에서 이
논의를 더 깊숙이 언급한다. 디오니소스적 음악은 자신을 아폴론적인
'중간세계' 로 '발산' 하는 반면(7절을 보라), 아폴론적 이미지들은 전
에 없는 정도로 강화되고 가시적으로 된다. 두 번째 문단은 근대 음악
비극 속에서 상징화의 일반 원리를 다시 풀어 언급한다. 음악과의 연합
을 통해 비극에서 가상은 자신을 의식하게 된다. 그러나 이는 단순히
그 자신을 가상으로 알게 된다는 의미가 아니다. 아폴론적인 것은 항상
(그것이 병리적이 아니라면) 이것을 의식하고 있으며, 니체가 말하듯
이, 그것은 심지어 이런 가상이 의지의 사나운 바다 위에 아름다운 환
상으로 떠다닌다는 점을 알고 있다(4절). 그러한 앎이 아폴론적 예술

형태들의 '조용한 기쁨'을 가능하게 만드는 것이다. 오히려 외관(sem-blance)은 **심지어 외관이 아니라** 특별히 형이상학적인 차원의 상징적 표현으로서 자신의 새로운 지위를 의식하게 된다. 미적 관객은 더 이상 이미지에 만족하지 못한다. 외관에서 느끼는 쾌락은, 외관이 일단 '부정'된다면, 더 이상 완전하지 않다. 이제 '훨씬 더 높은 만족'을 수반하는 추구가 있다. 그 혹은 그녀는 '베일을 찢고' '비밀들을 드러내고자 하지만', 상징적 표면의 '완전한 가시성(visibility)'이 이를 막는다. 니체의 말에 의하면, 우리는 '보도록 강제되'지만, 또한 '보는 것을 넘어가려는 욕망으로 가득 차' 있다. 이러한 고양된 효과는 비극 혹은 바그너적인 음악 드라마인 예술, 혼합된 잡종 형태의 예술 속에서만 일어날 수 있다.

깊이는 경험될 수 있으나, 이는 이미지들 배후에 놓인 것이 가시적으로 드러남을 통해서는 아니다. 대신 의미의 깊이는 오직 부정적으로만, 즉 가상이 가상으로서 부정되고 파괴되는 것 속에서, 즉, 운명을 통한 영웅적 개별성의 등장과 파괴에서 찾을 수 있다. 현상들 배후의 힘들은 작용하면서 자신들을 보여준다. 비극은 이 힘들을 배경에서 작용하는 것으로 드러내며, 현상들을 인간적으로 이해 가능한 형태들로 지속적으로 그려내고, 그것들을 파괴한다. 파괴는 분명 두 가지 방식으로 상징적으로 기능한다. 우선 파괴는 이미지가 그 상징으로 변형되는 가운데 문자 그대로 이 이미지가 부정됨으로써 기능하며, 다음으로 모든 현상이 그와 관련해서는 무상한 힘들, 자연의 순환적이고 창조적/파괴적인 힘들에 대한 통찰로서 기능한다. 이미지들을 지각하고, 그 무상성에 대한 암시를 수용하는 이중적 감각은 니체가 『차라투스트라는 이렇게 말했다』의 '자정'시(Midnight poem)에서 표현하고 있듯이, '세계는 깊으며, 낮이 알고 있는 것보다 훨씬 더 깊다.'는 사실을 우리가 이해하게 만들어준다.

　세 번째 문단은 우리가 미적 청중에 대한 이런 설명을 비극적 예술가로 '옮기'게 만든다. 이는 그 자체로 흥미롭다. 예술을 만든 자(혹은 오히려 그 만든 자 속에서 자신들을 구체적으로 예증하는 힘들)는 관객과 동일한 방식으로 문제들을 경험한다. 두 과정은 서로서로의 거울 이미지들이며, 예술은 그 둘 사이의 다리를 놓는다. 이에 대한 몇 가지 암시들이 있다. 우선 이것은, 니체가 7절에서처럼, 어떻게 합창단과 관객이 또한 극작가의 기능도 한다고 주장할 수 있는지 우리가 이해할 수 있게 도와준다. 둘째, 이런 생각은 니체가 에우리피데스에게서(그리고 사실상 극작가가 되기 위한 '입문서'인 아리스토텔레스의『시학』에서) 발견되는 글쓰기와 작품(production)의 기술적 측면들에 대한 강조를 거부한 이유를 우리가 알게 도와준다. 예술은 직관이나 본능에서부터 발생해야지, 기술적 규칙이나 과정들에서부터 생겨나서는 안 된다. (그리고 분명 또 예술은 전자의 방식으로 판단되어야 할 것이다) 셋째로 이것은 개별적인 창조적 천재라는 낭만주의적 이념을 폐기한다. 오히려 개별자로서 예술가는 자신들을 그 혹은 그녀를 통해 표현하고, (보편적 힘들로서) 관객에게서도 발견되는 힘들의 어느 정도 완전히 우연적이고 알맞은 결합이다. 여기서 이것은 니체가 관객에 대한 분석에서부터 예술가로(그리고 여섯 번째 문단에서 다시 관객으로) 논점를 빨리 바꿀 수 있음을 뜻한다.

　니체가 제시하는 비극적인 것의 새로운 미학 심장부에는 추한 것의 예술적 '아름다움'이라는 역설적 물음이 놓여 있다(여기서 추한 것이란 비극에서 모든 고통, 실패 및 파괴를 대변한다). 이것은 처음에 비극 예술가의 관점에서 제기된다. 달리 말해 이 물음은 예술가가 왜 그러한 끔찍한 것들을 쓰거나 작곡하는가 하는 것이다. 이론적 난점은 이처럼 예술가가 예술가인 것을 막지 않은 채, 즉, 이처럼 예술가가 '동정, 공포 혹은 도덕적으로 숭고한 것'의 영역으로 미적 영역의 한계를 넘어서지 않고서도, 추의 묘사가 선호되는 이유를 이해하는데 놓여 있다(22절과 비교하라). 일상적 현실이 두려운 것들을 담고 있다는 사실은 어떠한 대답도 아니다. 왜냐하면 이 물음은 현실에 관한 것이 아니라, (항상 '더 높은' 기쁨을 부여하는) 예술에 관한 것이기 때문이다. 그렇다면 확실히 비극적 예술은 어떠한 직접적인 의미에서도 자연을 모방하는 것이 아니라, 자연을 극복하는 방식으로 '형이상학적 보충'을 제공한다('보충'은 흥미로운 말이며, 우리가 자연 혹은 현실을 어떤 방식에서 결핍된 것으로 생각하고 있음을 함축한다. 그렇지만 결핍을 보여주고 **그리고** 보충을 가능하게 만드는 것은 디오니소스적인 지혜이다). 그러나 비극적 예술은 무엇을 극복하거나 '변용(transfigure)'하는가? 현상들의 실재는 아니다. 왜냐하면 비극적 예술은 가장 분명하고 가장 밝게 조명된 현상을 우리가 보게 만드는 반면, 우리에게 '이 현상이란 당신 현존의 시계 위에 있는 시침이다!'[166]라고 말해주기 때문이다. 신화는 우리 자신과 우리의 세계를 이해하기 위해 우리가 직접 의존하는 것이다. (23절)[167]

이처럼 추의 아름다움으로 나아감으로써 니체는 23절에서 그랬고, 또한 '독일적 특성의 전개'에 대한 희망을 발견할 수 있는 이 절 여덟 번째 문단에서 그랬던 것처럼, 당시 독일의 편협성에 대해 스스로 양보한 했던 것들을 보충하는 것 이상을 하고 있는 셈이다. 추의 아름다움

---

166 역자 주: 이 말은 현상은 나름의 한계를 가지며, 전부가 아니라는 뜻으로 읽힌다.
167 '변용'은 *Verklärung*의 표준 번역이다. 그러나 우리는 후자의 어원이 형상 혹은 형태가 아니라, **명확성**임을 놓치지 말아야 할 것이다. 니체가 사용하는 광학적 메타포와 상응해서 이 용어는 보이게 만들거나 투명하게 하는 행위도 가리킨다.

에 대한 정식화는 당시 근대 문화의 현상들을 새롭고 적절한 미적 이론 및 실천과 조화시키기를 목표로 했던 미학자들과 예술 실천가들이 속하는 유럽 아방가르드 흐름에 니체를 포함시킨다. 여기서 바그너(16절과 비교하라)는 이 분야의 다른 유럽 예술가들, 가령, 플로베르와 보들레르, 혹은 심지어 테니슨 혹은 디킨스의 입장과 아주 가까운 것으로 드러난다. 미적 이론의 요소들은 파괴, 고통 및 분열을 포함한 디스토피아적인 전망들을 수용하도록 당당히 확장되어야 한다.

변용(Verklärung)의 물음에 답하기 위해 니체는 다시 한 번 '예술의 형이상학'을 향해 작업하는 5절에 나타난 진술, 자신의 의도를 보여주는 최초의 진술로 돌아간다. 그는 '현존과 세계란 오직 미적인 현상으로서만 정당화된 것으로 나타난다.'는 점을 반복한다. 이 최초의 문장은 이제 진실임이 증명되었다. 니체가 추론하는 바에 의하면, 이것은 다음을 의미한다. 즉, '특히 비극적 신화는 우리에게 추한 것과 부조화한 것조차 그 기쁨의 영원한 충만함 속에 있는 의지가 자기 자신과 유희하는 예술적 놀이'라는 점을 확신하게 할 수밖에 없다. 의지라는 형이상학적 실재란 도덕적 현상이 아니다. 파괴와 추함은 단순히 의지 활동의 다른 양식들일 뿐이며, 그것들은 창조 및 아름다움과 관련하여 판단될 수 없다. 혹은 여러분이 더 선호한다면, 의지의 활동이 단순히 정의이다(이는 니체가 아이스킬로스와 25절에서도 발견되는 정의의 양식에 대해 말하고 있을 때 암시하는 바와 같다). 의지의 쉼 없는 활동은 미적 현상으로서 가장 잘 파악된다. 왜냐하면 이 (아폴론적인 것을 포함하고 그리고 어느 정도는 학문조차도 포함한 모든 예술처럼) 활동은 변용을 통해 위안을 주거나 기쁨을 창조하고자 노력하기 때문이다.

심지어 추한 것의 예술을 성취하는 미적 현상은 음악이 비극적 신화의 완전히 실현된 드라마와 스스로 하나가 될 때 일어난다. 그래서 새

로운 근대 오페라에서 의지의 어둡고 두려운 세계는 현상들의 세계와
사물들의 내적 본성 사이를 매개하는 상징적 현실 속에서, 비극적 신화
의 상징적 현실 속에서 음악적으로 제시된다. 니체는 이 책 전체의 놀
라운 종결부로서 이 절을 특별히 음악적인 '추함', 즉 '음악적 불협화
음'에 대한 찬사로 끝맺는다. 우리가 음악적 불협화음을 들을 때, '우
리는 듣기를 원하는 동시에 듣는 행위를 넘어서기를 원한다.' 니체의
주장에 의하면, '사실상 대개 음악으로서' 불협화음은 세계에 대한 정
당화의 유일하고 참된 예증이다. 음악적 불협화음 속에서는 아름다움
을 조화로서 파악하는 어떠한 피상적인 '고전적' 아름다움 개념들도
지워지며, 예술은 존재의 충만함을 상징적으로 나타낸다. 음악적 불협
화음의 현상을 통해 니체는 '비극의 효과라는 어려운 문제'를 어느 정
도 조명하기를 바란다. 즉, 니체가 카타르시스라는 아리스토텔레스의
답변은 초점을 미학에서 벗어나게 해서 병리학의 영역으로 접어들게
하기 때문에 이 문제에 답하지 못하며, 괴테는 이 물음의 미적인 차원
을 완전히 알고 있었음에도 답변을 회피했다고 주장했다는 점을 우리
가 기억하는 경우에 그렇다. 단지 근대 오페라만이 이 물음을 온전히
제기하고, 그 물음에 철저하게 답한다. 음악 비극에서 미적 경험은 감
각 지각의 한계들에 다다르고, 어떤 형태의 상징적 이해에 도달함으로
써 성립된다.

　　니체는 불협화음 현상에 대한 논의를 통해 새로운 음악 미학의 정점,
즉 20세기를 향한 음악 이론과 실천의 디딤판에 도달한 셈이다. 아놀드
쇤베르크를 중심으로 한 두 번째 비엔나 학파의 모더니스트적인 음악
은 불협화음의 천착에 기초를 두고 만들어졌다. (바그너에서 불협화음
현상과 그것이 『비극의 탄생』의 구성과 갖는 관계에 대한 논의는 16절
주: 니체, 음악 및 스타일을 보라) 예술 일반이 세계에 대한 진리의 달

힌 산을 여는 도구이며, 학문과 철학이 할 수 없는 것을 간접적 수단으로 성취한다고 할 수는 없다. 대신 **오직** 비극적인 음악 드라마만이 세계의 진정한 이중적 본성을 보여줄 수 있다. 왜냐하면 비극적 신화와 음악 간의 관계만이 현상들의 세계와 사물들의 내적 본성 사이의 상호의존성을 드러내는 것을 가능하게 만들기 때문이다.

마지막 두 문단은 형이상학과 음악 비극의 미학에서부터 독일의 문화 정치로 급격하고 어색하게 움직이면서 어조가 변한다. 이 절은 '불충한 난장이들의 봉사를 받으며 살았던' 그러한 '긴 모욕의 시기' 동안 억압으로 충분히 고통 받았던 독일 천재에 대한 또 다른 찬양으로 끝난다. 그런데도 독일 정신은 '온전하게 남아 있었으며'(전 절을 보라), 독일 국민들의 '디오니소스적인 능력'은 '엄청난 건강함'에 머물러 있다. 이는 잠자는 기사와 같다. (이어지는 형상은 바그너의 「지그프리드」(Siegfried)에서 나온 것이다) 위축되지 않은 이러한 디오니소스적 능력에 대한 증거는 독일 음악이 비극 드라마와 불협화음의 가능성을 포함하고 있다는 것뿐만 아니라, 또한 독일음악의 신화적 능력이 남아 있다는 것이다(아마도 이는 바그너가 북유럽 신화를 확장해서 사용한 것을 가리킬 것이다). 깨어남과 귀향은 이미 때가 무르익었다.

25절

불협화음 같은(dissonant) 인간 연구

니체는 자신이 결국 고대 비극이라는 현상과 근대 음악 드라마를 결합하는데 성공했다고 결론 내린다. 형이상학적으로 그것들은 하나이자 동일한 현상이지만, 드라마적으로는 상이한 역사적·문화적 조건들하

에 있으며, 둘 모두 '모든 세계들 가운데 최악' 조차 신정론을 가능하게
한다(여기서 니체가 참조하고 있는 것은 라이프니츠와 존재하는 세계
가 '모든 가능한 세계 가운데 최고' 라는 점을 보이려는 그의 시도이다.
라이프니츠는 『깡디드』에서 볼테르에 의해 가차 없이 풍자된다[168]). 전
자가 그리스 민족이 가진 '디오니소스적인 능력' 을 증명하듯이, 후자
는 소크라테스적 문화의 지배 때문에 부분적으로 위기에 처한 독일 문
화를 위해 지금 개시되는 가능성들을 보여준다. 그러나 니체가 주장해
왔던 것처럼, 베토벤에서 바그너까지 19세기 독일 음악과 특히 무엇보
다 바그너의 음악 드라마들이 디오니소스적인 능력이 다시 깨어나는
증거라면, (두 충동은 따로 떨어져 번성할 수 없기 때문에) 아폴론적인
것은 '이미 우리 사이에 전해져 내려 왔음에 분명하다.' 이 이미지는
기계로부터 등장하는 신을 이용한 농담이며, 기계로부터 등장하는 이
신은 문자 그대로 무대 위에서 내려오는 신들의 역할을 배우들이 맡도
록 했던 무대 기계장치이다. (아마도 이것은 처음에는 일종의 구름 장
면 같은 것으로 숨겨져 있다가 여기서처럼 흔히 바로 끝에 등장한다)
그렇지만 여기서 하강은 **이미 발생했음에** 분명하며, 그러므로 이는 연
극 말미에 등장하는 장치, 즉 추가적이고 분리할 수 있는 드라마적 장
치라기보다는 문화적 사건들 조직(fabric)의 일부이다. 이외에도 추가
적인 농담이 있다. 구름은 에우리피데스/소크라테스적 무대 기계 장치
의 일부이며, 이 장치는 (니체가 주장했듯이) 변증법적 방법이 요구하
는 것이고, 이 방법이 드라마의 본성에 대해서 일으킨 모든 것이다. 그
래서 구름은 또한 아폴론적인 것이 그 안에 스스로를 숨기고 보호했으

---

168 다음을 보라. G.W. Leibniz, *Theodicy*, trans. E.M. Huggard, Chicago, IL:
Open Court, 1998. Francois Voltaire, *Candide: Or, Optimism*, trans. Theo Cuffe,
London: Penguin, 2005.

며(14절), 거기서부터 아폴론적인 것이 등장하여, 근대성의 조건들에
특수한 형태들로 변형되었던 고치(cocoon)이기도 하다. 니체가 평하
는 바에 의하면, 미래 세대들은 그 아름다움을 보게 될 것이다.

『비극의 탄생』은 많은 것들을 의미하지만, 그 독특한 중요성은 문화
에 대한 인간학적 이론, 즉 문화적 현상의 증거를 토대로 이루어진 인
간 현존의 본성에 대한 연구이자, 또한 인간적인 것의 설명을 통해 이
루어진 문화적 형태들의 본성과 진화에 대한 더 깊은 이해라는 점에 있
다. 그러므로 놀랍고도 기억할만한 구절에서 니체가 불협화음이라는
음악 현상을 인간학적 메타포로 이용하는 것은 적절하다. '인간적 형
태를 띤 불협화음[169]'을 상상해보라. 그리고 인간이 그 외의 무엇이란 말
인가?' 그래서 불협화음이란 생물학, 정신 및 문화로 이루어진 변화하
는 **구성물**(compositum)로서 인간이 가진 독특한 혼합성과 결부되어
있으며, 경쟁하는 문화적 충동들의 장소이자, 본능과 의식적 숙고 간의
투쟁 장소이다. 이 모든 것은 니체가 나중에 '인간을 불완전한(혹은
"결정되지 않은") 동물' (확정되지 않은 동물(nicht festgestelltes Tier))
이라고 부른 사실을 예견한다.[170]

여기 이 『비극의 탄생』의 과제는 비극적 예술을 이해하는 것이다. 따
라서 인간학적 초점은 (창조적이고 예술적인 충동들이 결실을 맺고,
이에 대한 정신적 의식이 존재할 수 있는 의지의 특정한 객관화로 이해
된) 인간적인 것과 (인간적인 것의 산물이자, **교양** 속에서 인간적인 것
을 형성하는 것으로 이해된) 문화 사이의 관계를 이해하는 데 있다. 여
기서 문화는 내면화된 인간적 본능들이 외화된 물질적 공간의 일종으

---

169 역자 주: 독일어 원문에는 불협화음의 인간화(Menschwerdung der Dissonanz)
라고 되어 있다.
170 *Beyond Good and Evil*, section 62.

로 지각된다. 그러나 인간적 차원은 이미 관계이다(이것은 하나의 불협화음이다). 비극적 문화의 산물들은 우리가 우리 자신에게 이런 사실을 상징적으로 나타내도록 허용하고, 그 상징을 연구 대상으로 삼는 근본적 인간학의 가능성을 처음으로 제시하도록 해준다. 예술, 더욱 특별하게는 음악 비극은 최고 형태의 문화적 활동이다. 왜냐하면 이 비극은 우리에게 우리의 다차원적 인간 본성을 상기시킴(그리고 그러한 본성에 대한 인정 속에서 우리에게 깊은 위안과 즐거움을 줌)으로써 인간 현존을 상징적 형태로 완성하기 때문이다. 비극은 자연에 대한 인간의 승리가 유발한, 개별자로 전체가 해체됨으로써 유발한 고통을 생생하게 유지해주고, **또한** 의지로서 현존의 원초적 기쁨을 상기시켜주는 것으로 존재한다. 그래서 우리가 자연과의 잃어버린 연결을 벌충하고, 그럼으로써 사회적이고 정치적인 진정한 관계들을 가능하게 만드는 것은 문화라는 우회로를 통해서이다. 그렇기 때문에 문화란 역사 속에서 인간 조건의 필연적 실현이다. 니체의 통찰들로 인해 우리가 꿈속에서 그리스인의 삶으로 되돌아 '옮겨갈' 수 있었다면, 우리는 우리 주변 아름다움에 대한 '직관'을 오늘날 학자들이 그렇듯이(목적 그 자체로서) 갖지 않을 것이다. 오히려 우리는 이 직관을 이 사람들이 자신들 존재의 디오니소스적인 뿌리에 대해 갖는 존경과 이해의 상징적 증거로서 여길 것이다. 그러나 우리는 또한 그들이 살기 위해 직면했던 거인족과의 투쟁, 이러한 아름다움을 성취하기 위해 겪은 고통 역시 상기할 것이다.

장
수용과 영향

『비극의 탄생』에 대한 동시대의 수용

『비극의 탄생』은 하나의 선언서이다. 이 책의 젊은 저자는 자신의 시대 풍토에 대항하고 있으며, 이는 그가 거기서 배웠고 임용되었던 문헌학이라는 강단적 주제가 가진 한계들에 대한 반발이기도 하다(그는 바젤 대학의 문헌학 교수였다). 이 책을 읽는 경험은 매우 감동적일 수 있다. 확실히 이는 우리가 몇 가지 새로운 생각들의 힘과, 그 생각들을 도입하기 위해 니체가 사용한 상징적 구조물의 독창성에 깊은 인상을 받기 때문이다. 그러나 이 책은 또한 다음과 같은 것 때문에 감동적이다. 즉 우리는 니체가 철학적 저술가로서 이러한 첫 번째 여정을 통해 문헌학 교수로서 그의 찬란한 미래를 예견했던 (그리고 도왔던) 사람들로부터 스스로 단절했다는 것을 알고 있기 때문이다. 니체의 이 첫 번째 책은 또한 동시대의 대중적 승인이라는 측면에서는 가장 어울리지 않는 책이다. 이 책은 그의 '친구들'을 놀라게 했으며, 그에게 많은 적이 생기게 한다. 이 저술에 대해 문헌학자인 뮐렌도르프(Ulrich von Wilamowitz-Moellendorff)는 신랄한 비평을 했으며, 이 책을 갈기갈기 찢어버렸다. 그는 몇 몇 영역에서 니체가 문헌학적 사실들을 어떻게 잘못 다루거나 왜곡했으며, 니체가 어떻게 당시 독일의 문헌학적 성취를 하찮게 보았는지 보여준다. 뒤이어 『비극의 탄생』에 대해서 찬성하

거나 반대하는 담론들이 짧게 공적으로 분출되었다. 니체의 친구 에르
빈 로데(Erwin Rhode)는 뮐렌도르프가 니체를 어떻게 잘못 인용하고
있는지를 보여준다. 이 책의 헌정자인 바그너[1]는 자신을 후원하는 신문
지면을 통해 니체를 위해 개입했으나, 대체로 뮐렌도르프 논변에 상세
하게 대응하고 있지는 않다. 아마도 바그너의 개입은 니체에게 도움이
되기보다는 해가 된다. 왜냐하면 니체는 이 거대한 대가의 고용인으로
등장하기 때문이다. 상황은 그렇게 계속된다.[2] 이러한 열띤 싸움은 『비
극의 탄생』을 통해 사물들을 흔들기를 원했으며, 때마침 오해되었던
새로운 목소리가 등장했다는 사실의 증거이다. 문화, 역사 및 미학에
위치하고 있으며, 예기치 않게 급진적이고(그리고 제2제국의 교양 있
는 시민들에게는 불편할 만큼 '근대적이고') 새로운 이론들을 통해
『비극의 탄생』은 그렇지 않았더라면 무미건조했을 혼합에, 즉 1871년
독일 민족 통일의 근본적 계기를 형성하는 것을 도왔으며, 주로 군사적
이고-정치적인 요소들과 문화적 · 학술적 요소들로 구성된 무미건조한
혼합에 아방가르드적 요소를 첨가했다. (니체는 서문(Foreword)에서
군사적 원정과 미적 이론 사이의 연결에 관해 언급하고 있다) 우리는
이 책이 바로 독일의 역사적 사건에 대해 독일적으로 기여했다고 주장
하는 것이 아마도 성급한 일일 것이라는 점을 염두에 둘 필요가 있다.
이 책이 스위스에서 저술되었다는 사실은 상당히 중요하다.[3] 겉보기에

---

1 사실 이 책의 일부 원고는 바그너의 부인 코지마에게 생일 선물로 주어졌다.
2 이 기고 논문들은 다음과 같은 얇은 책에 묶여 있다. Karlfried Gränder (ed.),
The Quarrel about the Birth of Tragedy. (Der Streit um Nietzsche *Geburt der
Tragödie*, [contributors are Erwin Rhode, Ulrich von Wilamowitz-Moellendorff
and Richard Wagner]), Hildesheim: Olms, 1989.
3 다음과 비교하라. 「서론」과 22절에 나오는 니체의 정치적 충직과 지위에 대한 짧
은 논의.

는 편안했으나 거의 망명에 가까운 현존의 상황은 분명히 니체의 급진성을 부추겼고 배수진을 치게 했다.

『비극의 탄생』 사후의 삶: 몇 가지 예들

우리는 자신 있게 다음과 같이 주장할 수 있다고 믿는다. 즉, 『비극의 탄생』은 가령, 니체 자신이 쓴 『차라투스트라는 이렇게 말했다』, 다윈의 『종의 기원』(1859), 마르크스의 『자본론』(1867-94) 혹은 세기 말 프로이트의 『꿈의 해석』과 마찬가지로 19세기 후반에 생겨난 것들 가운데 가장 중요하고도 흥미로운 책들 가운데 하나라는 것이다.

물론 니체의 가장 악명 높은 영향은 20세기 파시스트 정치가 수행한 니체 저술들의 오용으로 인해 발생했다. 니체의 작품들은 잘못된 이유들로 잘못된 사람들과, 칸트, 괴테 및 횔덜린을 포함하여 어떤 것이든 적절함과 무관하게 절충적으로 사용했던 운동, 이론적 정당화를 절망적으로 필요로 한 운동에 의해 이용되었다. 니체의 작품이 그런 정도로 정치적으로 오용되었다는 사실은 단지 작은 부분만 그의 잘못이다. 니체는 과장적이고 때로는 틀에 박힌 범주들, 민족주의적이고 인종주의적인 범주들을 대개 정치적으로 소박하게 사용함으로써 자신의 작품을 모두 그러한 식으로 이용할 수 있는 빌미를 제공했다. 니체가 뚜렷하게 반-유대적인 바그너와 결합했다는 사실 역시 이러한 오용에 영향을 미쳤다. 그렇지만 니체가 민족주의와 군국주의에 대해 일반적으로 불신했다는 사실은 아주 분명하며, 말년에 니체는 철두철미한 반-반-유대주의자가 되었다.[4]

미래의 문화 이론과 실천들을 촉발시킨 이 책의 중요성을 예증하기 위해서는 근대 문화의 세 가지 다양한 영역들에서 이루어진 이 책의 수용을 간단히 살펴보는 것으로 충분하다. 그것은 심리학, 모더니스트 예술 및 문화인류학이다. 우리 해설 자체는 이러한 영향, 특히 철학에 대한 영향을 대해 아주 상세하게 언급했다.

심리학

『비극의 탄생』과 20세기 심리학 이론과의 직접적인 연결이 가능하다. '니체와 프로이트는 서로 마주하면서 세워져 있는 두 담론과 같다.'고 아순(Paul-Laurent Assoun)은 **프로이트와 니체**에 관한 자신의 연구에서 결론을 내린다.[5] 더불어 우리는 세기 전환기 프로이트 최초의 주요 저술인 『꿈의 해석』과 『비극의 탄생』과의 직접적 일치를 식별할 수 있다. 두 책의 테마는 꿈의 독해이다. 또한 다른 한 가지 테마는 본능과 의식 사이의 갈등이다. 양자는 개체 발생적인 요소들(어떤 것의 성장 단계들)과 계통 발생적인 요소들(어떤 것의 진화 단계들) 사이의 관계에 대한 개념을 공유한다. 양자의 주요 관심은 매개하는 꿈의 힘을 탐구하는 데 놓여 있다. 니체가 문화적 전개의 원천으로서 본능에 대한 탐구와 함께 문화 심리학에 더 많이 초점을 두었던 반면, 프로이트는 개별적 영혼의 구조에 더 큰 강조점을 두었으며, 개인적 정체성의 숨겨진 결정 요소로서 성적인 충동을 집중 조명한다. 니체와 함께 프로이트

---

4   대부분의 손상은 그의 누이동생에 의해 야기되었으며, 그녀의 주도하에 있는 바이마르 니체 학회는 니체의 과장어법 등을 이용했고, 니체가 남긴 생각의 거대한 단편들을 크게 조작했으며, 심지어 그의 작품을 자주 왜곡하기도 했다.

5   다음과 비교하라. Paul-Laurent Assoun, *Freud and Nietzsche*, London : Continuum, 2006, p. 189. 여기서 이 연결은 아주 상세하게 탐구된다.

는 의식이 우리 꿈의 세계를 파괴하는 경향이 있으며, 우리 자아의 숨겨진 부분에서부터 우리를 단절시킨다고 주장한다. 두 저술은 프로이트가 표현하고 있듯이, 꿈이 '정신의 무의식적 활동에 대한 지식에 이르는 왕도'라는 가정 위에서 작동한다.[6] 「자기비판의 시도」에서 니체는 자신이 문화를 정신적 건강의 측면에서 논의하고 있다고 지적한다. '증후들', '퇴락' 및 '노이로제'에 대한 언급이 있다. 한 지점에서 니체는 자신이 발견한 것들이 의학적 조언자의 솜씨에 속한다고 언급한다. '이는 정신의학자를 위한 물음이다.' 니체는 이 관심들을 미래의 이 분야 실천가/이론가들에게 적극적으로 물려주는 것 같다. 니체는 주 텍스트 1절에서 외관의 대상과 혼동되는 꿈의 외관이라는 심리-생리학적 현상을 언급한다. 니체는 그 밖의 곳에서는 '승화', '억압', '대상화' 등과 같은 용어들을 사용한다. 이 모든 것들은 프로이트와 다른 심리학자들이 제시한 이론의 핵심 요소들로서 다시 출현한다.

　니체와 프로이트 양자의 이론은 정신적 건강 및 심리-위생학의 측면들과 관련된 현존의 이상적 상태라는 환상적(visionary) 요소를 포함하고 있다. 개인 혹은 문화 체계들의 건강은 상상된 존재의 중간적 영역으로 꿈의 에너지를 지니고 있는 의식 아래의 힘들과, 의식 사이의 건강한 관계에 의존한다. 그래서 다음과 같이 주장될 수 있다. 즉, 『비극의 탄생』에서는 그 이후 개별적이고 집단적인 문화 심리학적 이론을 위한 많은 토대들이 마련되었다는 것이다. 그러므로 니체가 죽은 후에 이 책은 결실을 맺게 되며, 이 저자의 생전에는 부정되었던 지위를 얻게 된다. 즉 이 책은 근본적이고 획기적인 텍스트의 지위를 얻게 되는 것이다.

6　Sigmund Freud, *The Interpretation of Dreams*, Standard Edition of the Psychological Works, vols. 4 and 5, London: Hogarth, 1975, here vol. 5, p. 608.

모더니즘

『비극의 탄생』은 20세기 전반에 걸쳐 미학적 철학들(aesthetic philoso-phies)과 유럽 모더니즘의 스타일에 가장 깊은 영향을 미쳤다.[7] 소설가 토마스 만은 제목 『마의 산』(*The Magic Mountain*)(1924)을 이 책에서 부터(20절과 비교하라) 따온다. 그리고 프랑스 작곡가 슈미트(Flor-ence Schmitt)는 그의 작품들 중 하나를 '디오니소스적인 것' (1911)이라고 부른다. 철학 내에서 1930년대 말 하이데거는 니체에 관한 일련의 긴 강의를 했으며, 그 중 첫 번째는 '예술로서의 힘에의 의지' 라는 제목을 달고 있고, 니체의 이 첫 번째 책을 지속적으로 논의하고 있다.[8]

　'모더니티' 의 시작 전 더 초기로 돌아가 근대 시기의 종말이라는 관점에서 보면, 20세기 전반 예술, 문학 및 정치에서 많이 채택된 사유의 형상(figure)이 있다. 『비극의 탄생』은 고전적 신화들의 모더니즘적

7　다음과 비교하라. Leon Surette, *The Birth of Modernism. Pound, Eliot, Yeats, and the Occult*, Montreal: McGill-Queens University Press, 1994. 이 책은 영어로 글을 쓰는 몇몇 모더니스트들의 작품 속에 나타난 니체의 흔적을 논의하고 있다. 당시 문학 작품 및 비평과 니체의 관계에 대한 더 진전된 논의를 위해서는 다음을 보라. Douglas Burnham and Melanie Ebdon, 'Philosophy and Literature', in *The Continuum Companion to Continental Philosophy*, ed. John Mullarkey and Beth Lord, London: Continuum, 2009.

8　네 권의 책은 다음 두 권으로 묶여 나왔다. Martin Heidegger, *Nietzsche*, trans. David Farrell Krell, San Francisco, CA: Harper & Row, 1991. 다음을 보라. Paul Gordon, *Tragedy after Nietzsche, Rapturous Superabundance*, Chicago, IL: University of Illinois Press, 2000. 하이데거적인 전통과 예술 일반 및 특히 비극에 대한 니체의 설명을 다루는 것으로는 다음 문헌들이 있다. Denis Schmidt, *On Germans and Other Greeks: Tragedy and Ethical Life*, Bloomington, IL: Indiana University Press, 2001; David Farrell Krell, *The Tragic Absolute. German Idealism and the Languishing of God*, Bloomington, IN: Indiana University Press, 2005; and John Sallis, *Crossings: Nietzsche and the Space of Tragedy*, Chicago, IL: University of Chicago Press, 1991.

재-환기를 위한 이론적 준거점으로 호소력을 가졌다. 엘리엇(T. S. El-iot)은 주로 프레이저의 『황금가지. 마술과 종교에 대한 연구』(1890-1915)를 통해 니체와 접촉했다.[9] 4부에 나오는 차라투스트라의 산행에 대한 언급들을 제외하면, 『황무지』는 바그너의 「트리스탄과 이졸데」를 중요하게 참조하고 있으며, 『비극의 탄생』이 이 오페라에 부여한 중요성을 암시하고 있다. 일반적으로 『황무지』에 나타나는 엘리엇의 문화 이론은 대중문화의 쇠퇴와 더불어 『비극의 탄생』의 문화 이론을 반향하고 있는 듯 보인다. 엘리엇의 『사원의 살인』(*Murder in the Cathedral*)이라는 희곡은 니체의 비극 이론을 예증하기 위해 의도되었다. 에 쯔라 파운드(Ezra Pound)의 몇몇 시는 (가령, 8절에서) 니체가 비극적 디티람보스를 전파한 것에 발맞추어 소크라테스 이전 그리스의 전-의식적 예술문화를 재생하고자 한다. 1917년 나온 『칸토스』(*Cantos*)첫 부분이 좋은 예이다.[10] 또한 검열하고 억압하는 의식의 힘을 제한하는 데 바탕을 둔 시도들, 즉 새로운 전체론적 형태들의 예술적 표현을 생각하려는 시도들도 아주 광범위하게 행해진다. 그래서 과감할지 모르지만 '의식의 흐름' 혹은 '자동 기술(écriture automatique)'[11]이라는 모더니즘적인 기법들과 『비극의 탄생』에 나타나는 본능적 예술 산출에

---

9 1890년 원래 두 권으로 출판되었으며, 이 기획은 1915년 세 번째 판을 위해 12권으로 늘어났다. 이 판은 15권으로 다시 인쇄되었다. (Basingstoke: Palgrave MacMillan, 2005). 프레이저는 스스로 1922년 한 권으로 된 축약본을 편집했다. 이 판은 현재 다음 문고판으로 이용할 수 있다. London: Penguin, 1996. 엘리엇이나 키츠와 같은 모더니스트들에게 『비극의 탄생』과 『황금가지』는 영향의 보고 가운데 일부였다.

10 다음과 비교하라. Kathryn Lindberg, *Reading Pound, Reading Nietzsche. Modernism after Nietzsche*, Oxford: Oxford University Press, 1987.

11 물론 모더니즘을 포함하여 니체를 수용한 프랑스의 전체적인 흐름이 있다. 다음과 비교하라. Jacques Rider, *Nietzsche en France*, Paris: Presses Universitaires de France, 1999.

대한 서술을 서로 연결하는 것이 가능할 것이다. 작곡가 말러(Gustav Mahler)는 『비극의 탄생』이 준 직접적 영향의 증거를 음악적 모더니즘의 새로운 언어를 창조함으로써 제공한다. 특히 이에 대한 명백한 사례는 말러의 교향곡 1번에서 4번까지에서 발견할 수 있으며, 또한 특히 6번은 『비극의 탄생』에서 전개된 음악 미학 이론을 적용하려는 직접적 시도라고 간주될 수 있다. 말러는 니체가 제시한 음악적 혼성(hybridity)에 대한 공리와 완전히 일치하여 '절대 음악'의 이념에서 벗어난다. 말러의 목표는 대부분 『비극의 탄생』에서 언급된 민요-시 모음집에서 비롯하는 바 다양한 음악적 연결점(musical junctures)에 시를 붙임으로써 니체가 생각한 의미[12]에서 음악의 가능성들을 확장하는 것이다. 그리고 이 결과가 바로 「소년의 마술 피리」(Des Knaben Wunderhorn)이다(6절). 그러나 아도르노에 의하면[13], 말러의 모든 교향곡, 심지어 시를 덧붙이지 않은 것들조차 원리상 이런 식으로 읽힐 수 있다. 왜냐하면 '순수하게 음악적인' 교향곡들 또한 확인할 수 있는 형상(imagery)을 가진 새로운 음악 언어의 전개를 목표로 하고 있기 때문이다. 신음악(new music)에 대해 니체가 준 큰 영향을 보이기 위해서는 많은 다른 작곡가들, 가령 리하르트 슈트라우스나 말러의 제자인 쉔베

---

[12] Alma Mahler, in *Gustav Mahler, Memories and Letters*, London : Cardinal, 1990, 이 책은 말러가 니체의 무신론적인 철학적 입장을 전면적으로 거부한 사실과, 니체가 나중에 보인 반-바그너적인 태도에 대한 말러의 불만을 알려주고 있다. 이런 관점은 최근 너무 단순화된 것으로 교정되었다. 니체의 초기 입장들이 말러의 예술적 정체성이 성장하는데 아주 밀접하게 관여하고 있다는 사실에 대한 증거, 즉 개인적인 수준과 음악적인 수준 모두에서 풍부한 증거가 있다. 특히 다음과 비교하라. the Mahler section in William J. McGrath, *Dionysian Art and Populist Politics in Austria*, New Haven, CT : Yale University Press, 1974, 여기서는 말러가 초기에 한 니체 연구들이 탐구된다.

[13] Theodor Wiesengrund-Adorno, *Mahler. A Musical Physiognomy*, Chicago, IL : University of Chicago Press, 1996, Cf. particularly chapters 1, 3 and 6.

르크 등이 거명될 수 있다. 쇤베르크는 자신의 핵심적 작품들 중 하나
인 교향시 「정화된 밤」(Verklärte Nacht, Transfigured Night)의 제목
을 통해 『비극의 탄생』에 나타난 용어를 직접 사용하고 있으며, 이 작
품은 니체의 유산을 말러가 제시한 가능성들을 넘어서 급진화시키고
있다. 쇤베르크는 조성 자체의 한계를 넘어서기를 추구함으로써 바로
작곡의 재료를 통해 실험하고 있는 셈이다.[14]

20세기 연극 영역에서 『비극의 탄생』과 직접 연결될 수 있는 많은 흐
름들이 있다.[15] 특히 아르토(Antonin Artaud)가 언급될 필요가 있다.
「잔혹극」(Theatre of Cruelty)에서는 비극적인 것이 지닌 경악하게 만
드는 효과에 대한 니체의 생각들을 확인할 수 있다.[16] 그러나 아르토는
니체만큼 디오니소스적인 현존 경험의 아폴론적 변형으로서 비극적인
것의 개념에는 관심이 없다. '형이상학적 위안'은 아르토가 염두에 두
고 있는 것이 아니다. 『연극과 그 이중』(The Theatre and its Double)에
서, 그 가운데 특히 「연극과 재앙」[17]이라는 에세이에서, 우리는 니체가
제시한 비극적인 것에 관한 이론의 온전한 디오니소스적 변형을 발견
한다. 아르토의 관심은 디오니소스적인 격정의 도취시키는 마법하에서
개별화와 사회적 행위의 문명화된 표준들을 붕괴시키기 위한 수단으로

---

14 포괄적인 설명을 위해서는 다음을 보라. Georges Liébert, *Nietzsche and Music*, trans. David Pellauer and Graham Parkes, Chicago, IL: University of Chicago Press, 2004.
15 Cf. T. John L. Styan, *Modern Drama in Theory and Practice*, particularly vol. 2: *Symbolism, Surrealism and the Absurd*, Cambridge: Cambridge University press, 1983.
16 다음과 비교하라 'The Own and the Foreign Orient'. Schlegel, Nietzsche, Artaud, Brecht. Notes on the Process of a Reception' in Erika Fischer-Lichte et al. (eds), *The Dramatic Touch of Difference*, Tubingen: Narr, 1990.
17 Antonin Artaud, *The Theatre and its Double*, London: Calder, 1970.

서 연극에 있다. 이는 아마도 니체의 텍스트에 대한 하나의 극단적 독해일 것이지만, 분명 이 텍스트에 의해 영감을 받은 것이다. 니체의 유산은 아르토를 경유하여 그로토프스키(Jerzy Grotowski), 보알(Augusto Boal) 등이 시도하고 있는 연극에 대한 많은 새로운 접근 속에서 퍼졌다. 1964년 런던에서 개최된 잔혹극 워크샵을 통해 연극 갱신의 길을 열었던 피터 브룩(Peter Brook)이 시도한 개혁에서 확인할 수 있듯이, 『비극의 탄생』의 유산은 영국의 연극 이론과 실천에서 살아남아 있다.

문화인류학

『비극의 탄생』은 잃어버린 파라다이스로서 그리스에 대한 고전주의적이고 낭만주의적인 견해들을 종결시키는데, 그 견해들에 따르면 근대적 조건들하에 처해있는 현존의 비참함을 바로잡거나 경감시키기 위해 향수에 사로잡힌 채 그러한 파라다이스를 회복하는 것이 목표였다. 니체는 이 같은 고전주의적이고 낭만주의적인 견해들을 대신해 근대성을 포함시켜 사유한 결과 반대쪽 끝에서부터 그리스에 도달한다. 그는 다음과 같이 묻는다. 즉, 그리스 역사의 다섯 국면들의 전개(그리스 철의 시대로부터 아티카 비극까지. 4절과 비교하라) 속에서 작용하는 힘들이 어떻게 스스로를 문화사 일반 속에서 드러내며, 좀 더 특수하게는 그 자신의 고유한 동시대 문화적 환경에서 그 힘들이 어디에 위치할 수 있는가? 그 결과는 20세기 문화인류학과 사회학의 입장들을 미리 예견하는 관점, 그리스 문화와 신화에 대한 '학문적' 관점이다. 이 책은 슈펭글러, 융 및 토인비와 같은 이론가들, 문화적 몰락에 관한 보수적 이론가들의 저술들과 연결된 접근, 문화에 대한 접근을 미리 보여준다. '집단 무의식'(가령 8절과 비교하라)과 '원형'(가령 15절과 비교하라) 같은 융적인 용어들은 『비극의 탄생』에서부터 직접 도출된 것으로 보인다.[18] 영어권에서는 특히 이것과 직접 연결된 한 가지 기획이 존재한다. 앞서 언급된 프레이저의 대규모 비교 신화학 작품인 『황금가지』는 『비극의 탄생』의 충동들을 구체화한다.[19] 말리노프스키(Bronislav Malinowski)[20]와 같은 영향력 있는 사회 인류학자와 레비스트로스의 구조인류학 이론들 역시 『비극의 탄생』이 성취한 것들을 배경으로 하여 파악될 수 있다.[21] 그러나 이 책은 또한 벤야민, 아도르노[22]의 것과 같은 마르크스주의 문화 이론들 및 넓게는 푸코의 것처럼 문화에 대한 '포스트모던적' 개념이라고 불릴 수 있는 것에도 흔적을 남겼다.[23]

---

18 다음과 비교하라. Paul Bishop, 'Jung and Nietzsche', in *Jung in Contexts. A Reader*, London: Routledge, 1999.

19 가령 다음과 비교하라. XLIII절, 'Dionysus', Penguin edition, pp. 464-71.

20 말리노프스키(Malinowski)는 한 초기 에세이에서 자신의 고유한 혁신적 접근에 영감을 준 근본적 텍스트로서 『비극의 탄생』에 대한 자신의 빚을 분명히 밝히고 있다. 'Observations on Nietzsche's "The Birth of Tragedy"' 1904/05, in Robert J. Thornton, Peter Skalnik, (eds), *The Early Writings of Bronislaw Malinowski*, Cambridge: Cambridge University Press, 1993.

21 Tracy B. Strong, *Nietzsche and the Politics of Transfiguration*, Chicago, IL: University of Illinois Press, 2000. 이 책은 니체의 인류학 개념을 다루고 있으며, 루소, 니체, 레비스트로스에게 나타난 인간학에 대한 접근들과 니체의 개념이 갖는 유사성과 차이들을 개괄하고 있다.

22 특히 다음을 볼 것. Adorno/Horkheimer's *Dialectic of Enlightenment* (1947), San Francisco, CA: Stanford University Press, 2002. 이 저술은 '원초적인' 그리스 문화와 계몽주의 문화를 병렬시키고 있다는 점에서 니체가 제시한 문화심리학의 강한 반향을 보여준다.

23 포스트-모던 이론에 대해 니체가 미친 영향에 대한 포괄적 논의를 위해서는 다음을 볼 것. Clayton Koelb (ed.), *Nietzsche as Postmodernist. Essays Pro and Contra*, New York: State University Press, 1990. 『비극의 탄생』을 중요하게 받아들인 좀 더 최근 철학자들에 관해서는 다음 책 가운데 특히 1장을 참조할 것. Gilles Deleuze,

『비극의 탄생』은 오래된 문화, 심지어 고대 문화와 당시 근대 문화 사이의 경계에 관한 텍스트, 횡단적이고, 미래 지향적인 텍스트이다. 이 책의 가치는 이 책이 근대에 대한 추동력으로 고대사가 갖는 새로운 적절함이 어디에 놓여 있는지를 정확히 보여줌으로써 하나를 다른 것에서부터 분리하는데 크게 기여한다는 점에 있다. 이 책은 문화사를 후기 근대성에 대한 급진적 관점에서 파악함으로써 획기적으로 재평가하는 것을 도왔다. 20세기 사유의 테마와 흐름들을 볼 때 이 책이 미친 막대한 영향의 증거는 풍부하며, 그 영향은 분명 아직 계속되고 있다. 바라건대 이 해설서가 적게나마 거기에 기여할 수 있었으면 한다. 물론 이 해설서가 니체의 이 책을 시작하게 하고 자극했던 지적 사건들에 대한 상세한 설명을 제공할 수는 없지만 말이다. 그렇게 하는 것은 입문으로서 이 책의 범위를 넘어서는 일이 될 것이다. 그러나 마지막 물음이 남아 있다. 즉, 비극에 관해 말한 것에서 니체는 '옳았던'가? 저명한 스위스의 문헌학자 루타츠(Joachim Lutacz)는 최근 이 책이 원래 실패라고 간주되었던 영역, 즉 그리스 문헌학의 영역에서 이 책을 복권시키려는 경향에 주목하고 있다.『비극의 탄생』은 단순히 비극의 기원들에 관한 동시대 연구 상태를 요약하고 있을 뿐만이 아니라(니체는 18세기 후반부터 문헌학자들 세대에게 친숙했던 논변에 어떤 것도 보태지 않았다. 당시 모든 것은 아리스토텔레스의『시학』에 나오는 설명을 따르고 있었다. 루타츠가 지적하는 바에 의하면, 놀랍게도 비극이 음악에서 나온다는 니체의 주장조차 새롭지 않았다!), 이 책이 또한 문화적이고 철학적인 비극의 중요성 및 맥락에 관해 새로운 물음들을 물었다는 사실이 20세기 후반 무렵부터 점차적으로 인정되고 있다. 그런

Nietzsche and Philosophy, trans. Hugh Tomlinson, London: Continuum, 2006.

물음들은 뮐렌도르프 류의 전통적인 실증주의적 그리스 문헌학자들이
제기하는 데 실패했고, 타당한 것으로 인정할 수 없었던 물음들이었다.
그러므로 루타츠가 생각하기에 다음과 같은 점은 일종의 역사적 아이
러니가 아닐 수 없을 것이다. 즉, 니체가 실제 문헌학 분야에 대해 한
진정한 기여가 니체가 생존했을때 문헌학자이며 철학자로서 니체 명성
의 관리자이자, 이 책의 더 넓은 철학적 관점에 대해 적대적이었던 뮐
렌도르프의 제자들에 의해서 처음으로 인정받았다는 것이다.[24]

연구를 위한 물음들

이 물음들은 대략 이 책의 전개 순서에 따른 것이다. 이것들은 여러분
이 니체를 넓고 깊게 이해하는 데 도움을 주기 위해 이용할 것이다.

1. 미학은 '학문'인가? 니체는 결국 이 두 용어로 각각 무엇을 의미하
   는가?
2. 니체가 19세기 말 유럽에 관해 직접 저술하는 대신, 그리스인에 대
   해 쓴 것은 어떤 이유들이 있겠는가?
3. 개체들 대신 바탕에 깔린 예술충동들을 니체가 강조한 것에서 어떤
   함축들이 따라 나오는가?
4. '가상' 혹은 '현상'이라는 용어들을 '환상(illusion)'과 혼동하지 않
   는 것이 왜 중요한가?
5. 우리가 이 책에서 발견할 수 있는 계보학적 분석 방법의 예는 어떤
   것들이 있는가?

---

24 'Fruchtbares Ärgernis': Nietzsche's 'Geburt der Tragödie und die gräzist-
ische Tragödienforschung', in *Nietzsche und die Schweiz*, Zürich: Strauhof, 1994,
pp. 30-46, cf. 특히 pp. 41-44.

6. 청중은 왜 비극을 지켜보는 것을 즐기는가? 여기서 철학적 문제는 무엇이며, 니체는 그것을 어떻게 말하고 있는가?

7. 현존을 '이해하거나', 그것을 '다루거나', '받아들이거나', 혹은 현존을 '무시하는 것'과 같은 여러 대안과는 반대로 현존을 '정당화하는 것'은 무엇을 의미하는가?

8. 우리가 두 예술충동의 상호적 필연성을 강조하지 않는다면, 니체 철학에 대한 해석은 어떻게 바뀌어야 할 것인가?

9. 니체가 이 책에서 사용하고 있는 핵심적 예들 가운데 하나 혹은 그 이상을 자세히 살펴보자. 즉, 아이스킬로스의 『프로메테우스』, 소포클레스의 『오이디푸스 왕』과 『콜로누스의 오이디푸스』, 라파엘의 「그리스도의 변용」(Transfiguration), 셰익스피어의 『햄릿』, 베토벤의 「9번 교향곡」, 괴테의 『파우스트』, 바그너의 「트리스탄과 이졸데」. 그의 해석이 얼마나 설득력이 있는가?

10. 예술충동들은 윤리적 규범들과 어떻게 관련되는가?

11. 니체가 염두에 두고 있는 세 가지 상징화의 유형은 무엇이고, 왜 세 번째 것이 다른 둘에 비해 선호되는가?

12. 니체는 자신의 책에서 상징화에 대해 단순히 말하는 것이 아니라 그것을 어떤 방식으로 즐기는가?

13. 우리가 예술을 이해하기 위해 미적 청중 혹은 심지어 예술가이어야 한다면, 나머지 그밖의 우리에게는 어떤 희망이 있는가?

14. 도덕 체계 혹은 실재의 본성에 대한 형이상학적 관점으로서 기독교에 대해 니체가 한 대개는 암묵적인 비판은 정확히 무엇인가?

15. 플라톤의 『향연』을 읽어보자. 거기서 나오는 소크라테스에 대한 묘사는 어떤 방식으로 니체가 제공하는 묘사와 유사한가, 혹은 그렇지 않은가?

16. 에우리피데스의 연극 하나 혹은 그 이상을 읽어보자. 이러한 연극들에 대한 니체의 관찰들이 정확하거나 통찰력이 있다고 생각하는가?

17. 이 책 끝에서 니체는 '음악을 하는 소크라테스'를 묘사하는데 성공적인가, 아니면 그는 단순히 소크라테스적 문화를 **대체**할 어떤 것을 서술하고 있는가?

18. 학문은 그것이 어떤 지점에 도달하면, 예술로 된다는 주장이 어떤 의미에서 참일 수 있는가?

19. 『비극의 탄생』은 어떻게 하나의 음악처럼 구성되었는가?

20. 니체가 동시대 문화가 '위기'에 처해 있다고 말할 때 그는 어떤 면에서 옳았는가?

21. 당시 세계에 관해 말하는 가운데 니체는 '신화'라는 표제하에서 어떤 종류의 것들을 염두에 두고 있는가?

22. 『비극의 탄생』을 집필할 당시 니체가 자유의지, 개인적 정체성, 혹은 객관적 지식과 같은 전통적인 철학적 주제들에 대해 어떻게 말했을지 생각해보자.

23. 여러분은 근대 교육에 대해 니체가 한 진술들을 인정하는가? 여러분이 보기에, 니체가 권장했을 법한 교육은 어떤 종류의 교육 체계인가?

24. 추의 미학에 대한 니체의 생각이 타당한가, 아니면 중요한가? 분명 니체가 보기에 불협화음은 추의 가장 핵심적 범주였다. 근대 예술 내에 다른 중요한 다른 범주들이 있는가, 그리고 니체의 분석이 그러한 것들에 적용될 수 있는가?

25. 생물학과 문화 사이에는 어떤 차이들이 있는가?

26. 니체는 인간이 '불협화음'이라고 말함으로써 무엇을 의미하는가?

더 읽어야 할 책들

텍스트

니체는 풍부한 메타포, 언어유희 등을 사용하고 있으며, 이것이 그의 작품이 번역하기가 어렵기로 악명 높은 이유이다. 우리가 번역에 사용할 기본 텍스트는 다음과 같다. *The Birth of Tragedy*, trans. and ed. Raymond Geuss and Ronald Speirs, Cambridge: Cambridge University Press, 2007. 이것은 도움을 주기 위해 니체의 다른 초기 핵심 저술들도 포함하고 있다. 가령 그런 것들로는 출판되지는 않았으나 중요한 「탈도덕적 의미의 진리와 거짓말」이 있다. 최근에 나온 다른 좋은 영어 번역들도 있다. 가령 다음과 같은 것들이다. Douglas Smith's *The Birth of Tragedy*, Oxford: World's Classics, 2000, 혹은 Shaun Whiteside's *The Birth of Tragedy*, London: Penguin, 1994. 다음과 같은 『비극의 탄생』의 최초 영어 번역 (1909)은 여전히 출판되어 있으며, 부분적으로 독일어와 영어 문체의 역사적 근접성으로 인해 가장 좋은 것들 중 하나이다. William A. Haussmann, ed. Oscar Levy, vol. 1 of *The Complete Works of Friedrich Nietzsche: The First Complete and Authorized English Translation*, in 18 vols, London: Foulis, 1909-13.

니체가 사용하는 예술적 솜씨의 말 몇 가지는 단순히 (온전하게) 번역될 수 없으며, 따라서 『비극의 탄생』을 번역으로 읽는 어떤 독자든 근접성에 만

족해야 할 것이다. 언어적으로 모험을 원하는 독자에게는 영어판이나 핵심
적 용어나 문장들을 필요하다면 사전의 도움을 받아 독일어 원문과 비교하
는 것이 유용할 것이다. 표준적인 독일어 텍스트는 다음의 것이다. the
first volume of the *Kritische Studienausgabe*, ed. Giorgio Colli and
Mazzino Montinari, Berlin: Walter de Gruyter, 1988(이는 dtv에 의해
1999년에 염가로 다시 출판되었다).

니체가 도안한 페이지, 사슬에서 풀린 프로메테우스라는 타이틀 삽화가 있는
첫 번째 판 타이틀 페이지의 출처는 다음이다. Friedrich Nietzsche,
*Handschriften, Erstausgaben und Widmungsexemplare. Die Sammlung
Rosenthal-Levy im Nietzsche-Haus in Sils Maria*, ed. Julia Rosenthal,
Peter André Bloch, David Marc Hoffmann, Basel: Schwabe, 2009.

출판역사 및 참고문헌

William H. Schaberg, *The Nietzsche Canon. A Publication History and
Bibliography*, Chicago, IL: University of Chicago Press, 1995.

전기

Curt Paul Janz, *Nietzsche Biographie,* 3vols, Munich: Hanser, 1978. Rüdiger,
Safranski, *Nietzsche. A Philosophical Biography*, London: Granta, 2003.

입문서들

입문을 위한 독서를 위해서는 다음을 보라.

James I. Porter's essay 'Nietzsche and Tragedy', in Rebecca W. Bushnell
(ed.), *A Companion to Tragedy*, Oxford: Blackwell, 2005, pp. 86-104 or
James I. Porter, *The Invention of Dionysus, An Essay on the Birth of*

Tragedy, Stanford, CA : Stanford University Press, 2000. 조금 더 전문적인 저술로는 다음이 있다. M.S. Silk and J.P. Stern, *Nietzsche on Trage-dy*, Cambridge : Cambridge University Press, 1983 ; Chapters 4-6 of Keith Ansell-Pearson (ed.), *A Companion to Nietzsche*, Oxford : Black-well, 2006 ; and David B. Allison, *Reading the New Nietzsche*, Lanham, MD : Rowan & Littlefield, 2001. 니체와 그의 작품에 대한 어떠한 논문이든 이 첫 번째 책의 한 절을 포함하고 있다. 가령 다음과 같다. Gianni Vattimo, *Nietzsche : An Introduction*, trans. Nicholas Martin, London : Continuum, 2002 ; Michael Tanner, *Nietzsche*, Oxford : Oxford Univer-sity Press, 1994 ; or R.J. Hollingdale, *Nietzsche. The Man and his Phi-losophy*, Cambridge : Cambridge University Press, 1999 ; Walter A. Kaufmann, *Nietzsche : Philosopher, Psychologist, Antichrist*, Princeton, NJ : Princeton University Press, 1974, and also Arthur C. Danto, *Ni-etzsche as Philosopher*, Chichester : Macmillan, 1965. A collection of critical material on Nietzsche, Peter R. Sedgwick, *Nietzsche : A Critical Reader*, Oxford : Blackwell, 1995.

해설서

독일어로 되어 있고, 단지 1절에서 12절(이는 저자가 해설할 가치가 있다고 여긴 유일한 부분임)까지만 다루고 있기는 하지만 가장 상세하고 포괄적인 해설은 다음의 것이다. 바바라(Barbara von Reibnitz)의 박사 논문, Barbara von Reibnitz, *Ein Kommentar zu Friedrich Nietzsche, "Die Ge-burt der Tragödie aus dem Geist der Musik", Kap. 1-12*, Stuttgart : Met-zler, 1992. No longer in print, David Lenson, *The Birth of Tragedy, A Commentary*, Boston, MA : Twayne, 1987.

관련된 유고들(Relevant Notebooks)

Daniel Breazeale (ed. and trans.) *Philosophy and Truth: Selections from Nietzsche's Notebooks of the Early 1870's*, Amherst, MA: Humanity Books, 1979.

Richard T. Gray (transl.) *Unpublished Writings from the Period of 'Unfashionable Observations'*, San Francisco, CA: Stanford University Press, 1999.

『비극의 탄생』과 니체의 새로운 철학 스타일

니체의 초기 작품에 나타난 철학적 개혁 프로그램과 관련하여 니체의 문체에 대한 생각을 가장 잘 분석하고 있는 것으로는 다음을 참조. Sarah Kofmann, *Nietzsche and Metaphor*, London: Athlone Press, 1993: 또 포괄적인 관점에서 접근하고 있는 것으로 다음과 같은 것들이 있다. Heinz Schlaffer, *Das entfesselte Wort. Nietzsche's Stil und seine Folgen*, Munich: Hanser, 2007. Gilles Deleuze, *Nietzsche and Philosophy*, New York: Columbia University Press, 1983. Gregory Moore, *Nietzsche, Biology and Metaphor*, Cambridge: Cambridge University Press, 2002. Silke-Maria Weineck, *The Abyss Above. Philosophy and Poetic Madness in Plato, Hölderlin, and Nietzsche*, New York: State University of New York Press, 2002.

비극의 탄생과 독일전통

Schopenhauer, *World of Will and Representation*, 2 vols, trans. E.F.J. Payne, New York: Dover, 1969. Richard Wagner, *Prose Works*, ed. and trans. W.A. Ellis, London: Kegan Paul, Trench, Trübner, 1899. Keith

Ansell-Pearson, *Nietzsche and Modern German Thought*, London: Routledge, 1991. Nicholas Martin (ed.), *Nietzsche and the German Tradition*, Bern: Peter Lang Publishing, 2003, 여기서 특히 다음 부분을 참조할 것. pp. 40-82, Thomas H. Brobjer, 'Nietzsche as German Philosopher'. Nicholas Martin *Nietzsche and Schiller. Untimely Aesthetics*, Oxford: Clarendon Press, 1996. 니체에게 중심적인 이론, 크로이처 (Creuzer)의 낭만주의적 상징화 이론에 대한 논의를 위해서는 다음을 보라. Walter Benjamin, *The Origin of German Tragic Drama*, trans. John Osborne, London: Verso, 2009. 특히 슐레겔의 에세이 *On Incomprehensibility* (1800)에서 윤곽이 잡힌 낭만주의적 아이러니 이론을 니체가 통합하고 있다는 것에 대해서는 다음을 참조하라. Kathleen Wheeler, *German Aesthetic and Literary Criticism*, Cambridge: Cambridge University Press, 1984, pp. 32-39. 『비극의 탄생』과 관련해서 특히 중요한 실러의 에세이 둘은 다음이다. *On Naive and Sentimental Poetry*, London: Ungar, 1966; *On the Aesthetic Education of Man in a Series of Letters* (1795), Bristol: Thoemmes Press, 1994. 『비극의 탄생』에서 시도되고 있는 그리스적 '고요함'이라는 개념에 대한 논의는 다음 문헌에서 소개되고 있다. Johann Jacob Winckelmann, *Gedanken über die Nachahmung der griechischen Werke in der Malerei und Bildhauerkunst* (1755) ['Thoughts on the Imitation of Greek Works in Painting and Sculpture']. 괴테에 관해서는 (그의 시를 제외하고) 니체에게 깊은 영향을 준 두 가지 작품이 언급될 필요가 있다. *Wilhelm Meisters Lehrjahre*, in Erich Trunz (ed.), *Goethes Werke* Hamburger Ausgabe, vol. 7, Munich: Beck, 1965, p. 515. 이 소설의 최고 번역은 여전히 칼라일의 다음 책이다. Thomas Carlyle: *Wilhelm Meister's Apprenticeship*, 1824. And *Faust*,

Parts 1 and 2, *Goethes Werke* Hamburger Ausgabe in 14 vols, ed. Erich Trunz, Munich: Beck, 1981, vol. 3. 최근에 나온 이 책의 최고 번역은 다음이다. David Luke, *Faust Part 1*, Oxford: Oxford World's Classics, 1998; *Faust Part 2*, Oxford: Oxford World's Classics, 2008.

니체, 비극 그리고 철학

Schopenhauer, *World of Will and Representation*, 2 vols, trans. E.F.J. Payne, New York: Dover, 1969. Richard Wagner, *Prose Works*, ed. and trans. W.A. Ellis, London: Kegan Paul, Trench, Trübner, 1899. 예술과 비극에 대한 니체의 논의를 위해서는 다음을 보라. Julian Young, *Nietzsche's Philosophy of Art*, Cambridge University Press, 1992; Arthur Nehamas, *Nietzsche: Life as Literature*, Cambridge, MA: Harvard University Press, 1985. Denis Schmidt, *On Germans and Other Greeks: Tragedy and Ethical Life*, Bloomington, IN: Indiana University Press, 2001. John Sallis, *Crossings: Nietzsche and the Space of Tragedy*, Chicago, IL: University of Chicago Press, 1991. Martin Heidegger, *Nietzsche*, trans. David Farrell Krell, San Francisco, CA: Harper & Row, 1991. Gilles Deleuze, *Nietzsche and Philosophy*, trans. Hugh Tomlinson, London: Continuum, 2006. 니체가 소크라테스를 다루는 몇 가지 동기를 이해하기 위해서는 다음을 보라. Plato's *Symposium*, trans. Alexander Nehemas and Paul Woodruff, Indianapolis, IN: Hackett, 1989. 단순한 가상적 모사로서 예술에 관해서는 다음을 보라. *The Republic*, trans. Robin Waterfield, Oxford: Oxford University Press, 2008, 595Aff. 동굴의 비유(그리고 빛, 그림자 그리고 어둠이라는 플라톤적 메타포)에 대해서는 다음을 보라. 514a-521b. 『국가』 일반에 대해서는 다음을

보라. Darren Sheppard, *Plato's Republic*, Edinburgh: Edinburgh University Press, 2009. Silke-Maria Weineck, *The Abyss Above. Philosophy and Poetic Madness in Plato, Hölderlin, and Nietzsche*, New York: State University of New York Press, 2002. 니체가 칸트 및 쇼펜하우어에게 지고 있는 빚에 대한 논의를 위해서는 다음을 보라. Jill Marsden, *After Nietzsche*, Basingstoke: Palgrave, 2002. 니체의 비극 이론은 다음 문헌과 대응해서 뿐만 아니라 또한 비판적 거리('카타르시스')를 두고 전개되었다. Aristotle's *Poetics*, trans. Richard Janko, Indianapolis, IN: Hackett, 1987. 비극적인 것의 측면에서 그 자신의 조건들을 사유하는 탈-계몽주의적 사유 경향에 대한 논의에 대해서는 다음을 보라. David Farrell Krell, *The Tragic Absolute. German Idealism and the Languishing of God*, Bloomington, IN: Indiana University Press, 2005. Robert G. Morrison, *Nietzsche and Buddhism, A Study in Nihilism and Ironic Affinities*, Oxford: Oxford University Press, 1999. Freny Mistry, *Nietzsche and Buddhism, Prolegomenon to a Comparative Study*, Berlin: deGruyter, 1981. Also Part III, Weaver Santaniellol (ed.), *Nietzsche and the Gods*, Albany, NY: State University of New York Press, 2001, pp. 87-136. 동양 사유에 대한 관심은 19세기 유럽에 널리 퍼져 있었으며, 쇼펜하우어와 니체도 예외는 아니다. 그러나 이용 가능한 번역과 해설의 제한으로 인해 오해가 적지 않게 만연했다. 여기서 불교는 니힐리즘으로 지나치게 단순화되고 있다. 칸트가 니체에게 한 중심적 역할을 증명하기 위해서는 다음을 보라. Douglas Burnham, *Kant's Critique of Pure Reason*, Bloomington, IN: Indiana University Press, 2008, and Burnham, *Kant's Philosophies of Judgement*, Edinburgh: Edinburgh University Press, 2004.

니체와 신화

George S. Williamson, *The Longing for Myth in Germany. Religion and Aesthetic Culture from Romanticism to Nietzsche*, Chicago, IL: Chicago University Press, 2004. Dale Wilkerson, *Nietzsche and the Greeks*, London: Continuum, 2006; Weaver Santaniellol (ed.), *Nietzsche and the Gods*, Albany, NY: State University of New York Press, 2001. Jacques Derrida, 'White Mythology' *in Margins of Philosophy*, trans. Alan Bass, New York: Harvester, 1982. 다음 사실을 깨닫는 것이 중요하다. 즉, 니체는 전혀 지적을 요구하는 신화의 문제나 문화적 가능성들을 숙고한 첫 번째 인물이 아니었다는 점이다. 많은 인류학자들 외에도 니체는 두 사례에 의해 영향을 받았다. 가장 흔하게 헤겔에게 귀속되곤 하는 프로그램, 1790년대의 단편인 '독일 관념론에서 체계를 향한 가장 오래된 프로그램'이라는 문건은 이성과의 일치를 통해서이기는 하지만, 신화의 재생에 대해 말하고 있다. (다음의 번역과 해설을 보라. David Farrell Krell, *The Tragic Absolute. German Idealism and the Languishing of God*, Bloomington, IN: Indiana University Press, 2005); 또 마찬가지로 다음이 있다. Schelling's 1842 *Historical-Critical Introduction to the Philosophy of Mythology*, trans. Mason Richey and Marcus Zisselsberger, Albany, NY: State University of New York Press, 2008.

니체, 음악 그리고 바그너

Richard Wagner, *Prose Works*, ed. and trans. W.A. Ellis, London: Kegan Paul, Trench, Trübner, 1899. Roger Hollindrake, *Nietzsche, Wagner and the Philosophy of Pessimism*, London: Allen and Unwin, 1982. 니체와 음악에 대한 포괄적인 설명을 위해서는 다음을 보라. Georges

Liébert, *Nietzsche and Music*, trans. David Pellaure and Graham Parkes, Chicago, IL: University of Chicago Press, 2004. Brian McGee, *The Tristan Chord: Wagner and Philosophy*, Basing-stoke: Holt, 2002; Friedrich Nietzsche, *Der Musikalische Nachlass*, ed. Curt Paul Janz, Basel: Bärenreiter, 1976. Paul Schofield, *The Redeemer Reborn - Parsifal as the Fifth Opera of Wagner's Ring*, New York: Amadeus Press, 2007. 고전적인 화음과 불협화음에 관해서는 다음을 보라. Charles Rosen, *The Classical Style. Haydn, Mozart, Beethoven*, London: Faber and Faber, 1997, p. 348. Babette E. Babich, *Words in Blood, Like Flowers. Philosophy and Poetry, Music and Eros, in Hölderlin, Nietzsche and Heidegger*, Albany, NY: State University of New York Press, 2006. Theodor Wiesengrund-Adorno, *Mahler. A Musical Physiognomy*, Chicago, IL: University of Chicago Press, 1996. 이 책은 바그너 이후, 즉 니체 이후의 음악 현상에 대한 음악적 분석의 훌륭한 예가 될 것이다.

니체와 소설

Thomas Mann, *The Magic Montain*(1913-24), London: Everyman, 2005. 이 책은 니체적인 데카당스의 개념들을 예증한다. *Doctor Faustus: The Life of the German Composer Adrian Leverkuhn, as Told by a Friend* (1943-47), New York: Modern Library, 1966. 이 소설은 니체가 제시한 예술가 형이상학의 정치적 · 문화적 측면들을 탐구함으로써 한 작곡가를 특징적으로 보여주고 있으며, 아도르노의 『신음악의 철학』(*Philosophy of Modern Music*)으로부터 그 음악 이론적 내용을 수용하고 있고, 불협화음에 관한 긴 문장들을 포함하고 있다. 다음을 보라. James Schmidt, 'Mephistopheles in Hollywood', in *Cambridge Companion to Adorno*,

Cambridge: Cambridge University Press, 2004, pp. 148-80.

'스위스의 니체'

David Marc Hoffmann (ed.), *Nietzsche und die Schweiz*, Zürich: Strauhof, 1994. Friedrich Nietzsche, *Handschriften, Erstausgaben und Widmungsexemplare. Die Sammlung Rosenthal-Levy im Nietzsche-Haus in Sils Maria*, ed. Julia Rosenthal, Peter André Bloch, David Marc Hoffmann, Basel: Schwabe, 2009. Andrea Bollinger and Franziska Trenkle, *Nietzsche in Basel*, Basel: Schwabe, 2000. 니체에게 큰 영향을 미친 것은 다음이다. Johann Jacob Bachofen (1861), *Mutterrecht (Mother Right): A Study of the Religious and Juridical Aspects of Gyneocracy in the Ancient World*, new translation in 5 vols, New York: Edwin Mellen Press, 2009. Alfred Bäumler, *Bachofen und Nietzsche*, Zürich: Verlag der Neuen Schweizer Rundschau, 1929. Frances Nesbitt Oppel, *Nietzsche on Gender, Beyond Man and Woman*, Charlottesville, VA: University of Virginia Press, 2005, 여기서는 2장과 3장에서 니체와 바호펜 사이의 관계가 기록되어 있다. 'the "Secret Source": Ancient Greek Woman in Nietzsche's Early Notebooks', and 'The Birth of Tragedy and the Feminine', pp. 36-88. 바호펜과 니체에 관해서는 특히 pp. 48-49. 또한 근대 역사에 관해서는 다음을 보라. Jacob Burckhardt (1860), *The Civilisation of Renaissance in Italy*, trans. S.G.C. Middlemore, London: Penguin Classics, 1990.

니체와 역사

Dale Wilkerson, *Nietzsche and the Greeks*, London: Continuum, 2006.

Françoise Dastur, 'Hölderlin and the Orientalisation of Greece', *Pli, The Warwick Journal of Philosophy* 10 (2000), pp. 156-73. 니체는 부르크하르트의 다음 책에 의해 크게 영향을 받았다. Jacob Burckhardt (1860), *The Civilisation of Renaissance in Italy*. trans. S.G.C. Middlemore, London: Penguin Classics, 1990. 니체의 계보학적 역사 이론의 포스트-모던적 적용에 대해서는 다음을 보라. Michel Foucault, 'Nietzsche, Genealogy, History', in Paul Rabinow (ed.), *The Foucault Reader*, London Penguin, 1991, pp. 76-100.

니체와 과학

Babette E. Babich, *Nietzsche's Philosophy of Science. Reflecting Science on the Ground of Art and Life*, Albany, NY: State University of New York Press, 1994. Babette E. Babich, Robert S. Cohen (eds), *Nietzsche, Epistemology, and Philosophy of Science. Nietzsche and the Sciences*, 2 vols, Boston, MA: Kluwer, 1999. Gregory Moore and Thomas H. Brobjer (eds), *Nietzsche and Science*, Aldershot: Ashgate, 2004. 이 가운데 특히 다음을 보라. Thomas H. Bobjer, 'Nietzsche's Reading and Knowledge of Natural Science: An Overview', pp. 21-50. John Richardson, *Nietzsche's New Darwinism*, Oxford: Oxford University Press, 2004. Gregory Moore, *Nietzsche, Biology and Metaphor*, Cambridge: Cambridge University Press, 2002.

「비극의 탄생」 사후의 삶

직접적 반응들

Karlfried Gründer (ed.), *The Quarrel about the Birth of Tragedy*. (Der Streit um Nietzsches *Beburt der Tragödie*, [contributors are Erwin Rhode, Ulrich von Wilamowitz-Moellendorff and Richard Wagner]), Hildesheim: Olms, 1989.

니체와 미적 근대성

Julian Young, *Nietzsche's Philosophy of Art*, Cambridge: Cambridge University Press, 1992. 『비극의 탄생』의 예술가 형이상학의 요소들은 비판 이론에 등장하는 해방과 미적 화해의 개념들에서 생명력을 얻고 있다. 예를 들어 다음을 보라. chapter 4 of David R. Ellison, *Ethics and Aesthetics in Modernist Literature*, Cambridge: Cambridge University Press, 2001. Also, Walter Richard Wolin, *Benjamin. An Aesthetic of Redemption*, Berkeley, CA: University of California Press, 1994. Theodor Wiesengrund-Adorno, *Aesthetic Theory*, London: Routledge, 1984, and Marcuse, *Eros and Civilisation*, Boston, MA: Beacon, 1955, (특히 다음을 보라. chapter 7: 'The Aesthetic Dimension'). 또한 다음을 보라. Philippe Lacoue-Labarthe and Jean-Luc Nancy, *The Literary Absolute*, trans. Philip Barnard and Cheryl Lester, Albany, NY: State University of New York Press, 1988, and Jovanovski Thomas, *Aesthetic Transformations. Taking Nietzsche at his Word*, New York: Peter Lang Publishing, 2008. 니체의 '탐미주의'에 대한 논의를 위해서는 다음을 보라. Walter Benjamin, *The Origin of German Tragic Drama*, trans. John

Osborne, London: Verso, 2009. 니체의 '미적 상징주의'와 보들레르가 취한 입장들의 근접성에 대해서는 다음을 보라. Baudelaire, *The Painter of Modern Life and other Essays*, London: Phaidon, 1970; *Les fleurs du mal* (The Flowers of Evil), Oxford: World's Classics, 1993, and Walter Pater, *Studies in the History of The Renaissance*, Oxford: World's Classics, 1998, cf. particularly the 'Conclusion'.

니체와 독일문화 및 정치에 대한 그의 영향

Stephen E. Aschheim, *The Nietzsche Legacy in Germany 1890-1990*, Berkeley, CA: University of California Press, 1994. 극히 파시스트적인 유산에 대한 니체의 조심성에 대해서는 다음을 보라. Houston Stewart Chamberlain, *The Foundations of the 19th Century*, trans. John Lees, New York: Adamant Media Corporation, 2003. Oswald Spengler, *The Decline of the West*, trans. Charles Francis Atkinson, abridged, Oxford: Oxford University Press, 1991.

20세기 심리학

Sigmund Freud, *The Interpretation of Dreams*, Standard Edition of the Psychological Works, vols 4 and 5, London: Hogarth, 1975. Paul-Laurent Assoun, *Freud and Nietzsche*, London: Continuum, 2006.

모더니즘 미학

니체가 비극적 환희를 환기한 것과 아르토의 『연극과 그 이중』에서 발견될 수 있는 것들 사이에 강한 유사성이 존재한다. Antonin Artaud's *The Theatre and its Double*, London: Calder, 1970. 여기서 특히 그가 연극과 감염 사이를 비교하는 것에 주목하라. 다음을 보라. T. John L. Styan, *Modern Drama in Theory and Practice*, particularly vol.2 : *Symbolism, Surrealism and the Absurd*, Cambridge : Cambridge University press, 1983. 모더니즘을 포함하여 니체를 수용한 프랑스 전체의 계통이 있다. 다음을 보라. Jacques Rider, *Nietzsche en France*, Paris : Presses Universitaires de France, 1999. 영향들에 대한 좀 더 역사적인 탐구들을 위해서는 다음을 보라. Paul Gordon, *Tragedy after Nietzsche, Rapturous Superabundance*, Chicago, IL : University of Illinois Press, 2000. Leon Surette, *The Birth of Modernism. Pound, Eliot, Yeats, and the Occult*, Montreal : McGill-Queens University Press, 1994. 이 책은 영어로 글을 쓰는 몇 몇 모더니스트들의 작품 속에 나타난 니체의 흔적을 논의하고 있다. James Frazer, *The Golden Bough*, Basingstoke : Palgrave MacMillan, 2005. 이 책은 1890년에 원래 두 권으로 출판되었으며, 그 기획은 1915년 세 번째 판을 위해 12권으로 늘어났다. 이 판은 15권으로 다시 인쇄되었다. (Basingstoke: Palgrave MacMillan, 2005). 프레이저는 스스로 1922년 한 권으로 된 축약본을 편집했으며 이 판은 현재 다음의 문고용 판으로 이용할 수 있다. London : Penguin, 1996. 엘리엇이나 키츠와 같은 모더니스트들에게 『비극의 탄생』과 『황금가지』는 영향의 보고를 형성했다. 다음을 보라. 'The Own and the Foreign Orient. Schlegel, Nietzsche, Artaud, Brecht. Notes on the Process of a Reception', in Erika Fischer-Lichte et al. (eds), *The Dramatic Touch of Difference*, Tubingen : Narr, 1990. 동시대의 문학적 산물과 비평에 대한 니체의 관계를 더 논의하기 위해서는 다음을 보라. Douglas Burnham and Melanie Ebdon, 'Philosophy and Literature', in *The Continuum Companion to Continental Philosophy*, ed. John Mullarkey and Beth Lord, London : Continuum, 2009. 또 모더니즘에 대해서는 다음을 보라. Kathryn Lindberg, *Reading Pound, Reading Nietzsche. Modernism after Nietzsche*, Oxford: Oxford University Press, 1987. Theodor Wiesengrund–Adorno, *Mahler. A Musical Physiognomy*, Chicago, IL: University of Chicago Press, 1996 이는 바그너 이후, 즉 니체 이후 음악적 현상에 대한 음악적 분석의 훌륭한 예가 될 것이다. William J. McGrath, *Dionysian Art and Populist Politics in Austria*, New Haven, CT: Yale University Press, 1974, 여기서는 말러가 니체와 한 초기 접촉들이 탐구된다.

문화인류학

니체 텍스트의 초기 영향들은 다음과 같다. Erwin Rhode (1894), *Psyche. Cult of Souls and Belief in Immortality in the Greeks*, London: Routledge and Kegan Paul, 1925, reprinted London: Routledge, 2000. Paul Bishop (ed.), 'Jung and Nietzsche', in *Jung in Contexts. A Reader*, London: Routledge, 1999, pp. 205–41. 말리노프스키(Malinowski)는 그 자신의 고유한 혁신적 접근에 영감을 준 근본적 텍스트로서 『비극의 탄생』에 대한 자신의 빚을, 한 초기 에세이에서 다음과 같이 분명히 밝히고 있다. 'Observations on Nietzsche's "The Birth of Tragedy"' 1904/05, in Robert J. Thornton, Peter Skalnik, (eds), *The Early Writings of Bronislaw Malinowski*, Cambridge: Cambridge University Press, 1993. Tracy B. Strong, *Nietzsche and the Politics of Transfiguration*, Chicago, IL: University of Illinois Press, 2000, 이 책은 니체의 인류학 개념을 다루고 있으며, 루소, 니체, 레비스트로스에게서 나타난 인간학에 대한 접근들의 유사성과 차이들을 개괄하고 있다. Adorno's and Horkheimer's *Dialectic of Enlightenment*(1947), San Francisco, CA: Stanford University

Press, 2002, 이 저술은 '원초적인' 그리스 문화와 계몽주의 문화를 병렬시
키고 있다는 점에서 니체가 제시한 문화심리학의 강한 반향을 보여준다.

니체와 포스트모던 이론

니체의 것과 유사한 근대 인식론에 대해서는 다음을 참조하라. Michel Fou-
cault, *The Order of Things, An Archaeology of the Human Sciences*,
London: Routledge, 2002; 또한 니체에서 유래한 포스트-모던적 권력 이
론을 위해서는 푸코의 다음 글을 보라. 'The Subject and Power', in Paul
Rabinov (ed.), *Essential Works of Foucault* 1954-84, vol. 3, London:
Penguin, 2000, pp. 326-48, and Michel Foucault, 'Nietzsche, Geneal-
ogy, History', in Paul Rabinow (ed.), *The Foucault Reader*, London:
Penguin 1991, pp. 76-100. 포스트-모던 이론에 대한 니체의 영향을 포
괄적으로 논의하는 것으로는 다음을 보라. Clayton Koelb (ed.), *Nietzsche
as Postmodernist. Essays Pro and Contra*, New York: State University
Press, 1990. 『비극의 탄생』을 심각하게 고려했던 최근의 철학자들 가운데
들뢰즈가 있으며, 그의 다음 책 가운데 특히 1장을 보라. Gilles Deleuze,
Nietzsche and Philosophy, trans. Hugh Tomlinson, London: Continu-
um, 2006. Also, Paul de Man, *Allegories of Reading*, New Haven, CT:
Yale University Press, 1979.

찾아보기

|ㄱ|

가면 94-96, 136, 147-148, 151-155,
 170
감상적(sentimental) 92-95, 216, 221
 ☞ '실러'를 보라
개념, 개념적 37, 61, 106, 133
 개념화 62, 70, 231
개별성(individuality) 139, 148, 163,
 216, 248
개체 79, 82, 260
거인들(Titans) 95
건강(health) 44-51, 175, 224, 243,
 261
계몽주의 67, 98, 175-179, 199-203,
 223, 267
계보학 36, 93-97, 129
고대(antiquity) 54, 59, 72, 89, 99-
 101, 150, 159-160, 181-182
고전적, 고전주의자, 고전주의 66, 71,
 95, 100-103, 141, 151-153, 198,
 214, 266
고치(cocoon) 255
관객들(spectators) 121-122, 131,
 137, 152, 160-161, 238

관념론(idealism) 103, 111
광적인(mad), 광기(madness) 44-45,
 101-103
괴테(J. W. v. Goethe) 18, 21-22, 51,
 65, 71, 98, 102, 113, 140, 145,
 170-171, 198, 203-205, 220, 222,
 238-239, 252, 259
교양(Bildung) 207-209, 221-222
교향곡, 교향곡적(symphonic) 227
구성(작곡)하다, 구성(작곡)된 70, 117
균형, 균형 잡힌(balanced) 23, 146
그리스도 143
그림(painting) 33, 87, 107
근대적, 근대성 31-33, 49-50, 57, 99-
 100, 130, 133, 144, 160, 164,
 173, 192, 198, 211, 214, 229,
 237, 244, 255, 268
 ☞ '몬테베르디'를 보라
근원적 일자(das Ureine) 81
기억 92, 216, 239, 252, 255

|ㄴ|

나폴레옹(Napoleon) 204
낙관주의 37-40, 99, 135, 171-179,

200-207, 216, 238

낭만적, 낭만주의 19, 23, 27, 36, 48,
    50, 52, 60, 71

논리, 논리적 41-42, 62, 77, 126,
    159, 163-165, 168-169, 172-173

놀이(play, 활동) 183, 251

니힐리즘(nihilism) 37, 48, 199, 225

|ㄷ|

다윈(C. Darwin) 24, 48, 57, 63-65,
    109, 123, 130, 188, 259

단테(A. Dante) 75-76

대화(플라톤에서) 69, 142, 160, 167-
    168, 172, 174, 177

데카당스 281

도덕(성) 122, 155, 178, 208, 233

도취(intoxication) 또는 균형(bal-
    ance) 82, 87, 103
    ☞ '평형(equilibrium)'을 보라

독일, 독일적(German) 25, 53, 65,
    117, 209, 242-245, 250, 258

동정(compassion) 231

|ㄹ|

라이프니츠(G. Leibniz) 19, 233, 254

라파엘로(Raphael) 107

로데(E. Rhode) 101, 258

로마, 로마의(Roman) 244

루소(J.J. Rousseau) 164, 215, 267

루터(M. Luther) 244, 246

르네상스 20, 198, 203, 212, 240,

244

리듬 92, 121, 211

리스트(F. Liszt) 196

|ㅁ|

마르크스(K. Marx) 77, 208, 259

마야의 베일(veil of Maya) 80, 92,
    176

말(word) 54, 76, 197, 203, 207,
    212-216, 223, 228, 231-238

말러(G. Mahler) 50, 187, 264-265

메타포(metaphor) 41, 77, 80, 88,
    119-120, 130, 132, 138, 143, 166-
    169, 179, 219, 222

멜로디(melody) 59, 75, 118-121,
    234

명랑성(cheerfulness) 38, 153, 178,
    197, 217
    ☞ '고요함'을 보라

모방(imitation) 87, 124, 168, 190,
    218

모차르트(W. A. Mozart) 186, 214

몬테베르디(C. Monteverdi) 211

몸짓(gesture) 92

물자체(thing-in-itself) 85, 129-
    130, 190, 235

미학, 탐미주의(aestheticism) 41, 47-
    51

민요 116-117

민주주의 130, 204

|ㅂ|

바그너(R. Wagner) 17, 20, 27-28,
32-36, 40, 49-57, 67, 72, 80, 92,
100, 109, 119, 123-127, 174, 182-
189, 198, 210, 223, 227-242, 251-
259, 263-264

바호펜(J. J. Bachofen) 20-21, 241

방법, 방법론 39, 64, 104, 128, 139,
162, 180

번햄(D. Burnham) 82, 104, 146,
218, 262

베르크(A. Berg) 51, 185-187, 196,
252, 264-265

베베른(A. v. Webern) 51

베토벤(L. v. Beethoven) 84, 107,
114-119, 186, 198, 217, 230, 240,
254

벤야민(W. Benjamin) 41, 192, 201,
220, 267

변증법 48, 158, 167-169, 177, 219

변형(transfiguration) 88, 137, 179,
265

병적(pathological) 31, 75, 78, 162,
216, 239

보들레르(C. Baudelaire) 25, 251

본능 32, 47, 58-61, 67, 70, 74, 96,
102, 122, 162-166, 172-173, 178,
249, 255, 260, 263

볼프(C. Wolff) 19

부르크하르트(J. Burckhardt) 21, 198,
203, 212, 241

부정(negation) 46, 52, 62, 66-67,
135, 147, 159-160, 163-166, 186,
210, 236-238

불교 125, 225

불협화음 디티람보스(dithyramb)
195-196

브람스(J. Brahms) 51, 186-187

비스마르크(F. v. Bismarck) 53, 241,
246

비평가, 비판적(critical), 비평(criti-
cism) 60-65, 94, 118, 151-159,
209-210, 217, 239

빙켈만(Winckelmann) 98, 103, 220

|ㅅ|

사티로스(satyr) 123-130, 137-138

사회주의 205, 215

삶 52-58, 72, 76, 84, 95-99, 102-
106, 122, 125, 133, 135, 146,
202-203, 214-217, 224, 243-245

상징, 상징적(symbolic) 30, 32, 43,
89, 92-93, 104, 112, 121, 135-
139, 144, 148-150, 168, 180, 191,
196, 200, 207, 227-229, 236, 248,
252, 256

상태 (마음의, 미적인)(state) 56,
132, 251

상태 (정치적)(state) 74, 205, 226

상호작용(interplay) 20, 31, 48, 59,
72, 83, 90, 172, 224, 229, 240

샐리스(J. Sallis) 207

생리학 146
서정시, 서정적(lyrical) 75, 110-115, 117-119, 168, 213, 216
성, 성들(sexes) 68-69
세 가지 유형의 상징화 85, 88, 132
셈족의(Semitic) 145
셰익스피어(W. shakespeare) 90, 194, 239-240
셸리(P. B. Shelly) 19, 21, 71
셸링(F. W. J. Schelling) 19-20, 193
소박한 94-95, 99-100, 107, 111, 210, 215-216
☞ '실러'를 보라
소크라테스(Socrates), 소크라테스주의, 소크라테스적 30-31, 33, 38, 40, 46, 48, 60, 62, 73, 76, 94, 133, 135, 143-144, 156-179, 197-204, 212-218, 222, 226, 233, 243-246, 254, 263
소포클레스(Sophocles) 72, 104, 110, 139-143, 154, 161, 163, 171-172, 193-196
소피스트(Sophists) 160-161
쇤베르크(A. Schönberg) 51, 185, 187, 196, 252, 265
쇼펜하우어(A. Schopenhauer) 12, 17, 20, 28, 35, 38, 49, 62, 74, 79-80, 82-85, 106, 108, 111-118, 121-126, 133, 176, 179-183, 189-192, 196, 198, 205, 213-217, 238
슐레겔(A. W. Schlege) 19, 29, 122

130
시인, 시(poetry) 22-23, 42-43, 88, 101, 104, 111-115, 132-136, 142, 144, 154-157, 167, 191, 234
신(들) 58, 61, 95-96, 138, 141, 143, 145, 149, 197, 243, 246
신화 31, 55, 86, 96, 114, 142, 153, 170, 177, 191-196, 223-235, 243-253
실러(F. v. Schiller) 18, 20, 22, 49, 58, 62, 70-71, 77, 84, 92-98, 100, 102, 107, 113, 122, 181, 198, 208, 216-217, 220, 239
실증주의(positivism) 60, 199, 269

|ㅇ|
아도르노(T. W. Adorno) 45, 128, 160, 185, 187, 192, 201, 212, 264, 267
아르킬로코스(Archilochus) 75, 110-116, 191
아르토(A. Artaud) 136, 265-266
아름다움(beauty) 80, 83, 95-97, 100, 113, 144, 217-218, 221
아리스토텔레스(Aristotle) 77, 87, 108, 124, 126, 143, 150, 162, 168, 196, 238, 252, 268
아리스토파네스 69, 159-161
아이러니 29, 167
아이스킬로스(Aeschylus) 19, 21, 27, 72, 93, 110, 139-140, 142-147,

154, 161, 171-172, 195, 233, 251
아티카(Attic)   105, 109, 127, 129,
151-152
안티고네 110
알렉산드리아, 알렉산드라아적인 198,
201-205, 209-219, 226, 232, 238,
246
야만(barbarism) 91-92
양식(스타일)   47, 67, 79, 83, 107,
165, 172, 179, 192, 202, 209,
231, 237, 241, 251
언어 12-13, 49, 57, 84, 88-89, 104,
111-112, 119, 131-139, 142, 154,
157, 170, 183-184, 190, 192, 208,
211, 219, 230, 232-238
에너지 73, 120, 141, 178, 240, 261
에머슨(R. W. Emerson)   22-23, 82,
204, 221
에우리피데스(Euripides) 25, 31, 73,
150-161, 195, 215, 233, 238-239,
243, 249, 254
역사 21, 24, 28, 32, 49, 54-67, 94,
109, 123, 150, 153, 172-175
연극(play, 무대 theatre) 59, 71, 76,
136-137, 143, 155-160, 266
예수 24, 97, 140, 143, 147, 164-166
   ☞또한 '그리스도교'를 보라
오이디푸스(Oedipus) 45, 140-145
오페라 30, 50-52, 70, 121, 130, 184,
191, 200-202, 210-216, 224-231,
236, 240, 252, 263

외관(semblance) 74, 77-78, 99, 112,
248, 261
원형(archetype) 115, 145
위안(consolation) 125
위안(solace) 27, 35, 39, 41, 51-52,
193, 197, 206, 214, 251, 256, 265
유럽, 유럽적 24-25, 50-55, 59, 64,
100, 103, 120, 141, 160, 198,
204, 208, 220, 225, 251
윤리(학) 232
음악 47, 59-66, 83, 86, 89, 92-93,
114-119, 149, 173, 181-196, 207-
219, 227-236
음악 드라마 32, 50-54, 67, 83-84,
100, 119, 181, 189-190, 194, 201,
227, 237, 242, 248, 253-254
음화(tone-painting) 196
의식 30-32, 63, 74, 89, 158, 162-
166, 231
의식 아래의(subconscious) 261
의지 81-85, 92, 96, 131-134, 183-
184, 190-195, 202-204, 217-218,
227-238, 251-256
이론적 인간 31, 197, 200, 204
이성(reason) 31-32, 102, 158, 193,
206, 215
인류(간)학 90
인물 (드라마에서)(character) 52

|ㅈ|
자연주의(naturalism) 25, 69, 122-

123, 152, 157

작곡가 27, 115, 118, 184, 191, 210,
213, 264

전(前)의식적(pre-conscious) 100,
137

전쟁 37, 53, 123, 240-247

전통, 전통적 22, 27, 29, 51, 85-86,
96, 183

정당화(justification) 176, 216, 259

정서(affect, affection) 111

정신(spirit) 52- 53, 61, 79, 92, 98-
99, 101, 158, 217

정의(justice) 77, 145, 168

조각 31, 59, 74, 101, 129

종교 150-151, 178, 203, 205, 245,
263

주도적 모티프(leitmotif) 160, 184-
185, 188, 204, 232, 234, 245

지각(perception) 88, 103, 133-134,
166, 205, 252

지식 23, 130, 138, 144, 157-171,
178-180, 199, 203-205, 211, 221,
227, 243-244, 261

지하의(chthonic) 43, 103

지혜(wisdom) 96, 122, 142-144,
160, 191, 206-207, 228, 230, 232,
236, 238, 250

직관 61, 243, 249, 256

질풍노도(Sturm und Drang) 21-22,
39, 63, 65, 71, 145

집단 무의식 21, 164, 267

집단적(collective) 44-45, 72, 139,
160, 261

|ㅊ|

천재(genius) 72-73, 112, 114, 128,
221, 249, 253

추한(ugly) 113, 249, 251

춤 75, 89, 92-93, 168

충동 20, 23, 30-31, 44, 47, 57-75,
86-96, 105-117, 121, 178, 202,
218, 225, 242

치료(healing) 125, 209

|ㅋ|

카산드라(Cassandra) 110

칸트(I. Kant) 18, 61-62, 65, 72, 77-
78, 86, 104, 108, 111, 137, 162-
163, 198, 203-206, 217-218, 235,
238, 259

칼라일(T. Carlyle) 204, 221

콜리지(S. T. Coleridge) 71

쾌, 불쾌(displeasure) 45, 68, 91

클라이스트(H. v. Kleist) 22-23, 32,
102, 181

|ㅌ|

태고의(primeval) 129

톤 페인팅(tone-painting) 118

트리스탄 코드(Tristan chord) 185-
187

퇴화한(degenerate), 퇴화(degeneracy) 109

|ㅍ|

『파우스트』 51, 203, 270

평형 103

표상(representation) 85, 88-89, 94,
　107, 125, 130, 132, 137, 142, 144,
　183, 190, 203, 227, 231

표현 30, 46, 73, 83, 92, 118, 133-135,
　183, 190, 244

푸코(M. Foucault) 45, 90, 224, 267

프로메테우스(Prometheus) 19, 21-
　22, 96, 122, 142-149

프로이트(S. Freud) 21, 45, 76-79,
　164, 259-261

플라톤(Plato) 30, 51-52, 69, 73, 80,
　87, 107-108, 124, 126, 138, 140-
　144, 159-160, 167-177, 196, 213

플로베르(G. Flaubert) 221, 251

피히테(J. G. Fichte) 19-20, 64

|ㅎ|

하이네(H. Heine) 23-24, 221

하이데거(M. Heidegger) 52, 192,
　207, 262

하이든(J. Haydn) 117, 186

학문 29, 39-41, 46, 57-61

합창단 25, 121-131, 136, 181, 249

햄릿(Hemlet) 125

헤겔(G. W. F. Hegel) 23-24, 61-64,
　85, 98, 111, 126-128

헤르더(J. G. Herder) 22, 71, 86, 117

현상, 현상적(phenomenal) 170, 218,
　232-238, 248-255

형이상학, 형이상학적 30-32, 38, 41,
　46-47, 51-52, 75-89, 105, 123-
　124, 146-149, 235, 250-253, 265

호머 59

혼합적(hybrid), 혼합성(hybridity)
　43, 116, 119, 169, 190-191, 200,
　210, 255

훔볼트(A. v. Humbolt) 65

화음(조화, harmony) 75, 92, 121,
　186-187, 233-234

화해시키다, 화해 18, 51, 62, 67, 82,
　85, 102, 127

환상(illusion) 77

횔덜린(F. Hölderlin) 22-23, 66,
　93, 97, 101-105, 141